U0529359

项目资助

重庆市"十四五"重点学科（教育学）建设经费资助项目

教育发展研究丛书 / **彭寿清 冉隆锋 主编**

文化生态与
乡村学生发展研究

周大众 / 著

中国社会科学出版社

图书在版编目（CIP）数据

文化生态与乡村学生发展研究／周大众著．—北京：中国社会科学出版社，2023.12

（教育发展研究丛书）

ISBN 978-7-5227-2829-2

Ⅰ.①文⋯　Ⅱ.①周⋯　Ⅲ.①文化发展—关系—农村学校—学生—发展—研究—西南地区　Ⅳ.①G127.7②G639.21

中国国家版本馆 CIP 数据核字（2023）第 246362 号

出 版 人	赵剑英
责任编辑	赵　丽
责任校对	刘　念
责任印制	王　超

出　　版	中国社会科学出版社
社　　址	北京鼓楼西大街甲 158 号
邮　　编	100720
网　　址	http://www.csspw.cn
发 行 部	010-84083685
门 市 部	010-84029450
经　　销	新华书店及其他书店

印　　刷	北京明恒达印务有限公司
装　　订	廊坊市广阳区广增装订厂
版　　次	2023 年 12 月第 1 版
印　　次	2023 年 12 月第 1 次印刷

开　　本	710×1000　1/16
印　　张	16
插　　页	2
字　　数	254 千字
定　　价	86.00 元

凡购买中国社会科学出版社图书，如有质量问题请与本社营销中心联系调换
电话：010-84083683
版权所有　侵权必究

前　言

首先需说明的是，本书所呈现的研究过程与研究结论的得出主要是基于西南地区乡村教育的实地调研。

随着时代的发展，西南地区乡村社会的开放程度逐步提高，国家主流文化与流行文化已经无声地进入了当地社会成员的生活世界。一方面，主流文化以其强大的吸附力与生命力持续推进着"文化涵化"的进程，这是中华文化共同体形成的时代趋势；但作为中华文化共同体组成要素的地方性乡土文化却在这一过程中渐渐失去了存身之基，这是中华文化共同体的损失，也是当地乡村学生成长资源的损失。而另一方面，流行文化因子以其浅表性、娱乐性在这一过程中迅速"占领"乡村中小学生思想的高地，这不可避免地、消极地影响了乡村学生对主流文化、乡土文化的内化，表现为对二者的"共时疏离"，给他们当下与未来的生存、发展带来巨大的负面影响："异乡感"成为其挥之不去的梦魇。究其根源在中华文化共同体形成过程中共性与个性的交融所带来的多种可能的生活方式，使得摆在乡村学生面前的"是非题"业已变成无标准答案的"选择题"，显在的"迷茫"与"无助"也明示着他们的成长之于当地文化生态的实然偏离。

西南地区乡村社会的文化生态是主流文化、乡土文化与生态环境的动态平衡，是"文化—人—生态"的和谐状态，是乡村社会成员稳定且开放的生活方式。那么，从文化生态出发，从西南地区乡村社会文化生态所标定的生活方式出发，在共同体语境下探讨西南地区乡村学生需要什么样的发展及如何发展的问题理应成为当下不可回避的重要课题，这即是本书的主题。

本书以云南省 G 县等地的田野考察为起点，通过对乡村中小学在校学生及毕业生的观察与访谈了解其生存现状，探索其生存现状与文化生态的内在关联，挖掘文化生态对于乡村学生发展的规定性，从文化生态视角下定义乡村学生发展的基本内涵。继而，结合田野考察与文献资料分析，建立文化生态视角下西南地区乡村学生发展的教育机理，沟通"理论可能性"与"实践可操作性"，并由此确立具体的教育策略。

通过深入研究发现：西南地区乡村学生的发展需要文化生态视角的观照。国家及地方政府对乡村教育投入力度不断加大，企望通过教育先行实现"以教育发展推动整个社会发展"的目标。但从实际效果来看，一体化、标准化教育的推进并没有能百分之百地让这一目标变成现实，反而打破了乡村社会原有的宁静，一种浮躁的情绪在乡村社会奔流、涌动，表现为乡村青少年诸多"失范行为"及由此而引发的社会问题。殊不知，作为"在乡村""基于乡村"的乡村教育在肩负着优秀国家公民培养职责之外，还担负着培育合格乡村社会成员的任务。所以，主流文化、乡土文化与生态环境交织而成的文化生态对乡村学生的成长便有了一种规定性，乡村学生只有内化这种规定性，才足以应对生活中方方面面的挑战。

另外，通过对文化生态视角下乡村学生发展的现状、内涵、教育机理、推进策略的深入阐释，发现西南地区乡村学生"合文化生态的发展"具有"可实现性"：这种"可实现性"首先来自对西南地区乡村学生发展现状的准确描述，及对其偏离文化生态发展原因的准确把握；其次，通过对乡村中小学生发展回归文化生态的"教育机理"——作为培养目标组成部分的"多重文化主体"建构、作为影响因素的教育内容与实践形式及相互关系的探讨，提出公共教育空间建构、破墙、实践性教学、教育激励等诸多教育策略，可助力西南地区乡村学生"合文化生态"发展目标的实现。

目　　录

第一章　绪论 …………………………………………………… (1)
　第一节　问题的提出 ………………………………………… (1)
　第二节　文献综述 …………………………………………… (10)
　第三节　研究的基本设计 …………………………………… (32)

第二章　文化生态对乡村中小学生发展的规定性 …………… (36)
　第一节　文化生态是什么 …………………………………… (36)
　第二节　乡村社会文化生态的特征 ………………………… (44)
　第三节　乡村社会文化生态给中小学生发展的指向 ……… (58)

第三章　乡村中小学生发展较之于文化生态的偏离 ………… (69)
　第一节　乡村中小学生发展偏离文化生态的表现 ………… (69)
　第二节　乡村中小学生偏离文化生态发展诱发的"弊病" …… (82)

第四章　乡村中小学生发展偏离文化生态的原因 …………… (89)
　第一节　乡村社会转型所导致的"选择困局" …………… (89)
　第二节　乡村中小学教育对文化生态的偏离 ……………… (106)

第五章　乡村中小学生发展回归文化生态的教育机理 ……… (116)
　第一节　"文化生态融入"应成为教育的实践目标之一 …… (116)
　第二节　"文化生态内隐诸要素"应成为必要的教育内容 … (134)
　第三节　"校本化教学"应成为重要的实践形式 ………… (157)

第六章　乡村中小学生合文化生态性发展的策略 (174)
第一节　建构适切的公共教育空间 (174)
第二节　破墙策略 (196)
第三节　实践性教学策略 (210)
第四节　教育激励策略 (216)

第七章　结语 (226)
第一节　乡村学生发展需要文化生态视角的观照 (226)
第二节　乡村学生"合文化生态"的发展具有可实现性 (228)

参考文献 (232)

附　录 (247)
附录一　学生访谈提纲 (247)
附录二　家长及村民访谈提纲 (248)
附录三　教师访谈提纲 (248)

后　记 (250)

第一章

绪　　论

第一节　问题的提出

2015年初，笔者有幸随"西南地区乡村中小学教育实施情况及存在问题调查研究"课题组赴云南省G县做田野考察，了解西南地区乡村中小学教育实施现状，探明其中可能存在的问题，并对问题的产生根源进行深入剖析，为明确西南地区乡村中小学高质量发展的基本思路、规避实践中出现的问题提供田野参考与学理依据。当再次回望这次考察，思考西南地区乡村中小学教育中所存在的问题，特别是面对"在中华文化共同体语境下如何培育具有强烈中华民族认同的时代新人，及如何在这一过程中有效发挥地方性文化、乡土文化的功能与价值"等问题时，更觉得这次考察的意义深远。因为它内隐了西南地区乡村教育实践中的共性与个性问题，对其的思考与解答可以澄清教育理论研究与教育实践环节中"为谁培养人""培养什么样的人""如何培养人"等一系列关键问题。

一　西南地区乡村学生在"火塘"与"电视"之间成长的现实

一位署名为"静水长流"的独龙江青年在其微博上写下《梦里的歌声》与《独龙江乡传统文化现状》[①]两篇小短文。透过这两段文字可以看到当地社会的变迁，也可以看到当地人对待这种变迁的态度：对现代

[①] 静水长流：《梦里的歌声》《独龙江乡传统文化现状》，http://blog.sina.com.cn/linlingao1989。

文明的接纳；对传统的怀念。

梦里的歌声

独龙江是一个梦幻般诡异美妙的天堂，安详而宁静。你静静地流淌，穿过夕阳的余晖与夜的静谧，化作悠扬动听的歌声，吸引着身在异乡的游子。是那条没有尽头的路，将你的宁静与外面的浮躁连接在了一起。也是这条每年通行半年的路，曾产生了多少离愁别绪与难圆的梦。思念她的游子，岁月在牵挂的指缝间流走，多少次梦醒于故乡的夕阳下。还记得那天，我背上行囊离开你怀抱时的温暖。从此，我只能在心中默念着你，我的故乡，你是我困境中的温暖，也是我顺境中的安祥。你是我心中圣洁的仙女，夕阳下书写出来的都是你的柔情，还有那难掩的思念。透过那份思念，我看见了在河谷间嬉笑玩耍的美丽女孩，那爽朗的笑声让我如痴如醉；透过那份思念，我听见了阿妈轻轻哼唱的摇篮曲，还有怜爱的呢喃，照映在孩子熟睡的梦里，悠远且悠扬；透过那份思念，我看见了阿爸黝黑且健康的面庞，在山水之间悠闲，在田间地头劳作，那是为了生活而奔忙；透过那份思念，我看见了火塘里升起的袅袅炊烟，烤土豆、下拉飘着沁人心脾的清香。每当月牙当空，向着故乡的方向哼着思念的长调，歌声一定能穿过千山，流进你的心田。多想化为一只鹰，孤独地远飞又执着地回航，让我的灵魂回到你温暖的怀抱。再看见你的柔情，再听到你的歌唱。

独龙江乡传统文化现状

经过漫长历史演进的独龙江一下子迈进了社会主义社会，当地社会也在这个开放的过程中受到巨大冲击，地方传统文化因受排挤而渐渐走向边缘。

从早期的电灯、收音机、电话、电视、VCD到手机、网络、电脑，这些现代产品以惊人的速度在当地人的生活中普及。这些新媒体带来的新思想潜移默化地改变着当地人的传统伦理观念与社会运行规则：结绳刻木已经成为遥远的历史；火塘边的主角已经变成电视机前的看客；少年儿童的注意力已经从火塘故事转移至电视电影。

对地方传统故事歌谣掌握情况的调查显示，15岁以下青少年的掌握水平最低，其次是15—25岁的青年，掌握水平最高的是25岁以上的中青年。这个结果可以清楚地反映出地方传统故事与歌谣的命运。在新生代中能够掌握地方传统文化的已经少之又少，现代文明蔓延所导致的传统文化后继无人现象已经非常明显。所以，应该重视地方传统文化，最大限度地发挥出地方传统文化在青少年成长过程中的功能，从小培养他们的乡土之爱、乡土文化之爱，这也是国家之爱与中华文化之爱培育的必由之路。

这两篇微博文章表明了一点，即部分当地人仍然渴望回归传统社会的宁静与祥和，这是对地方传统文化与精神家园的向往。但是，可以肯定的是，这种单纯的向往再也不可能照亮现实，处在时代洪流中的乡土社会需要主动融入主流社会，因为现代文明的"进场"已经不可避免，乡土文化只能作为中华文化共同体的有机构成。所以，西南地区乡村中小学生注定成长于"火塘"与"电视"所代表的"传统"与"现代"的张力之中，这是对地方传统文化价值的肯定，也是对现代文明价值的张扬。

云南大学李子贤教授对怒江峡谷地区进行的三次考察清楚地反映了这个变化过程：1963年9月第一次进入G县，其所见所闻皆是原汁原味的地方传统文化；1991年秋天第二次进入G县，村里的年轻人已经穿上了现代时装，说汉语的人变多了，知晓地方传统文化及其由来的人则不多了；1997年8月第三次进入G县，地方传统文化正在不断丧失，所搜集到的民俗文化已然发生了很大变化。[①]。进入21世纪，地方传统文化的价值得到学界重新确认，加之党和国家在政策上的扶持，呈现出复兴之势，一如笔者2015年2月赴G县考察所见：作为访谈对象的政府官员、学校教师，甚至是村民都表达了对地方传统文化丢失的担心，并对如何传承传统文化提出了自己的见解。当然，对地方传统文化的保护不是要把它圈进"博物馆"，也不是追求原汁原味，而是以"文化变迁"的视野

[①] 李子贤：《云南少数民族传统文化保存教育刍议》，《思想战线》1998年第4期。

使其保持着"生"的状态,即通过自身的创新与对主流文化的采借而获得一种主动、自觉的发展。因此,当下的西南地区乡村中小学生生活在变化了的乡土文化之中,也生活在发展中的主流文化之中。主流文化之生、乡土文化之生表达了西南地区乡村中小学生必须成长于传统与现代的张力之中。正如美国学者沃尔特所说:"没有接受地方传统文化教育的学生固然可能产生疏远感和无根感,但缺少主流文化教育的学生将会失去许多经济、政治和社会性的机会。"① 由此,地方传统文化与主流文化及其共生的场域便构成了西南地区乡村中小学生发展必须立足的"位",在此基础上开展的"育"才是有意义的,即所谓"致中和,天地位焉,万物育焉"。

"各在其位""各安其位"为宇宙的原始面目,万物正是在这样一种"中和"的关系下和谐共生、协调发展。万物的"先天之位"也是人处理各种关系(人与自然、人与他人、人与社会等)的准则,更是人的发展、社会发展所不能僭越的底线。位育思想提供了一种关于"秩序"与"发展"的逻辑架构:"位是秩序,强调了环境周围的世界对生命体的规定,而育是进步,强调了主体既调整自己,也改变环境以适应自己的进步"②。位育首先表达了生物意义上的依存关系,各方力量均有自己既定的位置,"安其所以,遂其生也"。个体发展应维系在合理的"度"之上,这样才能实现万物的共生共荣。在家庭意义上,位育无非要达到"老有所终或老者安之、少有所长或少者怀之,而壮的一辈呢,能做到夫妇信之,足矣"③。对于教育而言,位育思想的启发作用主要有以下几点:第一,教育实践必须具备对特定天地系统、社会关系的适应性。教育是人与环境、人与历史相互感应的过程,虽说教育的对象是人,而不是历史与环境,但是人的发展终究不能脱离历史与环境,不能脱离人与环境、历史之间相互创生的关系。第二,教育要因时制宜。位育具有强调"对人发展的规定"及人对"位"的调整以适应自身发展水平的双重含义,这决定了

---

① 参见陈时见、朱利霞《一元与多元:论课程的两难文化选择》,《广西师范大学学报》(哲学社会科学版)2000年第2期。
② 张诗亚:《回归位育——教育行思录》,西南师大出版社2009年版,第17页。
③ 潘光旦:《寻求中国人位育之道》,国际文化出版公司1997年版,第1—3页。

教育需依凭的今日之"位"绝不能等同于昨日之"位",必须以发展的、历史的眼光看待教育、看待学生的发展。第三,教育要因地制宜。对于外来的教育思想或实践模式,虽不能完全排斥,也不应全盘照搬,而是需要一个借鉴并逐步内化的过程。

教育要具有因时、因地的适应性,西南地区的乡村教育更是如此。西南地区乡村中小学生的发展虽有一般意义上人类共性的方面,但中华文化作为其存身之基、地方传统文化(中华文化共同体组成部分)作为其重要的成长力之源所标定的合格国家公民与地方社会成员双重角色,均是其在发展中需要回应的重要方面。

二 西南地区乡村社会"大力兴学"与"读书无用"尴尬境遇的反思

《中华人民共和国义务教育法》(2006 年)第五条明确规定:"各级人民政府及有关部门应当履行本法规定的各项职责,保障适龄儿童、少年接受义务教育的权利。适龄儿童、少年的父母或者其他法定监护人应当依法保证其按时入学接受并完成义务教育。"这从法律上规定了国家与各级人民政府具有统筹资源、保障义务教育顺利开展的义务;适龄儿童有接受义务教育的责任;家长或者监护人有保证适龄儿童、少年接受义务教育的责任。《国家中长期教育改革和发展规划纲要(2010—2020)》明确指出:"教育公平的关键是机会公平,基本要求是保障公民依法享有受教育的权利,重点是促进义务教育均衡发展和扶持困难群体,根本措施是合理配置教育资源,向农村地区、边远贫困地区和民族地区倾斜,加快缩小教育差距。"在此目标的指引下,国家及地方政府为西南地区特别是边远农村地区教育发展投入了大量的人力、物力、财力,以 G 县为例:

> 一是认真实施"两免一补"政策。2013 年全县共安排中小学公用经费总额为 300.43 万元(其中中央补助公用经费 160.15 万元,省补助 107.00 万元,县财政安排 33.28 万元);2013 年春秋两季,全县中小学免费提供教科书总额为 48.57 万元;全年中央及省级补助贫困寄宿生生活费 473.11 万元,补助人数 3886 人(小学 2483 人,初中

1448人）。县级配套寄宿制学生生活补助188.8万元。二是切实做好寄宿制学生营养改善工作。2013年春秋两季农村寄宿制学生营养改善生活补助到位资金254.91万元（每人每天3.00元，按100天计），并将专项资金按时足额下拨到各学校，享受学生数4420人，其中小学2842人，初中1578人。[①]

在学校建设方面，经过多年的努力，校容校貌得到极大改善。下文描述的是G县B中学学校建设的相关情况。

全校占地面积近4万平方米，生均占地80平方米，活动场地3000平方米。学校有一栋教学楼、一栋实验楼、一栋办公楼、两栋学生宿舍楼、教育教学设施齐全。教学楼共有教室12间，校舍建筑面积6851平方米，生均占校舍建筑面积14.04平方米。其中普通教室600平方米，实验室150平方米，计算机室50平方米，图书室50平方米，行政办公用房80平方米，校舍基本能够满足教学需要。校内无危房，基本符合国家及省规定的标准。学校有科学、合理的规划设计图，并朝着规划设计图一步一步地实施。教学用房、教学辅助用房配备基本符合国家规定；学校按一类配备配齐了物理、化学、生物、音乐等学科仪器及教具、模型、挂图。按照新课程标准要求，理、化、生开足开齐教师演示实验和学生分组实验（每组4—5人），有原始实验记录。建立了图书室、阅览室，学校加大了对图书、杂志、报纸的订阅投资，每年新征订图书、报纸、杂志达40多种。目前学校拥有图书12000册，生均图书24.6册，阅览室座位达30多个，图书阅览有专职管理人员，且每班每星期有一节课外阅读课。学校还添置了12套电子白板教学设备，教师能充分运用现代教学设备，广泛使用远程教育资源，满足了现代教育教学的需要。

上面两个案例可以显示出国家对边远地区乡村教育发展的投入力度，也可以窥见边远地区乡村社会整体发展思路之端倪，即以教育发展提高

---

① 参见2013年G县教育年鉴。

乡村地区人口素质，推进人力资本建设，激发社会建设与经济发展的活力。但是，边远贫困地区义务教育的推进并没有取得预期效果，反而在村寨中激起了"读书无用"的观念。在独龙江雄当村的小卖部门口，笔者访谈了村民 X 某。他说：

> 我家有三个孩子：老大去年初中毕业；老二正在读初一；老三读小学。虽然现在不要交学费，但是供养三个孩子读书还是压力山大，一年下来的各种开销压得我喘不过气来。
>
> 他们学习很不认真，只知道玩耍；再加上他们是住校，我也鞭长莫及。所以，三个孩子的成绩都很差。老大初中毕业了，没有考上县里的高中，就在家待着，游手好闲。地里的活不会做，家里的忙也帮不上。你说，上学有用吗？所以，对老二和老三读书这件事，我是由着他们自己。

G县的经济发展水平较以前有很大的提高，但基本上还处于农耕社会，而中小学的知识教学以语文、数学、外语等学科为主，学习这些知识也是为了考试、升学，为许多边远地区的乡村中小学生提供走出大山的机会。这是一种典型的"城市取向"的教育，轻视了当下、当地生存能力的培养。再加上，当人们目睹多数孩子通过求学而走出大山之梦破碎的时候，接受教育被当地村民轻视便可以理解了。

当地还存在着一个极其不好的现象，对适龄乡村儿童接受义务教育的积极性产生了较大的负面影响——有许多待业在家的乡村籍大学生，这些大学生经过十几年的努力，几乎穷尽了家庭的资源，终于大学毕业了，但却找不到合适的工作。这里有大学生自身的问题，当然，当地的就业政策也可能会强化这一结果。中国的西南乡村地区是多民族聚居区，国家对于这些当地学生接受高等教育采取了多种优惠政策，其核心便是以考生的民族身份为主要标准实施差别对待，实行少数民族考生与非少数民族考生不同的录取政策：对少数民族考生采取同等分数优先录取、降分录取、单独画线录取、定向招生分配、重点院校民族班与预科班等多种形式，增加少数民族学生接受高等教育的机会。这样的政策可以达到增加这些学生接受高等教育机会的目的，但不能否认的是，当他们毕业后,在以考试分数为衡量标准的就业竞争中,他们又极有可能由于底子相对较差而处于劣势。此时,他们若不能在大学里多一些努力、多一些付出,在其毕业找工作时,在国家、省级公务员招聘考试或者事业单位招聘考试中最终是难以胜出的。面对这种情况,有些学者认为,国家对这批大学生就业倾斜力度不够、照顾不力。他们认为,这种类型的大学毕业生有其自身特殊性,他们中间的很多人来自边远农村地区,基础教育差,作为一个有特殊性的就业群体,在就业问题上应该得到政府的一些专门的政策支持。[1]

不论是个人原因还是政策原因,当地大学生"就业难"是个不争的事实,这种"就业难"更让"读书无用"观点在民间广泛流传,形成了"就业"与"读书"的恶性循环局面。这样的事实在与G县教育局L老师的访谈中也得到了佐证:

> 我们G县每年还是有不少学生外出读大学的,不管他们是在县里、州里还是昆明读的高中。在他们大学毕业之后,有相当一部分待业在家,找不到合适的工作,属于高不成、低不就的样子:好单位,人家看不上你;差单位,他又不想去。
>
> 他们在参加教师等事业单位招考时,竞争对手又不局限于本县,他们很难胜过那些州里、市里的考生。

之所以会出现"大力兴学"与"读书无用"这一尴尬的境况,是因为单纯外向性的教育实践轻视了对当下、当地生活实际的关切。原本期望通过接受教育以提升综合素养、最终实现对当下及未来良好发展状态的赋能,但因为"在乡村""基于乡村""为了乡村"的乡村教育却成了乡村学生"逃离乡村"的准备过程,乡村教育成了"反乡村"的教育,直接缩减了这些乡村学生的未来生存空间,也为其未来的生活境遇埋下了隐患。另外,国家"大力兴学"与"教育扶贫"的根本出发点是为了给边远乡村地区的学生提供更优质的教育资源,促进教育公平,这是一

---

[1] 参见廖小杰《云南少数民族大学生就业难点与对策问题研究——以昆明理工大学民族生为例》,硕士学位论文,云南大学,2007年,第36—38页。

种良好的愿景。但是，公平不是平均，不是未经审视地将"可能好"的东西照搬到乡村学校，而应是一种"差异化的公平"。国家及地方政府投入人力、物力促进边远地区乡村教育的发展，是出于教育公平的努力，但这些投入的着力点置于何处才能发挥最大的效用，是应该着重思考的问题。

教育的发展为了什么？自然是人的发展，而"思考教育的目标，就等于思考人类的使命，思考人在自然中的地位，也是思考人类彼此之间的关系"①，建立在环境、人际关系及精神世界等诸多层面上的人的生活，也就成为教育首要的目标指向。西南地区乡村教育的发展，需要教育研究者以他者的眼光看待乡村教育，以便从"主位"的角度理解教育、理解其教育需求，避免用"客位"的眼光去看待。② 另外，抛弃简单的进化论式线性思维发展乡村教育是极其必要的。③ 从文化生态视角关注西南地区经济社会与人的发展，将国家持续推进的教育扶贫与防止返贫政策投放于学生特色成长资源的开发上，将"合文化生态性""现代性逐步融入作为一端"定义为乡村教育发展的基本思路，才是合适的、恰切的。合适的，才是最好的；将乡村中小学生置于合适发展道路上的教育，才是公平的。基于此，西南地区的乡村中小学教育应在国家教育方针的指引下，在"国家课程为主，地方课程与校本课程为辅"中开展教育实践活动，而且，国家课程在实施中也只有在"创生取向"的加持下，进行地方化、乡土化改造才能更有效地实现育人的目的。

由上可知，西南地区乡村中小学生的发展已经不可避免地处于"传统"与"现代"交织的关系网中，主流文化、乡土文化与西南地区独特的生态系统的统合，成为西南地区乡村中小学教育开展必须确定的"位"，也是乡村中小学生发展必须守住的"位"。但在实践环节，西南地区乡村中小学教育在"标准化"与"统一化"目标的指引下，脱离了对"位"的适应，并最终导致学生发展的失"位"，诱发了一系列生活适应

---

① [西]费尔南多·萨瓦特尔：《教育的价值》，李丽等译，北京大学出版社2012年版，第22页。

② 郭志明：《民族教育：传统融入主流——访西南师大张诗亚》，http：//learning.sohu.com/20040816/ n221556884.shtml。

③ 张诗亚：《民族地区教育优先发展研究》，经济科学出版社2014年版，第85页。

问题,学校教育实践的"被需要"程度也被弱化了。基于此,本书以"文化生态与西南地区乡村中小学生发展"为主题,将中小学生的发展重置于西南地区文化生态之"位"的基础上,期望通过学校教育的一系列变革,实现西南地区乡村中小学生传统与现代的交融发展。

第二节 文献综述

一 文化生态理论相关研究

（一）国外学者对文化生态的研究

1955年,美国人类学家朱利安·史徒华出版专著《文化变迁的理论——多线进化的方法论》,标志着文化生态学的发凡。该书提出了文化的多线进化理论。该理论指出,文化与其生态环境是不可分离的,它们之间相互影响、相互作用、互为因果。在相似的生态环境下会产生相似的文化形态及其发展线索,而相异的生态环境则造就了与之相应的文化形态及其发展线索的差别。这是史徒华对前人学说的继承与发展。在传统意义上,生态学的含义为"适应环境",而环境也成为自达尔文进化论以来的总生命网,人自然也不能逃脱这一生命网。然而史徒华认为,人不是这一生命网的被动适应者,因为人类创造了文化这一超有机体因素。因此,文化生态学也就超越了传统上对生态环境与生物有机体二元体系的关切,以生态环境、生物有机体与文化要素之间的关系为研究的旨要。人类通过文化认识能源或资源,同时又通过文化获取、利用能源或资源。[1] 因此,文化与生态环境之间的关系就显得尤为重要,文化生态学最关注的特质便是经验性分析,以显示在文化规定的方式下与环境的利用最有关联者。但是,文化规定的方式,不能被简单地推演为人类行为全部由文化内隐的一组态度与价值所规定,以至于对环境的适应则无影响力。实际上,新技术是否有价值,环境的潜力也起到了决定性的作用。因为环境不只是对技术有许可性与抑制性影响,地方性的环境特色甚至

---

[1] 夏建中:《文化人类学的理论学派——文化研究的历史》,中国人民大学出版社1997年版,第227—229页。

可能决定了某些有巨大影响的社会性适应。①

  罗伯特·F. 墨菲研究指出："文化生态理论的实质就是文化与环境——包括技术、资源、劳动——之间存在的动态且富有创造性的关系。"② 文化生态学不是武断的经济决定论，而是一种认识社会的方法体系，其在内容上包括三个方面：生产技术或工具与生态环境之间的关系；生产技术与人的行为方式之间的关系；行为方式对文化其他方面的影响。至 20 世纪 60、70 年代，美国人类学家马文·哈里斯提出"技术生态"或"技术经济"决定论的观点。他认为，人类为了生存要利用一切可能的技术条件去适应特定的生态环境，而生态环境的规律是不可改变的，它必定要限制技术变化的比率和方向。在相似的环境中使用相似的技术，会产生相似的劳动分工和分配形式，继而产生相似的社会群体，这些相似的社会群体会运用相似的价值和信仰体系来证明和协调自己的行为。③ 此外，罗伊·A. 拉帕波特以系统论研究文化生态，把某种文化单位看成一个整体性系统，解释文化系统的适应性功能或维持系统的作用，正如"印度教徒赋予牛神圣性，实则是维持农业食物链的重要环节"④。这一时期，"文化生态学的研究重点从自然如何刺激或抑制社会与文化形式，转向社会与文化如何发生作用，维持与自然的关系"⑤。

  总体而言，这个阶段的文化生态学研究的关注点在生态而非文化，且文化生态学的产生并没有逆转生态恶化的趋势，学者正是在这样的危机中，将研究的视角转向文化及文化与生态间的关系。在这一背景下，美国文化地理学与历史地理学巨匠卡尔·奥特温·苏尔基于文化生态学方法的使用，完成《景观的形态》和《历史地理学序言》两篇颇具代表性的理论文章。人类的活动是在文化景观中表现出来的，景观序列的变

---

  ① ［美］朱利安·史徒华：《文化变迁的理论——多线进化的方法论》，张恭启译，台湾远流出版事业有限责任公司 1989 年版，第 44—48 页。
  ② ［美］罗伯特·F. 墨菲：《文化与社会人类学引论》，王卓君等译，商务印书馆 1994 年版，第 150 页。
  ③ ［美］马文·哈里斯：《文化唯物主义》，张海洋等译，华夏出版社 1989 年版，第 64—67 页。
  ④ ［美］马文·哈里斯：《印度神牛的文化生态学》，《当代人类学》1966 年第 1 期。
  ⑤ ［美］谢丽·奥特纳：《20 世纪下半叶的欧美人类学理论》，何国强译，《青海民族研究》2010 年第 2 期。

化伴随的是文化序列的变化。文化景观产生于自然景观，人在自然结构中是以自然改造者形象出现的。文化的顶级阶段是文明，文化景观的变化是由文化发展和文化代替引起的。苏尔认为，所谓的"环境响应"，是指一个特定的人群在特定环境中的行为模式，这种行为模式的产生，不依赖于自然条件的刺激，而是来自后天获得的文化。"环境响应"实际上是指在一个特定的时间里，一个特定文化对生存环境的"响应"。文化习俗是不断变化的，随着文化习俗的变化，生存环境又被重新评价和重新解释，并做出新的相应的选择，生存环境本身在文化历史中也就具有了自身的"价值"。在回顾这个人类活动与自然资源之间的"合理"调整现象时，可以很现实地说，任何人的系统都是某个特殊人群在特定时间里的环境选择与习俗的暂时平衡。[1] 到了这一阶段，文化生态学已经实现了人、文化、生态的三位一体。

20世纪80、90年代以后，文化生态学获得了新的发展。首先是文化生态内涵的扩展。特别是人类进入信息时代以来，媒体环境的概念突破了一直以来人们对自然环境的理解，这从根本上改变了现代人的学习、生活与工作方式。而信息文明的发展也给人们提供了更开放、更多样地审视人类社会的视角。不可否认，机遇总是与风险并存的。1994年，在坦佩雷召开的国际传播研究会年会上，芬兰总统阿赫蒂萨里在致辞中首次用"文化生态"来表现由于信息传播技术的飞速发展所造成的严重问题。[2] 其次是文化生态研究群体的急剧扩大。文化生态学从发端到成为独立的学科，主要是由美国的人类学家推动的。而当前的文化生态学研究已从根本上改变了这种一枝独秀的景象，欧洲及其他地区的学者开始从多学科视角开展文化生态研究，国内学者也不例外。

（二）国内学者对文化生态的研究

文化生态研究在国内处于发展初期，此一时期的研究主要集中在两个方面：对国外文化生态学相关研究及成果加以介绍与理论消化；基于人类学、文化哲学视角的本土文化生态理论建构。王庆仁翻译了史徒华的文章《文化生态学的概念与方法》，该文刊载于《民族译丛》上。该文

---

[1] 参见邓辉《卡尔·苏尔的文化生态学理论与实践》，《地理研究》2003年第5期。
[2] 黄正泉：《文化生态学》，中国社会科学出版社2015年版，第32页。

对生态研究的各项目标，文化、历史与环境的关系，文化生态学的内涵、研究对象与研究方法，及文化生态学中方法论的地位等做了较为详尽的介绍。① 类似的文章还有张雪慧摘译的美国亚利桑那大学人类学教授R. M. 内亭的《文化生态学》（1977 年），以"文化生态学与生态人类学"为题刊于《民族译丛》1985 年第 3 期；杨文安刊载于《云南教育学院学报》1993 年第 1 期上的文章《斯图尔德与文化生态学》；由斯图尔德著，潘艳、陈洪波译的刊载于《南方文物》2007 年第 2 期上的文章《文化生态学》；骆建建、马海逵的《斯图尔德及其文化生态学理论》，该文刊载于《文山师范高等专科学校学报》2005 年第 2 期，等等。此外，邓辉在《卡尔·苏尔的文化生态学理论与实践》一文中，介绍了文化生态学伯克利学派创始人卡尔·苏尔的学术思想和学术实践。指导苏尔学术实践活动的核心思想，是他在《景观的形态》和《历史地理学序言》中所系统阐述和倡导的文化生态学思想，这就是强调文化景观与生态环境之间有机联系的分析，重视文化景观的发生学或历史地理学的研究。②上述学者主要对文化生态学领域的泰斗级人物的学说与思想进行了介绍，当然，还有一些国内学者对美国文化生态学的理论源流进行了梳理，并给予系统的介绍。黄育馥在《20 世纪兴起的跨学科研究领域——文化生态学》一文中，首先梳理了文化生态学早期发展的相关情况，介绍了斯图尔德文化生态学的研究目的——文化生态学就是要研究环境对文化的影响，认为特殊类型的生态决定了作为文化载体的人的特征——与所采用的研究方法——用文献记录人类利用环境——谋生——的技术和方法；观察与利用与环境有关的人类行为方式和文化；提出这些行为方式在何种程度上影响了文化的其他方面，以及学术界对早期文化生态学的批评。其次介绍了 20 世纪 90 年代以来文化生态的新发展，包括"媒体环境"概念的引入、研究领域的扩展、研究方法的调整、文化生态学家构成结构的变化等。③ 戢斗勇在《文化生态学论纲》一文中，首先阐释了文化生

---

① ［美］朱利安·史徒华：《文化生态学的概念与方法》，王庆仁译，《民族译丛》1983 年第 6 期。
② 邓辉：《卡尔·苏尔的文化生态学理论与实践》，《地理研究》2003 年第 5 期。
③ 黄育馥：《20 世纪兴起的跨学科研究领域——文化生态学》，《国外社会科学》1999 年第 6 期。

态学的内涵与外延，认为文化生态学的研究对象包括文化系统、文化环境、文化资源、文化状态、文化规律五个方面。其次追述了文化生态学初创时期的相关情况及当下的面貌。再次归纳了文化生态学的学科特点：文化生态学是以生态学为方法的文化学；文化生态学是以文化为研究对象的生态学；文化生态学是综合性、交叉性的新兴学科。最后总结了文化生态学的学科建设、文化发展、社会进步三方面任务。[①] 江金波在《论文化生态学的理论发展与新构架》一文中，首先梳理并品评了文化生态学的相关理论，包括源于文化人类学、生物生态学、社会学与哲学及地理学的文化生态理论四个方面。在此基础上，建构了新的文化生态学理论体系，包括基本概念（文化景观与文化群落、文化生态系统、文化变迁、文化区域）、基本理论（系统结构理论、景观感知与景观映射理论、生态功能理论）及基本研究方法三个方面。[②] 崔明昆在《文化生态学的理论方法与研究》一文中，回顾了文化生态研究的多种理论，并指出其发展趋势。他指出，文化的生态学研究反映了人类学对环境问题的关注以及学科发展的交叉性，这种研究既适用于对简单村落社会、细小的饮食民俗等文化现象做出分析，也可以用于对诸如苏联解体和东欧剧变这样重大的历史事件的阐释，为文化人类学的研究提供了一个新的视角和方法论。[③]

国内学者对于文化生态研究的另一个重要方面是基于人类学、文化哲学视角的本土文化生态理论建构。此一方面的成果，首推黄正泉教授的专著《文化生态学》。在该书中，作者分别从文化生态学的理论前置、文化生态的存在基础、文化生态与社会和谐的关系、激荡的西方文化生态思潮、东方文化生态智慧的兴起、反文化生态的批判、文化生态的运行之道、文化生态危机的理性分析、文化生态的生存——转换与转换生存、现代文化生态建设、通向文化生态的路径11个方面全面论述了文化生态学的历史渊源、基本内容和所面临的问题。作者主张，文化生态学

[①] 戢斗勇：《文化生态学论纲》，《佛山科学技术学院学报》（社会科学版）2004年第5期。
[②] 江金波：《论文化生态学的理论发展与新构架》，《人文地理》2005年第4期。
[③] 崔明昆：《文化生态学的理论方法与研究》，《云南师范大学学报》（哲学社会科学版）2012年第5期。

是借用生态学研究文化,是人类所处的整个自然环境和社会环境的各种因素,即人、自然、社会、文化的交互作用所形成的生存智慧。[①] 杨曾辉、李银艳研究认为:"人类社会生存所依托的生态环境已经不再是纯粹的生态环境了,而是经过民族及其文化与之相互磨合后所形成的次生生态环境,这一次生生态环境为各民族的生境,亦即民族及其文化与所处生态环境之间构成的文化生态耦合体。"[②] 廖国强、关磊指出:"民族生态文化是调适生态与文化之间的关系、寻求人与自然和谐共存为落脚点和归宿而形成的生态物质文化、生态制度文化、生态观念(精神)文化的总和。"[③] 对于文化生态研究的价值,文小勇认为:"在当今世界多种文化碰撞与交融、强势文化与弱势文化尖锐交锋客观存在的大背景下,从生态学的原理来分析和理解今天地球上的文化差异与共性,利于在全球化的浪潮中找准自身文化发展的立足点。"[④] "中国的文化问题是社会关系问题的表现,文化生态建设要让那些曾经被贬低的人的文化得到承认,让他们也有自主的文化自觉,从而实现社会整体的文化自觉。"[⑤] 在整个现代性过程中,人类一味地向前而远离实存,唯有建构不同文明或各种文化因子竞相生长的合理的"文化生态",才能够"回救"现代性,"规劝"现代人。[⑥] 对于文化生态的现状,方李莉强调:"在21世纪人们关注的焦点不再仅仅是自然生态平衡的问题,更重要的还有一个文化生态平衡的问题,这个问题必然要涉及民族与民族之间、人与人之间、人与自身心理之间、人与自然之间的种种关系。"[⑦] "从根本上对文化主体进行保

[①] 黄正泉:《文化生态学》,中国社会科学出版社2015年版,目录。
[②] 杨曾辉、李银艳:《论文化生态与自然生态的区别与联系》,《云南师范大学学报》(哲学社会科学版)2013年第2期。
[③] 廖国强、关磊:《文化·生态文化·民族生态文化》,《云南民族大学学报》(哲学社会科学版)2011年第4期。
[④] 文小勇:《论文化生态圈与文化安全》,《思想战线》2002年第4期。
[⑤] 高丙中:《关于文化生态失衡与文化生态建设的思考》,《云南师范大学学报》(哲学社会科学版)2012年第1期。
[⑥] 陈绪新:《文化生态:以一种对话的视野回救现代性》,《科学技术与辩证法》2005年第2期。
[⑦] 方李莉:《文化生态失衡问题的提出》,《北京大学学报》(哲学社会科学版)2001年第3期。

护，对文化生态的平衡具有重大意义。"① 对于文化主体的成长，管宁认为："现代文化理念（政治上的积极参与意识、经济上的强烈竞争意识、日益强化的公共意识、文化思想观念上不因循守旧、乐于更新）的内化需要有与之相应、适合其生长的社会文化生态环境。"②

（三）西南地区文化生态相关研究

对西南地区文化生态的研究主要集中在旅游资源开发与保护上。文化生态旅游即旅游者通过体验与自然、社会环境协同一致的文化生态资源，追求"人与自然""人与自我""人与人"三对关系之间均衡的文化知识和审美价值，继而强调旅游者在旅游过程中应对旅游环境承担一定的责任和义务的一种基于生态文明观的旅游形式，是文化旅游及生态旅游的新发展。③ 旅游开发需要对西南地区的文化生态特征有个准确把握，简言之，其特点有三。其一，自然资源多样。中国西部地区幅员辽阔，纵跨多个纬度带，气候类型多样，地形复杂，江河湖泊众多，珍稀动植物种类繁多，自然景观多姿多彩。其中，西南地区共有国家级自然保护区75个，约占全国的20%。西部100多种旅游资源属于世界级的垄断旅游资源，堪称"旅游资源宝库"。同时，西部地区还拥有一批为数可观的世界级遗产、国家级重点风景名胜区、历史文化名城、重点文物保护单位等。其二，人文资源丰富。西部地区聚居着中国多个少数民族，55个少数民族中的50个少数民族的发源地和主要聚居地都在西部，5个少数民族自治区也都在西部。各少数民族保持着数百年来形成的文化习俗和民族性情，形成了绚丽多彩的民族文化、悠久的民族历史以及浓郁的民俗风情景观，这些民族特色的人文资源是华夏文明的历史见证和人类文明的无价之宝，更是中华文化共同体的重要组成部分。其三，生态环境优越。西部地区重工业较少，污染不像中东部地区那般严重，尤其是在边远山区，主要以传统农业为主，对生态系统的影响较小。这些地区虽然经济发展比较落后，但自然、地理等生态环境保护较好，而且民风纯

---

① 王晖：《文化生态问题中的文化主体保护》，《求索》2009年第2期。
② 管宁：《文化生态与现代文化理念之培育》，《教育评论》2003年第3期。
③ 黄凯南：《文化生态旅游——一种基于生态文明观的旅游方式》，http://www.qzskl.org/Article_Show.asp?ArticleID=319，2005 04 12。

朴，使得神奇的自然风光与人文景观融合在一起，相互依存，相互烘托，为特色旅游区建设和多目标综合开发提供了有利条件。西部地区优越的生态环境、立体的生态资源空间分布加强了资源数量与品质的优势，呈现出巨大的开发潜力。① 但是，在开发过程中，也必须坚持一系列原则。第一，合理规划生态环境容量。西部很多地区本来有着很好的生态环境和民族文化资源，但由于过度的开发和利用，导致很多地区的原生态自然和人文环境遭到较大的冲击和破坏，在开发的过程中忽略了"保护性开发"和"适度开发"的原则。② 第二，提高社区参与度。旅游目的地社区是与生态旅游景区紧密关联的、有着共同利益的人群的聚居区，社区参与的程度对于旅游管理及文化保护而言十分关键。提高社区参与度至少在以下三个方面具有重要作用③：有利于保护原生态文化资源，提高村民的自信心和自豪感；增加当地村民的收益，并确保分享收益的权利；而且可以提高游客体验的真实感和融入感。第三，处理好旅游开发与传统文化保护的关系。西南地区生态旅游的基础是当地传统文化，这些地区之所以能够吸引外来游客，就是因为这种传统文化的原始性和神秘性。一般来讲，地方性的传统节日是文化生态旅游的重头戏，也最容易受到冲击，现在很多地方性节日和节庆为了吸引和迎合游客，其形式、内容已经在很大程度上异化了。④ 第四，增强生态旅游和其他产业的结合度。产业发展的低水平，旅游基础设施及配套服务设施落后，是长期制约西部地区文化旅游发展的瓶颈。而通过旅游业的繁荣带动相关产业的发展是发展经济的一个有效途径。⑤

---

① 杨珂、李玟慧：《西部民族地区文化生态旅游发展研究——以红河哈尼族彝族自治州为例》，《生态经济》2014年第5期。
② 龙茂兴、王华：《民族地区文化生态旅游探究——以湘西土家族苗族自治州为例》，《生态经济》2013年第7期。
③ 刘静艳、韦玉春：《生态旅游社区参与模式的典型案例分析》，《旅游科学》2008年第8期。
④ 叶文、蒙睿：《生态旅游本土化》，中国环境出版社2006年版，第124—125页。
⑤ 杨珂、李玟慧：《西部民族地区文化生态旅游发展研究——以红河哈尼族彝族自治州为例》，《生态经济》2014年第5期。

二 学生发展相关研究

(一) 学生发展目标与影响因素的相关研究

1. 学生发展目标相关研究

关于中小学生的发展目标，国内外学者已做了深入的探讨。"人和其他生物的不同点主要就是由于他的未完成性。事实上，他必须从他的环境中不断学习那些自然和本能所没有赋予他的生存技术，为了求生存和求发展，他不得不继续学习。"[①]那么，人的发展指向何处？有学者指出："人在社会条件下的生存与发展，不是离开社会环境的孤立的个人的生存与发展，教育对个体进行了文化传递，实际上是为了保证人的社会化。"[②]而个体社会化的过程是个体作为一个"社会学习者"和"社会参与者"的全面发展过程，是个体逐渐由"自然人"转变为"社会人"的社会准入与渐进过程。作为学生个体社会化任务重要承载者的学校教育理应在这一过程中充分发挥"催化"与"防腐"的作用，协助学生达到理想的社会化目标[③]，若"抛弃了社会化的前提，角色化不利于学生主动性的发挥、不利于学生个性形成、不利于学生的心理健康"[④]。对于学生社会化问题的关注与研究，在现时代的背景下，面对着前所未有的挑战。因为经济一体化与信息技术的合力推动了社会结构与生活方式的变化，加之"终身教育""学会生活""学会学习"等教育理念的影响，学生的社会性发展已然发生了很大的变化：涉及人与他人及社会的关系、教育世界与学生生活世界的关系、角色定位、社会化过程复杂化等诸多内容。所以，对学生社会化问题的研究必须坚守教育社会学的立场，把描述的、实证的方法与理解的、文献的方法整合起来，才可能实现研究的初衷[⑤]，这是从方法论的层面提出了对学生社会化问题研究的要求，也给一些具

---

① 联合国教科文组织国际教育发展委员会：《学会生存——教育世界的今天和明天》，教育科学出版社1996年版，第196页。

② 胡德海：《教育学原理》，甘肃教育出版社1998年版，第320页。

③ 李敏：《当前学校教育中个体社会化的异化现象探析》，《江西教育科研》2003年第6期。

④ 陆有铨：《素质教育值得注意的几个问题》，《北京大学教育评论》2003年第3期。

⑤ 郑淮：《论学生社会性发展的研究范式转变》，《华南师范大学学报》（社会科学版）2011年第5期。

体的研究提供了方向性的指引。对于学生社会化的目标与方式,有学者认为,可以采纳典型社会化的理念,将典型人物的观念和行为对社会成员持续而强烈的影响转变为其社会行动。社会主义荣辱观的接纳便是属于学生典型社会化的要求,而在接纳的过程中则可以采用示范效应、认同效应、实践效应、激励效应等方式。还有学者认为,学生社会性发展的目标分为三个层面:正确的自我认知;健康的人际关系和积极的人际互动;主流的社会价值观和一定的社会责任感。[1] 俄罗斯学者谢·伊·谢尔盖奇克认为社会化的内容包括三个方面:职业社会化(获取劳动技能和劳动经验)、法律社会化(让每个青年意识到自己作为国家公民所享有的权利与必须承担的义务)、政治社会化(使学生掌握处理社会事务的能力)。[2] 在具体的政治社会化过程中,许多学者认为教室内的教育活动发挥了极大的作用。Lundgren 和 Ulf P. 把学校等同于社会制度,学校里的班级便成为社会系统的一种,它的结构表现了其所具备的社会化功能。[3] 教室内的政治社会化由三个方面构成:第一,课程的讲授。课程讲授在公民教育中所起到的作用是作为核心影响力出现的,并呈现出逐步加强的趋势。[4] 第二,教室内的仪式。教室内的仪式以集体主义的形式出现,这些仪式中的忠诚与爱国主义也经由集体主义在学生还没有能够完全理解的时候便深深地确立于心中了,而这是作为国家公民所需要具备的忠诚意识的基础。[5] 第三,教师的榜样。教师是儿童遇到的第一个社会权威,更像是政治权威的角色,他必须服从教师,这是父母在情感因素干扰下无法做到的;教师还是文化和知识的拥有者,在广大农村地区,作

---

[1] 袁钫芳:《将社会性发展作为学生发展的目标之一》,《上海教育》2013 年第 11 期。

[2] 谢·伊·谢尔盖奇克:《青年学生公民社会化诸因素》,《国外社会科学》2003 年第 4 期。

[3] Lundgren and Ulf P., "The School Class as a Social System," *Acta Sociologica*, Vol. 25, No. 2, 1982, pp. 187–194.

[4] C. E. Merriam, *The Making of Citizen*, Chicago: Chicago University of Chicago Press, 1931, p. 273.

[5] R. D. Hess and J. V. Tourney, *The Development of Political Attitudes in Children*, Chicago: Aldine Publishing Company, 1967, pp. 105–108.

为政府的代表与合作者会受到极大的尊重。① 西方学者关于学生社会化路径的研究,认为家庭学校所发挥的作用也不容忽视。研究表明,许多实施家庭学校教育的学生不但没有表现出丝毫逃避社会交往的意思,反而对自己的集会、言论自由、结社等公民权利极为看重,并能与家庭及社区成员建立起稳定、和谐的关系,密歇根大学进行的一项调查也证实了这一结论:53位接受过家庭学校教育的成年人无一出现无法适应社会生活的情况。之所以会产生这样的效果,是因为各州均成立了家庭学校协会,家庭学校协会的成员之间会通过旅游活动、研究小组、互联网等手段为学生提供交流的机会。②

国内学者关于学生社会化的路径提出了如下见解。学校作为社会整体的组成部分及未来社会形态的变革力量,必须帮助学生建立在面对包括惩罚在内的社会规范时的积极态度。学校教育必须以惩罚的方式保证教学工作的有序开展,就像社会规范与法律的严肃性必须对违反者予以惩罚一样,学校中的惩罚也因此具备了引导学生社会化的功能。③ 课程社会化也是一种引导学生社会化的方式:提升课程资源的生产与流通能力,整合学校课程实施的方方面面,并将其融入社会的大系统,使学生、教师、学校等均能便捷地获取课程资源。课程实施会因此变得开放、灵活,学生的社会化发展也会更为高效。④ 另外,促成教育过程中的合作学习也可以改进学生的社会化效果。⑤ 因为合作学习可以让学生走出"独立学习"的弊端,增进"朋辈群体"之间的讨论、交流、沟通、模仿与认同,而这些是社会化的必备要素。

社会化作为学生发展的首要目标,并非千人一面的社会化,而是有

---

① R. Dawson and K. Prewitt, *Political Socialization*, Boston: Little, Brown and Company, 1969, pp. 158 – 159.

② Lyne Holl, Burgoine Kathy, Ogara Collin, Ditai James and Gladstone Melissa, "They Said, Let's Teach You how You Are Going to Care for the Child at Home," *BMC Health Services Research*, Vol. 22, No. 1, 2022, pp. 1 – 17.

③ 傅维利:《惩罚,有助于学生的社会化发展》,《中国教育报》2007年12月5日。

④ 范蔚、龙安邦:《课程社会化:开放社会的学校课程实践方式》,《西南大学学报》(社会科学报)2013年第6期。

⑤ 朱水萍:《合作学习:促进学生社会化与人格培育的过程》,《教育探索》2004年第12期。

差异性的社会化，是社会化基础上的个性化。个性化发展是一种注重发挥学生潜能、承认差异、重视个性的发展，是促进学生全面、和谐的发展。教育中个性化发展的实质是以受教育者的个性差异为依据，以个性充分发展、人格健全为目标，让每一个学生都找到自己个性才能发展的独特领域。[1] 这是一种基本的教育价值取向，只有通过教育价值观的转变，变革教师的教学行为，变革学校的课程体系、实践活动、评价体系及管理制度，才能将学生的个性化发展落到实处。[2] 对于如何促进学生的个性化发展，学者还提出了各种不同的见解：可以通过课程设计来实现，即通过国家课程"生本化"、学校课程"特色化"、活动课程"个性化"[3] 的三位一体来保证；通过班主任自身素养的完善，比如通过爱心、责任心、教育智慧、管理艺术、人格魅力等来促进；[4] 通过个性化德育、学科个性化教学、自主课程、综合实践活动课程、"四大节（文化节、艺术节等）"[5] 五方面的策略来实现；通过教学中的对话与理解、非智力因素的挖掘、创造性培育及个性化评价体系的建立[6]来实现；通过建立"二级导师制"[7] 对学生进行全面与个别指导相结合的方式来实现；通过发挥学生自主性、采用不同的教学形式、培养学生个别性的个性化教学模式[8]来实现；通过满足每一位学生成长的需求、关注他们个性的教学评价体系的建立[9]来实现；通过集体钻研个性化教学模式、尊重老师与学生的个性特

---

[1] 唐善茂：《创新人才培养应注重个性化发展与多样化教育》，《中央社会主义学院学报》2006年第6期。

[2] 陶西平：《重新认识基础教育的"独立价值"》，《中国教育学刊》2012年第1期。

[3] 赵桂霞：《"三位一体课程体系下的学生发展"》，《中国教育学刊》2009年第6期。

[4] 董瑾伟：《班主任影响学生发展的个性化探索》，硕士学位论文，内蒙古师范大学，2009年，第37—46页。

[5] 鲍东明：《多彩平台引领个性化教育》，《中国教育报》2005年5月24日。

[6] 朱建萍、杨雪梅：《多元智能理论下个性化教学策略探究》，《现代中小学教育》2012年第5期。

[7] 毛秀敏、戴文军：《二级导师制：助力学生个性化发展》，《中小学管理》2016年第7期。

[8] 李晓野：《个性化教学模式的应用与探索》，硕士学位论文，东北师范大学，2004年，第19—24页。

[9] 孙翠翠：《个性化教育视域中的学生评价研究——基于青岛部分中小学的调查》，硕士学位论文，青岛大学，2015年，第24—29页。

征、增强教学活动的有效性等打造个性化课堂教学①来实现；通过深化教育综合改革，以移动互联网为平台将学生放在中央，打造面向未来的个性化学习服务支持体系②来实现。

2. 学生发展影响因素的相关研究

学生的发展是个过程，是从起点向目标的不懈努力与追求，在这个可能被无限拉长的时间内，学生的发展会受到许多因素或正向或负向，或积极或消极的影响。通过对相关文献的梳理，从学校教育的角度来看，影响学生发展的因素主要有以下几个方面。第一，学习环境。学生认知和情感两个方面的发展与学习环境的关系密切，当学习环境是有凝聚力的、令人满意的、有目标的、有组织的和少冲突的时候，学生的认知和情感会发展得更好。在创造力发展方面，更需要营造有利于学生心理安全的课堂环境：无条件地接受个人价值；没有外部评价的环境；通感的理解。③ 影响学生发展的环境，首要的一点便是学校的制度环境。华东师范大学杨小微教授指出，学校的制度建设有一个根本前提，即人性假设：持"性善论"者，会建立适度规范、激励、保护的制度系统；持"中性论"者，会提出塑造式的制度；持"性恶论"者，则会建立以控制、限制为主的教育制度。对于今天的学校教育来说，通过制度建设为学生建立学习环境必须以促成"健康成长"为出发点：学生组织制度的建立，要以学生自我约束、自我激励、主动发展为目的；其他制度建设与更新的出发点也应是学生正当的成长需求，并能由此产生耐心的呵护与守望。④

第二，知识学习。学校教育通过知识来使学生获得发展，但知识不只是人的认识问题，而且是人的存在问题。从存在论（生存论）的意义看待知识，知识融于人的存在过程，确证着人的存在，在不同的层面上改变着人的存在，促进着人的生成。但是，在理解知识学习与学生发展的关系时，应确立"知识工具论"的观念，而不是"知识目的论"的观

---

① 尹素英、李霞：《着眼学生发展，打造个性课堂》，《中国教育学刊》2013年第11期。
② 北京教育科学研究院基础教育教学研究中心：《构建面向未来学习的个性化教学服务支撑体系》，《人民教育》2016年第16期。
③ 陆根书、杨兆芳：《学习环境与学生发展研究述评》，《比较教育研究》2008年第7期。
④ 杨小微：《促进学生发展的学校制度建设》，《教育发展研究》2010年第4期。

念，并且，应明确知识学习是学生全面发展的必要条件，但不是充分条件。① 而且，这里所说的知识，其内涵是极为丰富的。美国社会科学协会为学生设计了社会科学课程，通过整合自然科学、数学及人文社会科学中适当的内容，形成十大"主题轴"：文化；时间、连续与变迁；人、地与环境；个人发展与认同；个人、团体与机构；权力、权威与管理；生产、分配与消费；科学、技术与社会；全球联系；公民意识与实践。2006 年，社会科学协会又对此进行了修订，保留了"十大主题轴"的内容，并根据数字化、全球化时代的需求，提出"培育主流社会意识""强化跨学科课程教学"的建议。② 对于课程建设，中国学者张世善认为，应该从"鞋合脚"的思路出发，将课程编制建立在"当前发展区"的基础上，并通过教育实践中面对全体学生，面对学生全方位、过程性发展的基本定位，实现培养"时代核心素养"的目标。③ 而学生"时代核心素养"，也不能离开中华传统文化的传承与发扬。中华传统文化主张的礼仪教育，倡导遵从规则、礼敬谦和的行为方式；注重修养人格，倡导诚信、自律、重义轻利的精神导向；提倡家国观念，培养个人对家、乡土、国家的情感依恋；倡导奉献社会、心怀天下、爱人如己的豁达胸怀等，均可以成为发展学生核心素养的重要资源。④ 当然，将学生发展中的学习仅仅关注在课程上，是不够完善的。因为学生的学习对象从一开始便包括事物本身与表征实际事物的符号，即直接经验与间接经验两类。仅重视间接经验的传统需要从根本上加以改变，直接经验的掌握也应该受到关注，且二者之间的关联与互动还需要建立并加强。⑤ Mishra 和 Kereluik 认为，促进学生发展的知识应该包括三类：基础知识，包括生活诸多门类所必需的知识，及跨学科知识；元知识，包括创新与变革、交流与协作

---

① 陈佑清：《对知识学习与学生发展关系的重新审视》，《湖北大学学报》（哲学社会科学版）2011 年第 5 期。

② Nagda and A. Biren, "Breaking Barriers, Crossing Borders, Building Bridges: Communication Processes in Intergroup Dialogues," *Journal of Social Issues*, Vol. 62, No. 3, 2006, pp. 553–576.

③ 张世善：《区域构建适合每个学生发展的课程》，《课程·教材·教法》2015 年第 6 期。

④ 赵景欣、彭耀光、张文新：《中华优秀传统文化传承与学生发展核心素养研究》，《中国教育学刊》2016 年第 6 期。

⑤ 陈佑清：《符号学习与经验学习在学生发展中的关联与互动》，《华东师范大学学报》（教育科学版）2010 年第 2 期。

能力、问题意识和批判思维；人文知识，包括生活技能、工作能力、文化素养、道德品质与情感意志。[1] Voogt 和 Roblin 则认为，学生应该学习四个方面的知识：以解决问题为出发点、充满创新与变革的思维方式；与他人沟通、协作的工作能力；基础的信息技术素养；地方及国家社会双重的生活能力。[2]

第三，课堂教学与学习评价。从多元智能理论、建构主义理论、后现代主义理论出发，对以学生发展为目的的课堂教学评价进行深入反思，发现当课堂教学评价具备整体性、过程性、多元性等特点，同时还遵循学生中心、发展性、全面性等原则时，能够更有力地促进学生发展。[3] 在学习评价方面，要改变廉价表扬、模糊评价、机械互评等极端现象，坚持发展、有效、全面、开放等原则，采用多样、主体评价策略，充分发挥评价的激励作用，重视学生在评价过程中的主体地位，采用灵活多样的评价方法，把评价作为引导学生学习的工具，调动学生学习的积极性，只有这样，才能促进学生在原有基础上的巨大发展。[4] 恰如美国高中所进行的"发展性评价"实验[5]：教育评价的目的是促成学生发展；评价要在真实、生动、有意义的活动中进行；评价要建立在充分、全面了解评价对象的基础上，采用多元方法从多角度、多侧面展开；整合形成性评价与终结性评价，将评价贯穿于日常的教学实践活动中；评价者与被评价者之间的互动加强，打破二元对立，共构评价的目标体系。若要将评价转化为促成学生发展的动力，仍需要抓住三个要点：描述与诊断，学生在经历了一个阶段的学习之后，老师需要参照较为科学、客观的标准，

---

[1] P. Griffin and B. Mcgaw, *The Changing Role of Education and Schools—Assessment and Teaching of 21st Century Skills*, Berlin: Springer Netherlands, 2012, pp. 1 – 15.

[2] J. Voogt and N. P. Roblin , "A Comparative Analysis of International Frameworks for 21st Century Competences: Implications for National Curriculum Policies," *Journal of Curriculum Studies*, Vol. 44, No. 3, 2012, pp. 299 – 321.

[3] 赵明仁、王嘉毅：《促进学生发展的课堂教学评价》，《教育理论与实践》2001 年第 10 期。

[4] 滕玉英：《促进学生发展的课堂学习评价》，硕士学位论文，南京师范大学，2004 年，第 33—34 页。

[5] Taras and Maddalena, "Assessment—Summative and Formative—Some Theoretical Reflections," *British Journal of Educational Studies*, Vol. 53 , No. 4, 2005, pp. 466 – 478.

给学生的总体表现做出一个真实的描述，并就进步与不足之处分别给予标识，回答"是什么"与"为什么"两个问题；指导和建议，即说明应该"怎么办"，帮助学生解决问题、克服困难，指明未来努力方向，建立学习的自信心；支持与激励，教师给予学生的指导和建议究竟能够发挥什么样的作用建立在教师的态度与学生的理解之上，教师以冷漠的态度给出哪怕是最优的建议，带给学生的也只能是伤害。① 这说明在评价中教师语言的重要性："三句话式"评价，用在学生态度积极但观点错误的时候，肯定与建议相结合；"追问式"评价，在学生对某问题有独到见解，但理解不到位、不深刻的时候使用；"同步解说式"评价，教师给学生的表达以恰当的同步解说，既可以肯定学生，又能给其激励；"强调精彩内容式"评价，对学生独到、准确的见解，教师予以再次展示，使之呈现出更为精彩的效果；"感叹加肢体动作式"评价，对于学生完美的表现，教师以此种方式给予学生喝彩。②

第四，教师及其专业发展。教师需要在专业知识、专业实践、专业发展三个领域证明自己是否达到标准，而这三个领域直接与学生发展相关。教师只有具备了专业知识，才能灵活掌握教育环境和学生个体需求的变化，才能使用丰富的教学策略和资源使学生学习结果最优化。为了给学生的学习提供支持，教师应该持续不断地反思、评估和提高自己的专业知识水平和专业实践能力。③ 自2003年起，澳大利亚为提高学生的学业成就，专门建立了教师发展的统一框架④——"三要素"，即专业知识、专业实践、专业发展，以及"七标准"，即了解学生及其学习行为，了解教学内容与教学方法，科学规划教学并有效实施，创造有支持性的学习氛围，准确评估学生的学习情况，反思教学实践并进行积极的专业学习，为教育集体与学校做出贡献。教师方面对学生发展的影响除了专

---

① 林福森、赵希斌：《通过评价促进学生发展的关键要素》，《教育理论与实践》2006年第4期。

② 董雷：《教师语言评价要促进学生发展》，《中国教育学刊》2009年第1期。

③ 肖丹、陈时见：《促进学生发展为导向的教师专业发展》，《教师教育研究》2012年第6期。

④ 《澳大利亚国家教师专业标准》，http：//wenku.baidu.com/view/9f1bf75c312b3169a451a4d4.html。

业发展外，还有教师权威方面。一般而论，教师权威不是权力、强力或者暴力，而是一种心理或者精神力量，是外在性地引导学生发展的力量，通过对学生的约束、规范作用来实现促进学生知识与道德发展的初衷。[1] 教师的心理健康程度也会对学生发展产生影响：学生健康的和谐发展离不开公正的师爱，而问题学生与学生片面发展在一定程度上来自于教师不公正的行为。[2] 这些不公正的行为来自教师内在的心理问题，会给学生造成心理行为问题或"师源性伤害"[3]。而且，处于焦虑状态下的教师会轻视教学反馈，从而直接影响学生学业技能水平的提高。[4] 当然，影响学生发展的因素还有许多，诸如校本教研、学业情绪、教育投入、班级规模等。

（二）乡村学生发展及其影响因素相关研究

1. 乡村学生发展相关研究

第一，文化适应。与城市学生发展相比，乡村中小学生有其独特性，这体现在其生活场域的文化独特性上。所以帮助乡村中小学生发展的教育必须有文化上的观照，而对乡土文化的观照是一个必要的方面。

在教育实践中，学生在习得主流文化的过程中，还需汲取乡土文化的营养，为提高学生的学习兴趣与理解、接受能力，必须将地方知识融入学校教育之中，并以乡土知识、生活经验为基础优化主流文化内化的效率与效果，这是乡村教育高质量发展的现实需求，也是培养合格国家公民与具有"地方适切性"人才的要求。所以，乡村教育必须杜绝"一刀切""标准化"，结合区域内乡土文化设置"贴近大地"的课程。刚入学的乡村学生中"文化休克"现象的存在，确证了学校教育必须采用恰当的措施帮助乡村学生优化文化适应的过程与效果：面对所有学校，特别是乡村中小学践行"一体多元"文化理念；面对乡村学生进入学校后可能的"文化休克"，必须通过"文化关怀"安抚其紧张、抑郁、焦虑情

---

[1] 张桂：《教师权威与学生发展：一种哲学的辩护》，《教育发展研究》2016年第12期。
[2] 明庆华：《教师公正与学生发展的现实思考》，《教育发展研究》2008年第Z2期。
[3] 金东贤、邢淑芬、俞国良：《教师心理健康对学生发展的影响》，《教育研究》2008年第1期。
[4] T. J. Coates and C. E. Thoresen, "Teacher Anxiety: A Review with Recommendations," *Review of Educational Research*, Vol. 46, No. 2, 1976, pp. 84–159.

绪；通过组织各种文化活动，引导他们体验另一种文化，在了解中接受中华主流文化及其载体；通过人种志研究方法把握学校教育中关于文化适应的各种信息，并适时、恰切地予以个别或团体指导。① 帮助乡村中小学生实现"文化适应"，在目标指向上是为了其学校生活满意度的提高，更是着眼于其未来良好生存状态的考量——可以适应乡村地区与国家主流社会的生活，也即维系他们对于家乡及国家的认同与情感依附。②

对于认同的产生与稳定度有着两种截然相反的理论：原生论，即一个民族的基因、传统、血缘、语言如同一个人的名字或身体一样，与个体保持着天然、永久的联系；③ 工具论，即民族认同是作为获取利益的工具形象出现的，当这种工具的价值趋于失效的时候，推动民族认同的力量就不存在了，民族认同也终将消失，甚至被其他民族认同所替代。④

通过这两种理论可以得知：个人必须有认同，这与归属感有关；个人的认同可以不唯一，既有"原生"，又有"后天培养"。对西南地区乡村学生来说，通过"文化适应"建立起来的认同，必然包括"原生的"乡土认同，更包括"后天形成的""较高层次的"中华民族认同。这对西南边远乡村中小学教育实践提出了明确的要求：不仅需要通过乡土文化的传播，培育学生的乡土文化认同、乡土认同与身份认同，而且需要通过中华民族主体文化的浸润，建立起"中华民族认同"⑤。当然，变化的时代也无声地改变着西南地区乡村社会的文化生态，中华主流文化的进场让"仅以传统乡土文化为唯一供养"的乡村少年很难在当地立足并呈现出良好的生存状态，要实现"外向流动"，融入城市社会更是难上加难。因此，如何帮助乡村少年建立起国家认同与合格的公民素养就显得尤为重要，融合了社会道德、生存技能、普世价值观、多民族文化传统、

---

① 李怀宇：《少数民族学生在学校教育中的文化适应——基于教育人类学的认识》，《贵州民族研究》2006年第4期。

② H. R. Issacs, *Idols of the Tribe: Group Identity and Political Change*, New York: Harp & Row, 1975, pp. 289-293.

③ N. Glazer and D. P. Moynihan, *Beyond the Melting Pot: The Negros, Puerto Ricans, Jews, Italians, and Irish of New York City*, Cambridge: MIT Press, 1970, pp. 86-87.

④ S. Cornell and D. Hartmann, *Ethnicity and Race: Making Identities in a Changing World*, Thousand Oaks: Pine Forge Press, 1998, pp. 43-45.

⑤ 任志宏：《少数民族文化认同与民族学校教育的发展》，《河北学刊》2010年第6期。

社会主义核心价值观及中华传统文化的国家课程学习是一个极为重要的途径。[1]

相关研究表明,乡村中小学生国家认同的形成与其家庭背景与个性特征有很大关系,如父母的职业、性别、是否为学生干部等;与其生活与学习环境也密切相关,如团结和谐的文化氛围、便利的生活设施、多彩而丰富的文化认同课程等都会强化学生的国家认同。[2] 著名学者孙杰远教授认为,中小学生国家认同的形成有两种相互联通的场域:校外生活场域,通过日常生活的浸染而获得国家认同;学校教育场域,通过中华民族共同文化符号的凝结与教育渗透、国家治理取向的内化与引导而有计划、有目的地帮助他们实现国家认同。[3]

第二,认知独特性。乡村学生良好的学习行为的发生需要符合其"场依存性"的认知特点,这提出了对教学方式、教学内容的要求。一些乡村学校在教育实践中的教育理念与方法极大地超前于实际的教学水平与学生的接受水平,使美好的愿望最终成为"空中楼阁"。还有,教材中案例的选择无法与乡村学生的生活经验相对接,诸如高铁、纳米、雾霾、摩天轮之类的表达均会成为他们的"认知盲点",学习兴趣低且效果不好自成为必然。[4] 当前的乡村教育,主体上实施的是全国统一的课程标准、教学内容、评价体系,因而忽略了乡村中小学生在学习方式与认知特点上的差异,忽略了乡村文化生态环境、经济社会发展水平上的差异,这是导致乡村学生学业水平普遍低于城市学生的原因之一。

2. 西南地区乡村学生发展影响因素相关研究

第一,教育政策。西南地区的乡村社会多是多民族聚居的形态,"乡村"与"民族"是乡村学生身上的双重标签,而把他们培养成为合格国家公民更是教育及全社会共同的责任。这一目的的达成必然会对"作为

---

[1] 余海波:《校园少数民族学生和谐民族认同的构建及对策探析》,《民族教育研究》2013年第3期。

[2] 赵锐、胡炳仙:《少数民族大学生国家认同现状及影响因素——基于Z民族院校的调查》,《中南民族大学学报》(人文社会科学版)2014年第4期。

[3] 孙杰远:《少数民族学生国家认同的文化基因与教育场域》,《教育研究》2013年第12期。

[4] 郑新蓉、王学男:《少数民族理科学习困境的因素分析》,《教育学报》2015年第1期。

教育实践风向标"的政策制定提出要求：关注每一位学生受教育机会和学业成就的公平性；政策制定要从微观处着手；注重教师培训和教师立法。①

第二，语言教育。在教育中，有价值的语言是能促进儿童认知发展的语言。现代社会便捷的交流、交通，已从根本上改变了西南地区乡村中小学生入学时"原始样态的语言文化"，他们大多带着双语的背景进入学校。不可否认的是，现代社会的信息传递与认知结构是以汉民族的语言和文字为基础的，那么仅靠地方语言的学习是不足以支撑他们认知能力发展的。汉语作为国家通用语言，是这些乡村中小学生当下及未来广大生活领域一定会使用到的语言。通过汉语的学习，可以为他们建立起共同的"文化心理场"，增进国家归属感，提升中华民族的认同度；通过汉语学习，可以使他们获得足以实现更广泛沟通、交流的能力，这也是推动其自身与地方乡土社会向国家主流社会融入的动力。②但从实际情况来看，相当数量的西南地区乡村中小学生的汉语能力仅达到了口头交流的水平，这对他们提升技能、拓展眼界、掌握前沿知识造成了极大障碍，也为其将来的就业与生活带来了现实的困难。若想改观这一现象，必然的途径是加强汉语教学，这样才能使他们在学习与就业上获得更多的机会与发展空间。③相关研究表明，西南地区乡村中小学生的汉语学习须与地方语的学习相结合，他们认为，建立在母语学习基础上的汉语学习能事半功倍地达成语言教育的目标，同时，还能培养他们理解与适应能力，提高跨文化交际能力④，并能在智力开发、提高基础教育质量等方面发挥重要功能。⑤因此，语言教育应该避免单向度的"线性思维"，站在"为

---

① 王兆璟：《美国少数民族教育政策发展的趋向——基于新多元文化的视角》，《社会科学战线》2013年第5期。
② 周珊：《论新疆少数民族学生对国家通用语言的认同——从新疆少数民族民考民学生参加普通话测试现象谈起》，《新疆师范大学学报》（哲学社会科学版）2010年第2期。
③ 马戎：《汉语的功能转型、语言学习与内地办学》，《中南民族大学学报》（人文社会科学版）2016年第5期。
④ 刘丽丽：《多元文化背景下的双语教育》，《中国民族》2011年第12期。
⑤ 韦兰明：《关于壮汉双语教育若干问题的思考》，《广西民族研究》2014年第4期。

人发展"的高度上进行教育方式方法的探索与改革。①

第三，课程建设。课程是学生发展的重要载体，其重要作用对西南地区乡村中小学生的发展来说也是不言自明的，而只有"合适的"课程体系才能在育人目标达成与育人效果保障上取得令人满意的效果。以美国的"社会研究课程体系"为例。美国"社会研究课程体系"包括人类学、经济学、考古学、历史、地理、哲学、法律、心理学、社会学、政治学、宗教及其他人文学科、自然科学与数学等内容，其目的是让年轻人积极参与社会生活，获取民主意识，推动公民能力的形成②，使其在民主社会中变得理智且知性。因此，西南地区乡村中小学的课程建设必须扎实地推进"本土化改革"③：确立中华民族一体多元的教育体系与课程体系，通过乡土文化、地方性文化的价值确认与功能发挥去助力合格社会公民及符合本地区需求的人才的培育。为达成这一目标，乡村中小学的课程建设需"处理好地方性知识与普适性知识的关系"④。

第四，教师培养。相较于城市教育与城市学生的发展，乡村教育及乡村中小学生的高质量发展会在教师素养上提出独特需求。美国威斯康星大学著名学者Ladson-Billings提出了"文化敏感型教师"的概念，并标明其特征⑤：对学生抱有期望，重视学生的文化差异性，并将这种差异看作重要的学习资源；创造机会来帮助学生，培养他们跨文化能力与批判意识；具有共享的、批判的、建构的知识观。对于西南地区的乡村教师而言，他们需要了解教育对象的文化，将自己也看作那种文化载体般的存在，培养自身"批判的文化意识"，最终建立起对待不同地域、不同文

---

① 苏德、袁梅：《凉山彝族的双语教育：现实及前瞻》，《中南民族大学学报》（人文社会科学版）2016年第6期。

② NCSS: National Curriculum Standards for Social Studies: Introduction, http://www.Social studies.org/standards/introduction.

③ 王鉴：《我国少数民族教育课程本土化研究》，《广西民族研究》1999年第3期。

④ 王鉴、栾小芳：《关于我国民族地区基础教育课程改革问题的思考》，《西北师大学报》（社会科学版）2007年第1期。

⑤ Ladson-Billings, "Toward a Theory of Culturally Relevant Pedagogy," *American Educational Research Journal*, Vol. 32, No. 3, 1995, pp. 91-465.

化背景学生肯定、积极的文化态度。① Goodwin 也认为，教师必须改变种族主义、仇外心理、阶层主义、缺失思维等，建立起持续关注学生差异、能给予不同文化背景学生不同教育策略的能力。② 中国的乡村教育改革还在持续地摸索和进行中，而变革的核心即是教师的适应性问题：教师自己在教育改革中表现出积极的姿态，主动调整，力求与课改文化相适应。这样，才能促成其自身的专业成长，也才能应对学生在情感、认知等方面的需求③，最终形成独特的文化品性：尊重文化之间的差异性、肯定文化间的普适性，以发展的眼光合理、有效地保存和发展乡土传统文化价值。④

当然，影响乡村中小学生发展的因素还有很多，诸如现代媒体技术，可以为他们打通信息获取、知识掌握及主流文化习得的渠道，实现更优的文化涵化，建立现代身份认同。⑤ 还有校园环境、学生心理健康程度、自主学习动机和信念等。

三 对已有研究的思考

通过对已有文献的梳理可以发现，"乡村教育具有国家性、地方性双重特征，乡村中小学生需要确保共性、呵护特殊性的发展"这一命题已经得到大多数学者的确认。学者也探讨了如何促进乡村中小学生的这种发展，他们从教育学、文化学、社会学、民俗学等立场出发，给出了"打造学习环境""变革课程内容""改良课堂教学及评价""加快教师专业成长""加强双语教学"等策略。这些策略的提出都有其合理性，兼具理论与实践意义。但是，也有如下不足：

---

① M. Cochran-Smith, "The Multiple Meanings of Multicultural Teacher Education: A Conceptual Framework," *Teacher Education Quarterly*, Vol. 30, No. 2, 2003, pp. 7–26.

② A. L. Goodwin, "Globalization and the Preparation of Quality Teachers: Rethinking Knowledge Domains for Teaching," *Teaching Education*, Vol. 21, No. 1, 2010, pp. 19–32.

③ 陈慧：《民族地区课改中教师适应问题研究》，《广西师范大学学报》（哲学社会科学版）2009 年第 5 期。

④ 张学强：《多元文化教育的实质与民族地区教师的文化品性》，《民族教育研究》2009 年第 3 期。

⑤ 朱洵：《现代媒体对少数民族学生的涵化功能——以青海果洛藏族学生为例》，《民族教育研究》2016 年第 1 期。

第一,观照乡村中小学生发展的立场问题没有能够得到清楚地确认。已有研究对于乡村中小学生发展的诸多论说,都建立在一种基本假设之上,即"如果这样就会更好"。这里存在两个问题:第一是"这样",为什么不是"那样"?"这样"与"那样"的取舍依据,谁的更为标准?由谁取舍?第二,"是这样就好"里面的"好"是谁认为的"好"?评价"好"或者"不好"的标准掌握在谁的手中?研究者认为的"好"与研究对象认为的"好"是否同构?这样的思考使笔者相信,解决乡村中小学生发展问题的前提是找寻到"恰当的立场"——一种"谁的生活"便由"谁做主"的立场。

第二,对乡村中小学生的应然发展目标及内涵缺乏明确的表达。从已有的研究中可以归纳出如下论点:乡村中小学生的发展,彰显出国家性的社会化是其首要维度,但是,这种社会化是一种差异性的社会化,表现为个体个性特征的保持,更是乡村、乡土文化差异在个人身上的表达。将这样的社会化套用在乡村中小学生的发展之上,作为引导发展的"指向灯",太过含糊。乡村中小学生的发展需要从其生活的"实际需求"出发,从其生活中正在面临或者可能面临的"问题"出发,建立可实现、可操作的目标及内容体系。这需要研究者进入现场,通过较长时间的观察、体验及提升才能实现。

第三,乡村中小学生发展如何实现?乡村中小学生的发展是个"系统工程",引导他们发展的教育力更是一个"系统"。这两个系统之间建立起一种什么样的联系才能实现引导乡村中小学生发展的目的,是许多研究者心中感到困惑的问题。从他们开出的"药方"上看,期望以"点状""碎片化"的主流文化、乡土文化习得促成其社会化或保持乡村性,是极不现实的。因其缺乏将"乡土文化—自然生态—主流文化"所构成的文化生态作为一个整体去推动乡村中小学生和谐发展的考量,更缺乏学校教育系统对乡村文化生态系统的适应性改造这一根本性的前提。

第三节 研究的基本设计

从乡村中小学生发展的背景环境——"传统"与"现代"的融通出发,从乡村社会"大力兴学"与"读书无用"的悖谬出发,可以发现西南地区乡村中小学生的发展必须建立在对文化生态观照的基础上；从已有的乡村中小学生发展相关研究出发，可以发现在发展需求与目标取向上"合文化生态"的内容。正是基于此，确立了本书的论题，即"文化生态与西南地区乡村学生发展"。笔者多次进入西南地区乡村中小学生生活的现场，关注西南地区乡村的文化生态与中小学生发展的方方面面，积累了较为丰富的研究资料，为研究的顺利开展提供了必要的条件准备。

一 主要内容

西南地区乡村中小学教育发展到现阶段，特别是在"教育扶贫"的持续推进下，所有乡村适龄儿童"有学上"的目标已经实现，人民群众对"上好学"的诉求日益强烈。"免费教育""增加教育机会 促进教育均衡和公平"等以"有学上"为追求的教育政策已经不能满足乡村社会成员的教育需求。而在思考什么样的"学"是"好学"这一问题时，很多研究者陷入了"道德乌托邦"的陷阱和自说自话的"理论偏见"中。面对这种境况，思考在"城市与乡土""现代与传统""现实与理想"的共构中为乡村中小学生发展找到一条合理路径，提高其生存能力与归属感，服务于其日后的良好生活，便成为当下乡村教育研究应关注的重要问题。本书立足于乡村教育快速发展的事实，通过对乡村传统和时代背景的双向审视，梳理乡村社会文化生态现状，以期建构起西南地区乡村中小学生发展的理论内涵、教育机理及具体策略。

本书包括如下内容：

其一，考察西南地区乡村社会文化生态及中小学教育实践的现状，阐释文化生态与乡村中小学生发展的关系。

其二，通过对乡村青少年（包括乡村中小学在校学生与毕业生）的观察与访谈了解其发展现状，获得对西南地区乡村中小学生（青少年）发展状态与生存境遇的准确把握。

其三，结合对西南地区乡村中小学生发展的社会文化环境的梳理，及乡村中小学教育实践的调研，找寻西南地区乡村中小学生发展偏离文化生态的原因。

其四，论述乡村中小学生发展回归文化生态的教育机理，建立理论和实践沟通的桥梁。

其五，从西南地区乡村中小学生发展回归文化生态的教育机理出发，探讨提升乡村中小学教育实践"合文化生态性"的具体策略。期望通过具体策略的推进，将建立于文化生态视角上的乡村中小学生发展变成现实。

二　基本思路

本书以"文化生态与乡村学生发展"为主题，沿着"文化生态视角的必要性—文化生态视角对乡村中小学生发展的规定性—现实问题、表现及归因—回归文化生态发展的教育机理—具体策略"这一思路展开。具体来说，本书首先以 G 县等地的田野考察为起点，通过对西南地区乡村中小学生生存背景及中小学教育开展实际情况的调研，确立研究选题的意义与价值。其次，从西南地区乡村社会的文化生态现状出发，挖掘此一现状对于乡村中小学生发展具有的潜在的规定性，并定义文化生态视角下乡村中小学生发展的基本内涵。再次，结合对乡村中小学生发展的实际情况及由此引发的个体生存境遇的调研，在现实维度上证实"合文化生态"与"生存境遇"的相关关系。复次，建立乡村中小学生发展回归文化生态的教育机理，包括目标设定、内容选择、方式方法等。最后，从乡村中小学生发展回归文化生态的教育机理出发，构建具体的策略体系。

三　研究方法

研究方法是解决问题（资料搜集、资料分析）过程中所选择的技术手段，研究问题的性质、类型决定了研究方法的选择。就本书而言，"文化生态与西南地区乡村学生发展"这一研究主题从性质上说，属于"自下而上"的教育事实研究，所以需要对教育现象做深入的实地调研，搜集资料与典型案例等，以掌握关于西南地区中小学生发展的第一手资料，继而，结合文献资料的查阅与分析，达成预设的研究目的。因此，田野调查法与文献法为本书主要采用的研究方法。

田野调查法。田野调查的方法就是"一支笔、一个笔记本、一部照相机或摄影机"[①]，加上最主要的研究者自身这个研究工具的使用。在本

[①] 王铭铭：《人类学是什么》，北京大学出版社 2002 年版，第 72 页。

书中，使用田野调查法，主要是为了达到以下目的：第一，深度阐释西南地区（以 G 县为例）独特的自然生态与文化特征，勾勒出西南地区乡村中小学生发展所必须依赖的文化生态背景的真实面貌；第二，通过走访、入户调研，呈现乡村青少年（乡村中小学在校学生及毕业生）生存的现实图景，继而通过访谈，挖掘其生存中所面临的问题及其根源；第三，通过参与式观察和结构性访谈的综合运用，呈现乡村中小学生发展的维度及教育需求。

文献法。文献法就是通过对文献资料的搜集、整理与分析达到对问题本质的认识。在本书中，使用文献法，主要是为了完成以下工作：第一，结合田野调查法，较为完整地呈现乡村社会文化生态及变迁状况；第二，梳理国内外学者对于文化生态、学生发展的相关研究，并给予关键词以界定，从而明确研究目的与基本架构；第三，通过较为广泛的文献搜集及分析，佐证文中的相关结论。

第二章

文化生态对乡村中小学生发展的规定性

时代发展诱发了乡村社会文化生境的变化，这给传统乡土文化带来了新的生长点与发展机遇，即原有文化生态系统在消化与吸收主流文化中"有益"因素之后实现自身的重组与更新。此时，乡村社会的文化生态表现为乡土文化与主流文化在独特的自然与社会环境中的重构。从乡村社会成员的角度来说，文化生态的变化意味着生活范式的变化，而变化之根本就在于主流文化所内隐的另一重生活能力的习得之必要。

第一节　文化生态是什么

"文化生态"由"文化"与"生态"组成，要准确定义"文化生态"，只有在理解"文化"与"生态"的基础上才能完成。先说"文化"及"文"与"化"二字。"文"从甲骨文的刻画形象来看，是一个"大人"的正面，且胸部被放置了一个"心"，许慎在《说文解字》中将其解释为："错画也，象交文，今字作纹。"朱芳圃在《殷周文字释丛》中云："文即文身之文，象人立正形，胸前之❌、∨、∪、❀、❀即刻画之文饰也。《礼记·王制》：'东方曰夷，被发文身，有不火食矣。'《穀梁传·哀公十三年》：'吴，夷狄之国也，祝发文身。'考文身为初民普遍之习俗。"[1] 故文之本义为"以文饰其身"。后文被借指一切纹理、花纹。徐灏注笺：

---

[1] 转引自李学勤《辞源》，天津古籍出版社2012年版，第790页。

"文象分理交错之形。"《左氏隐公元年传》所言"仲子(孔子最大的学生,子路)生而有文在其手",即指分理之意,而分理就是可区分、有界限的纹理。故"纹者,文之俗字也"(清段玉裁《说文解字注》)。正如《易·系辞下》所云:"物相杂,故曰文。"至此,"文"之含义从"文身"引申为"天地万物之文","文"成为人对客观事物的认知,成为一种规律性的现象。"玄黄色杂,方圆体分;日月叠璧,以垂丽天之象。"(刘勰《文心雕龙·原道之一》)日月往来交错文饰于天,即"天文",亦即天道自然规律。同样,"人文",指人伦社会规律,即社会生活中人与人之间纵横交织的关系,如君臣、父子、夫妇、兄弟、朋友,构成复杂的网络,具有纹理表象。为此,必须"观乎天文,以察时变;观乎人文,以化成天下"(《易·贲卦》)。意思是说,"治国者须观察天文,以明了时序之变化,又须观察人文,使天下之人均能遵从文明礼仪,行为止其所当止"。至此,"文"被引申为对天地万物、人类社会等认识之结果,"文"之"以文饰心"之意已十分明确,近乎当下。

对于"化",从其甲骨文的字形来看,属于会意字,用一正一倒之人形表示变化之意。因此,"化"即是"变化"。《玉篇·匕部》:"化,易也。"《易·恒》:"日月得天而能久照,四时变化而能久成。"《淮南子·氾论》:"法与时变,礼与俗化。"《庄子·逍遥游》:"北冥有鱼,其名为鲲。……化而为鸟,其名为鹏。"许慎《说文解字》说:"化,教行也,从匕从人,匕亦声。""化"又具备了感化之意,即通过感化转变人心、风俗。又如《书·大诰》:"肆予大化诱我友邦君。"《礼记·学记》:"君子如欲化民成俗,其必由学乎!"[①]"化"之义,今与古相似,今常用之词,如"春风化雨""简化""信息化"等中的"化"皆有向某种状态变化之意。

"文"是人的"类主体"认识包括人在内的万事万物结果的"符号化",内隐着与社会发展水平相一致的处理人与自己、人与他人、人与社会、人与自然等一系列关系的方式。"化"即变化或向某种状态变化。"文"与"化"合用,始于西汉。如《说苑·指武》:"圣人之治天下也,

---

[①] 汉语大字典编辑委员会:《汉语大字典》,四川辞书出版社1995年版,第2169—2170页。

先文德而后武力。凡武之兴，为不服也。文化不改，然后加诛。"又如《文选·补之诗》："文化内辑，武功外悠。"因此，"文化"一词，首先便有"以文化之"之意，使人由"质"向"文"转变。"文"之宽广决定"化人"之宽广，"文化"之必要源自人生存之根本需要，因为"人只能在文化中生活""文化即集体的、大群的人类生活"①，文化由生活的方方面面构成，文化的独特与生活的独特、人生的独特在本质上同义。此外，从字面的意思来看，"文化"，即"文"的"变化"，也就是说，文化是历史性的存在，任何一种文化现象都可以挖掘出其根源，都是源于某种历史性的传统。由此，可以将文化定义为某一群体生活各方面统合而成的具有历史延续性的全体。"文化"一词，对应的英文单词是"culture"，"culture"来源于拉丁语系的 cultura 和 colere，由词根 cult 加上后缀 ure 构成。根据陆谷孙编写的《英汉大词典》对于这个单词的解释——a cultivating, tending, to till 等可以得知，"文化"在其最根本的意义上是指 the tilling of land，即对土地的耕作。对于土地的耕作如此重要，其原因有三：第一，耕作带来足够的食物，满足了人的生存需要，为物质生产及人类自身生产提供了必要前提；第二，耕作使人类走出山洞，开始定居生活，其相对于采集、狩猎、游牧的先进性，人类开始处理各种关系（人与环境、人与他人等），有利于现代意义上社会的形成；第三，耕作是天、自然等不会教给人的人为事物，人们在耕作过程中所积累的经验，是未来社会成员生活的必备品，因为"人不可能逃避他自己的成就，只能接受被规定了的生活状况，人也因此不再生活在一个单纯的物理宇宙中，而是生活在一个符号宇宙之中"②。如此，"文化"在"对土地的耕作"的基础上又具备了"对人的培育"的含义，而这种培育就是以"文化"为内容的生活本身，从这个意义上讲，"文化"等于"生活"。因此，不论从汉语"文化"的起源，还是对英语"文化"词根含义的探寻，都可以发现"文化就是生活"。

再说"生态"二字。"生"从其甲骨文的形象 ![] 来看，从"屮"从"一"，"一"即是地也，像草木生出地上之形。故"生"的本义为"（草

---

① 钱穆：《文化学大义》，九州出版社 2012 年版，第 4—5 页。
② ［德］恩斯特·卡西尔：《人论》，甘阳译，上海译文出版社 2013 年版，第 43 页。

木）生长"。《说文·生部》："生，进也。"徐灏注笺："《广雅》曰，'生，出也。'生与出同义，故皆训为进。"《诗·大雅·卷阿》："梧桐生矣，于彼朝阳。"《荀子·劝学》："蓬生麻中，不扶自直。"又如，《齐民要术·种兰香》："三月中，候枣叶始生，乃种兰香。"在此本义之上，生可指称生育、出生。如《左传·隐公元年》："初，郑武公娶于申，曰武姜，生庄公及共叔段。"又如，《史记·秦始皇本纪》："以秦昭王四十八年正月生于邯郸。"① "生"又指"生命"，如《荀子·王制》："水火有气而无生，草木有生而无知。"又如唐孙思邈《养性延命录序》："生者神之本，形者神之具。" "生"还指"有生命的东西"。如《列子·说符》："邯郸之民，以正月之旦献鸠于简子，简子大悦，厚赏之。客问其故，简子曰：'正旦放生，示有恩也。'"又如《宋史·食货志上一》："其或昆虫未蛰，草木犹蕃，辄纵燎原，则伤生类。"② 基于此，"生"的基本义，可以理解为：以生长为标志的一切有生命的东西。"态"，是"態"的简写，会意字，从心，从能，表示心能其事必然反映到态度上来。小篆将其写作上"能"下"心"，或左"人"右"能"。本义为态度、意态。《说文解字》："态，意也。"段玉裁改"意也"为"意态也"。意态者，有是意因有是状，故曰意态。③ 如《史记·老子韩非列传》："态色与淫志，是皆无益于子之身。"又如，唐崔颢《岐王席观妓》："还将歌舞态，只拟奉君王。"后又将其引申为状态、情态等。如《楚辞·离骚》："宁溘死以流亡兮，余不忍为此态也。"又如《淮南子·主术》："是以上多故则下多诈，上多事则下多态，上烦扰则下不定。"④ 为此，"态"可以理解为"态度""状态"。那么，"生态"二字的意思也就十分明确了，即有生命的东西的自然、和谐存在状态，这是"生态"二字在事实层面上的意思。但心能其事必然反映到人的态度上来，因此，"生态"二字还存在观念层面上的含义，即人对万物存在状态认识基础上的态度。在态度的基础上，观念层面最终过渡到行为层面，即人以和谐为目标处理周围事

---

① 转引自李学勤《辞源》，天津古籍出版社 2012 年版，第 552 页。
② 汉语大字典编辑委员会：《汉语大字典》，四川辞书出版社 1995 年版，第 2575 页。
③ 转引自李学勤《辞源》，天津古籍出版社 2012 年版，第 939 页。
④ 汉语大字典编辑委员会：《汉语大字典》，四川辞书出版社 1995 年版，第 2273 页。

物间的关系。"生态"对应的英文单词是 ecology，其词根"eco"源自希腊文"oikos"，《英汉大词典》将其解释为 house，即住所、栖息地。后缀"ology"的含义是"……学"，即一种知识体系。因此，ecology 可以理解为对住所周围生长的各种各样东西的管理及由此生成的知识体系。综上所述，生态可以理解为生物的生存状态、生物与环境之间的和谐关系。

通过上文的界定，可以得出如下结论：生态是自然的、先天的；文化是人为的、后天的。文化是为了人的生活；而生态是万物和谐地生存。有了人类出现的生态环境，"环境就变成一个人类中心的二元论术语"[①]。由于人的优越性与选择权，环境成为人类认识的对象与客体，文化成为这一过程的结果。文化与生态便成为一个矛盾体的两面，也是一种从人的视角上讲的主位与客位存在。人的选择性与优越性让人在所谓"好生活"的路上狂奔，人们以为随着认识的深入、技术的进步，自身的生存状态会越来越好，但却事与愿违，正是人类的"恶行"让酸雨、沙漠化、沙尘暴、雾霾、饮用水危机等一系列问题成为自己挥之不去的梦魇。试想，"如果没有人在生物系统中发挥的巨大作用，地球生物系统内花开花落，春华秋实，生生死死，阴阳交替，一切都会顺其自然"[②]，那么，在这样的背景下探讨文化与生态的关系，定义文化生态，就有了一个价值预设。文化是群体的生活，文"化"亦表达了生活之历史性，生活之历史性彰显于人在生态自然面前地位的变迁，而生态又表达了包括人在内的生命体的和谐状态。那么何谓文化生态，笔者认为，文化生态是文化与生态的动态平衡，是人稳定且开放的生活方式，表达了"文化—人—生态"和谐的理想状态。

一 文化生态是人"合目的性"的生存方式

"生活的本意在于创造幸福生活"[③]，这是生活的"自成目的"。什么样的生活方式可以激起人的幸福感，那它就是有意义的。可以说，人对幸福生活的追求，就是对有意义生活方式的追求。当下西南地区乡村中

[①] 王诺：《欧美生态文学》，北京大学出版社 2011 年版，第 14 页。
[②] 黄正泉：《文化生态学》，中国社会科学出版社 2015 年版，第 35 页。
[③] 赵汀阳：《论可能的生活》，中国人民大学出版社 2010 年版，第 19 页。

小学教育偏离了文化生态的教育实践,给学生的发展所造成的负面影响是不容忽视的。那么,从文化生态出发,从乡村社会文化生态所标定的生活范式出发,探讨乡村中小学生的发展,便展现了一种"合目的性"的追求。

从起源上说,文化不是先天存在的,而是人类行为方式和生存方式历史积淀的结果,是人类生存活动和实践方式对象化、符号化的结果。一种文化一旦形成,并在一定时空里、在特定人群的个体与社会生活中占据主导地位,它就会表现出一种给定的、强制性的规范力量。① 这可以反映出文化与人的生存方式之间的关系:人类不同的生存方式,会引领不同类型的文化创生,如西方的游牧商业文化与中国农耕文化之间存在着典型的"外倾"与"内倾"②的区别;某种文化一旦形成,便如卡西尔所述,就规定了"人类劳作的圆周",对这种文化的接受就是对其内隐的行为方式与生存方式的接受。

人降生到这个世界之初,还只能归属于生物性的存在,缺少了文"化"的过程,个人就像"狼孩""猪孩"等一样永远也回不到真正的人类社会,因为"早产的人类"需以"延长的儿童期"作为条件吸取人类实践和文化的技能③,因此,文化便成为人类的第二自然,"每个人都必须首先进入这个文化,必须学习并吸收文化"④。正是通过文化,才将人、他人、环境等凝结在一起。"生态心理学认为,人与环境是一体的,社会文化环境也是人类行为环境的一部分,因而对社会文化因素的重视是必然的。"⑤ 所以,"人自己就是文化生态的存在,也是文化生态的存在者,文化生态是人类所处的自然环境与社会环境的各种因素交互作用所形成的生存智慧"⑥。

首先,文化生态规定了人的行为规范体系。对文化生态与人关系的

---

① 衣俊卿:《文化哲学十五讲》,北京大学出版社2013年版,第8页。
② 钱穆:《文化学大义》,九州出版社2012年版,第31页。
③ [肯]理查德·利基:《人类的起源》,吴汝康等译,上海科技出版社1995年版,第36—38页。
④ [德]米夏埃尔·兰德曼:《哲学人类学》,彭富春译,工人出版社1988年版,第223页。
⑤ 秦晓利:《生态心理学》,上海教育出版社2006年版,第15页。
⑥ 黄正泉:《文化生态学》,中国社会科学出版社2015年版,第40页。

探讨表明了一点，即人的存在必须与生态在满足生存基本需要层面保持和谐状态，当人的需要超越了生态所能承受的限度，人最终只能被追求更好物质性条件的努力所累。所以，从这一点上说，人的行为必须是"绿色的"。再说，因为人先天"弱小性"与"创生性"的共存，所以人在依赖遗传性的基础上还得依赖第二自然——人为的第二天性以弥补先天本能上的不足。文化就起到了这样的作用，给人提供生存策略，而这种策略的另一面就是对人行为的规范。正如兰德曼所说：

> 在其他物种中成长的动物的行为，同其父母培养的一样。然而，人的行为则是靠人自己曾获得的文化来支配。人如何使用和生殖，人如何穿衣和居住，人如何实践地和伦理地行动，人应当如何言说以及人应当如何看待这个世界，人们使用的所有文化形式，都是建立在历史创造的基础上。所以人类必须保存祖先造福后代的发现，这就是传统。通过传统，知识和技术如同救火线上的水桶一代一代地传递，于是前辈的传统引导着人们。[1]

其次，文化生态给人提供了精神与价值观念体系。人的行为由其内在的价值观念所支配，比如人的"绿色行为"若仅是受到表层的言语或说教所引导，那还仅仅处在非自觉的层次，而要让其成为发自人的潜意识的行为，还需要将绿色理想植入人的精神与价值观之中，唯有如此，人对"神山圣水"之敬才是虔诚的、由衷的。因此，人与生态的和谐也是一个与价值有关的问题，文化对人的价值观念的影响更是如此。如塞缪尔·亨廷顿等所言：

> 文化常用来指一个社会的知识、音乐、艺术和文学作品，即社会的高文化。有些人类学家，如克利福德·格尔茨强调文化具有深厚意蕴，并用它来指一个社会的全部生活方式，包括价值观、习俗、象征、体制及人际关系等。我们若从纯主观的角度界定文化，它就

---

[1] ［德］米夏埃尔·兰德曼：《哲学人类学》，彭富春译，工人出版社1988年版，第277—278页。

是指社会中的价值观、态度、取向以及人们普遍持有的见解。[①]

由此可见，文化生态从外在行为方式到内在价值观全环节地决定了人的生存，将人的行为与观念包容于文化整体之中，并赋予其意义上的可解释性。就像露丝·本尼迪克特在《菊与刀》中所描述的那样，日本人的很多让外人不解的行为来自他们独特的耻感文化。

二　文化生态是人发展的"阈限"

一方面，"文化是人类适应的方式。文化为利用自然能源、为人类服务提供了技术，以及完成这种过程的社会和意识方法"[②]。适应是人发展的基础，而人的发展等同于文化生态的发展。只有发展中的文化才是保有生命活力的，而文化的发展有"濡化"与"涵化"两种方式。从濡化的角度来说，这里涉及的主要是文化的代际传递，即社会新生群体对于维系该社会和谐的传统的接受与内化。这些传统以在漫长的历史中积淀下来的文化形态存在着，内含着一种"施取有度"的人与生态的关系。而随着时代的发展，当下的文化急剧膨胀，膨胀到使许多观念在还没有接受时间检验的时候便被人们所接纳、所实践，并被奉为人生的座右铭，如享乐主义、人定胜天的观念等。人自身在文化科学技术的武装下越来越强大，打破了传统的人与自然生态之间的力量平衡，在盲目自大中肆无忌惮地攫取，使人们出现在自然面前时俨然是一个征服者、胜利者的形象。但是，在短暂的喜悦之后，人又不得不面对自然生态让人避无可避的"报复行为"，如挥之不去的雾霾、深受其扰的水污染等。重击之后的阵痛让人被胜利冲昏了的头脑冷静下来，反思问题的根源——人的发展超越了生态所能承受的极限。也正是如此，"绿色发展""协调与可持续发展""生态文化建设"等诸多理念才会被提出、被重视、被倡导，"两山理论"也才被奉为中国经济社会发展的圭臬。从这个意义上讲，人

[①] ［美］塞缪尔·亨廷顿、劳伦斯·哈里森：《文化的重要作用》，程克雄译，新华出版社2002年版，前言第3页。

[②] ［美］托马斯·哈定等：《文化与进化》，韩建军等译，浙江人民出版社1987年版，第20页。

的发展是历史性的、有限度的:人与文化生态的平衡维持在什么样的水平上,人的发展也只能达到这个水平;人的发展也因其历史性而不可避免地要向传统回溯,这样才能奠定其发展之基。

另一方面,文化发展离不开文化交往与文化借鉴。交往的前提是文化间的平等关系,借鉴则更需要文化主体对于另一种文化及其标明的生活方式的敬意。这种交往和对话能够让人在"本己"之外增加一个看待这个世界的视角,自己世界中问题的解决也可以得到外部世界有效经验的借鉴。因此,文化生态给人的发展提供了一个不可多得的文化与文化和谐的平台,让具有不同文化背景的人在相互理解与尊敬的基础上协同发展变成可能。基于此,可以归纳出文化生态对于人的发展方向的指引作用:第一,人的发展不能背离传统,对传统的回溯才能让人的发展有坚实的根基;第二,人的发展是有限度的发展,随心所欲非但不能让人享受发展之"乐",反而会给人带来发展之"祸";第三,人的发展需保持一定的开放性,故步自封只能戕害自身发展的可能宽度与高度。

第二节 乡村社会文化生态的特征

中国的国土幅员辽阔,东西横跨 5200 多公里,南北纵贯 5500 多公里,包括了从寒温带到热带的自然景观,呈现出显著的区域地理差异:从白山黑水到椰风海韵的海南岛;从台湾中央山脉到位于中国陆地最西端的帕米尔高原;从蒙古高原到青藏高原;从西南云贵高原到西北黄土高原;从武陵山区到塔里木盆地等。不同的气候条件、不同的地理环境孕育了特色鲜明的地方文化,面对大规模城市化运动所带来的趋同之势,乡村社会成为各具特色的地方性文化传承与散播的温床。从大的文化形态上看,有高原文化、雪域文化、绿洲文化、农耕文化、草原文化、渔猎文化等多种表现形式。从具体内容上看,也是极为丰富的,表现在衣食住行、宗教、伦理、哲学、文学、艺术、医药、建筑、服饰、风俗等诸多方面。[①] 这一丰富多样的地方文化的形成,不是由于这些地方的人在

---

① 《中国少数民族文化概况与特点》,http://www.seac.gov.cn/art/2012/6/7/art_5799_156863.html。

本质上有什么差异，而是由于"他们所处地理环境的不同"[①]。这些文化与其"生境"历经千百年的相互适应与创造，终抟成和谐的文化生态之境。

但是，随着社会的发展，乡村社会的开放程度越来越高，人与人之间的交往也变得更加便捷与频繁，大量外来人的进入与外出谋生的本地人的返乡让乡村社会的文化生态产生了新的变化，再加上中小学教育实践的加持，主流文化与流行观念迅速占据了乡村中小学生的头脑，在他们还没有能力与机会思考其中的"得与失"的时候，已经深深地影响了乡村中小学生的发展，直接削弱了乡土文化生态观念传承的根基。当然，这并不是对乡村中小学生习得国家主流文化的价值否定，而是"对一种可能对现代社会生活方式有很多借鉴价值的文化简单抛弃"的否定，也是对文化与生态原始和谐关系的剥离。可以说，乡村社会的文化生态正在经历一个变迁的关键期：因为社会发展趋势不可逆转；乡村社会生活水平的整体改善是正义正当的；主流文化的进入是现实之需；乡村社会成员主流社会融入能力的提升也是应当应分的。因此，乡村社会当下的文化生态由传统的"生态—人—文化"的和谐变成"未能实现良好文化整合的主体"与生态之和谐或失谐关系。但是，失谐非文化生态之本义，寻求更高水平上的和谐是社会责任担当者必须思考的时代话题。

一 传统文化生态的和谐与内源性演进

自然是人的第一本性。人来自自然，是自然的一部分，人的生命与自然同质。人在自然之中，自然亦在人之中，这就是古之所谓"天人合一"之境。人生存于天地系统之中，需面对各种各样恶劣的生存环境，如应付洪水猛兽的危害，加之人本身的弱小，需发展生成各种生存技能以弥补自己先天的不足。正因如此，人必须完成对自然的超越，即文化的创生。人凭借着文化学会依存自然，从自然中获取生存资料；人凭借着文化与他人和谐相处，过着一种集体性、社会性的生活；人凭借着文化处理与未知世界的关系，使灵魂不再恐惧与不安。在漫长的传统社会（相对于工业社会而言）里，由于人自身的弱小，作为身体延伸的技术等

[①] Jared Diamond, *Guns, Germs and Steel*, New York: Norton, 1997, p.405.

也没有足够先进，人能够满怀敬意地生活，并与自然生态和谐相处。这时期的文化生态是相对稳定的，人与文化生态的关系是和谐的，文化生态所标定的生活方式是慵懒、柔软的，就像乡村社会的传统生活一般。

在传统乡村社会里，乡土文化可以融进个人的血液里，对自然生态资源的使用总在一定的限度内，他们过着与他们祖先一样的生活，虽不免清苦，但也十分恬静。他们对源自祖先文化生态观念的亲和表现在对习惯法的遵从上，流露在口耳相传的歌曲里，也表达于地域特征鲜明的舞蹈中。如茂汶县的羌族乡民群体为保护自然资源而刻立的"封山护林碑"。

棉簇村民公议护林、用水、护秋民约碑文①

立写禁惜家林，以培林木，永不准□伐，我村众姓人等公立。

想我村地处边隅，九石一土，遵先人之德，体前人之道，禁惜家林，只准捞叶□粪，不准妄伐树株。其家林盘：上至长流水为界；下至河脚为界；左至四里白为界；右至大槽水井为界；四至分明，以遗后世子孙，永远禁惜。不料今岁，有本村杨洪顺父子，起心不良，偷砍家林烧炭，被众人拿获，罚钱壹千贰百文，以作香资。众姓公议：自禁之后，所惜林盘，无论谁滋偷砍者，罚钱四千八百文、羊一只、酒十斤，以作山神宫香资。看见者赏钱八百文，以作辛苦费。以及春起放大沟之水，泡芋（玉）麦之时，无论亲朋，单进双出，不得紊所争。若有人乱争者，罚钱八百文，再有秋收之时，偷搬芋（玉）麦者，罚钱四千八百文、羊一只、酒十斤。看见者赏钱二百。

永垂不朽，是以为序也。

此碑虽立于光绪年间，但村民依然世代坚守。对自然生态的呵护就像呵护自己的生命一样，在这样的语境下，人与自然是融通的、一体的。

---

① 茂汶羌族自治县地方志编纂委员会：《茂汶羌族自治县志》，四川辞书出版社1997年版，第740页。

在传统乡村社会中，人们对乡土文化的浸润，从那些侗族年长的村民随口而来的"嘎老"中便可发现端倪。

> 牛死留有角，人死留下歌。牛角挂在檐柱上，显耀祖先家业多。老人留歌众人唱，为将往事向后代人来叙说。这支歌调很古老，洪水滔天的灾难刚刚发生过。①

《开天辟地》这首歌表达了对民族起源与繁衍的追溯。这是对根的记忆，是对"自己从哪里来"这个问题的清楚认知，"清根正源"才能让人们把自己准确地固定在繁衍不断的生命链条之上，维系较高的认同水平。又如：

> 正月里来要砍柴，要砍柴。二月里来把粪挑，把粪挑。三月要把秧种撒，秧种撒。四月里来要栽秧，要栽秧。五月田间除杂草，除杂草。六月里来看田水，看田水。七月闲来家中坐，家中坐。八月快忙割谷子，割谷子。九月里来粮进仓，粮进仓。十月里来工渐少，工渐少。冬月里来活做完，活做完。备好衣料过大年，家家户户好热闹。②

《十二月歌》中所传递的生产技能，是作为合格社会成员必须掌握的。人们在这些耳熟能详的"嘎老"中便习得了地方性的历史知识、社会交往规则、生产劳动技能、自我概念等传承于祖先的生活内容。

人类婴儿出世的时间太早了，在与其他灵长类动物比较时所做的一项简单计算显示，平均脑容量为1350毫升的智人的妊娠期应该是21个月，而不是实际经历的9个月。③ 人类的早产与未完成性是人先天柔弱不足的表现，但也正是这个原因给予人更多的可能性。在传统乡村社会里，

---

① 杨国仁等：《侗族祖先哪里来》，贵州人民出版社1981年版，第1页。
② 乔馨：《教育人类学视野下的岩洞嘎老文化传承研究》，中央民族大学，博士学位论文，2010年，第175—176页。
③ [肯]理查德·利基：《人类的起源》，吴汝康等译，上海科技出版社1995年版，第35—36页。

人们离开母体，进入乡村地区封闭的天地系统与纯净文化系统这个"外子宫"继续发育，以文化的内化补偿先天的不足。文化与人得以浑然一体，外在的文化生态投射于乡村社会成员的文化心理上，改善生理的表现水平与外在行为方式。文化、生理、心理的三位一体即是行为无意识的开端，文化生态也因此内化为乡村社会成员的本能。当乡村社会成员接受传承了千百年的文化生态，即生活方式，他就已经超越了当下个体生命的阈限，成为与祖先共在的历史性存在。由此可知，在传统的乡村社会及当下乡村社会成员中的年长者身上，他们的行为完全由其所获得的文化所控制，"人如何养育和繁衍，如何穿着和居住，在行动上和伦理上如何行动，如何说话和看世界"，都是沿着文化生态所规定的、"以历史上的创造为基础"[1] 的范式。他们来到这个世界，吮吸着文化生态的营养而长大，变成文化生态所希望他们变成的样子。如此，他们生活在物理世界里，又生活在文化世界中，人与物理、文化的结合凝结成乡土的向心力。他们是文化的创造者，又是符号化的动物，他们脱胎于文化生态又生活于其中，"人的生理、心理与文化嵌套在一起，从而形成了本能无意识、文化无意识、社会文化意识与内在自由意识"[2]，这是传统社会中乡村社会成员与其文化生态天然和谐的内涵。

乡村社会成员与文化生态的和谐是一种先天状态，但保持开放性与发展性是乡土文化生命活力的保证。因为人们虽按照文化生态所提供的生活方式生存，但生活中的"意外"总是属于常态，人们需要面对、解决生活中所出现的新问题。问题的解决则对应着文化生态的发展，意味着生活方式的微调。这种改变源自人与文化生态之间的张力。人有着一种先天的自成目的性，即对好生活的追求，富贵（不论在哪个层面上）总比贫穷好，这种目的性与文化生态给予人的内在自由意识合力，促成了文化生态的缓慢变迁，这在乡村社会表现得极为明显。因此，所谓乡村社会成员与其文化生态的和谐，内隐着一种不和谐，正是不和谐才衬托出和谐的必要性与重要性，并将和谐推向更高的层次。文化生态的变

---

[1] [德] 米夏埃尔·兰德曼：《哲学人类学》，彭富春译，工人出版社1988年版，第215—216页。

[2] 黄正泉：《文化生态学》，中国社会科学出版社2015年版，第161—162页。

迁还源自文化间的交往与对话。文化间的交往，即两种生活方式的相遇，人的内在自由意志给予人对两种生活方式全体或要素进行比较、分析与选择、接受的能力，对他文化的接受在一定程度上表达了对乡土文化要素的否定，而这种否定是乡村社会文化生态在面对新情况、新问题时的自我调整。以G县怒族乡村社会的建筑、服饰、文化艺术等方面的变化为例：

> 在建筑方面，"怒人居山巅""覆竹为屋，编竹为垣"，这是有关文献对怒族房屋的记载。后来在与傈僳族长期杂居过程中，受傈僳族社会文化的影响，反映在建筑文化上，其风格、样式也和傈僳族不相上下。新中国成立后，尤其是改革开放以来，怒族的建筑文化受到内地及先进民族建筑文化的影响，特别是城镇，趋于稳定和牢固的砖混房屋逐渐取代了原有的竹篾建筑。在服饰方面，怒族最早的衣着原料是树叶、树皮，随着狩猎经济的发展，兽皮也逐渐被利用。农业出现以后，人们才有可能利用植物纤维纺纱、织布，做成衣服。新中国成立以后，受到内地文化的影响，怒族服饰逐渐汉化，尤其是城镇，不遇逢年过节或有什么重大庆典活动，便很少见到他们再穿上本民族服饰。在文化艺术方面，怒族是个能歌善舞的民族，怒族人居住的地方是歌舞的海洋，怒族的舞蹈内容极为丰富，迁徙、狩猎、耕作、爱情、械斗以及飞禽走兽、鬼神等，犹如一幅古朴的风俗画，充分反映了怒族人的生活情趣。但是，随着其他民族的迁入，他们的居住地成了海洋中的孤岛。新中国成立前，由于民族的歧视和掠夺，怒族人豪放的性格逐渐趋于内向，往日嘹亮的民歌不敢纵情放声歌唱，逐渐失传，而人们的喜怒哀乐之情，只有倾注在声音低小的乐器和舞蹈之上。[1]

这个案例清楚地表明，乡村的文化生态即使在传统社会里也存在和谐与失谐（局部）两面。和谐维护了乡村社会生活的稳定，给予乡村社

---

[1] 云南省民族事务委员会编：《怒族文化大观》，云南民族出版社1999年版，第316—318页。

会成员以心灵的归属感；失谐则表达了人们对好生活的向往，暗含着为之付出的积极努力。和谐与失谐的相依相存、相互转换表现了乡村社会的发展、乡土文化的变迁及乡村社会成员生存方式的改变。在这种背景下文化生态的变迁是平缓的，人与文化生态的失谐是非激烈的，新创生的文化因素或者采借自他文化的文化因子有着充分的时间去调和传统文化生态的关系，因此，这"稍显异样的音符"不久便会融入"和谐的乐曲篇章"之中。这种变化合乎伦理、合乎人的自成目的性。就像亚当和夏娃一定会偷吃智慧树上的果子一样，因为人的生命意识迟早是要觉醒的。以可能的生存需要的满足为开端，破坏了伊甸园里原有文化生态的平衡，人也因此感到赤身裸体的羞愧，树叶便化身洒向人类的第一片文化，掩住生命之门，开启新文化生态之境。《圣经·创世纪》描述道：

> 上帝创造了亚当和夏娃后，把他们安排在伊甸园里生活。伊甸园是上帝建造的乐园，那里长满了鲜花奇果。上帝对亚当和夏娃有过告诫：园中所有的果子你们都可以随便吃，但这是一棵智慧树，人吃了树上的果子，就会懂得自己的行为是正义还是邪恶的，这就会使他的灵魂永远不得安宁。所以，你们千万不能吃这棵树上的果子，否则，后果不堪设想。一天，上帝外出了，夏娃到园子里游玩，因经不住蛇的诱惑而吃了蛇给她的果子。亚当醒来后也把剩下的果子吃了，于是，他们有了智慧，发现了自己的赤身裸体，感到羞愧，便用树叶来遮掩身体。[①]

综上所述，可以发现，乡村社会的传统文化生态给人提供了一种处理人与自然、人与自身、人与他人、人与社会等关系的法则，千百年来，乡村社会成员正是通过这些法则的内化才维系了和谐的生活。

---

① 转引自蒋承勇《西方文学"人"的母题研究》，人民教育出版社1984年版，第7—8页。

二 文化生态变迁中的外源性冲突与重建

【案例一】

位于云南省丽江市宁蒗彝族自治县和四川省盐源县交界之处的泸沽湖，是云南重点保护的九大高原湖中唯一一个水质还保持在 I 类的湖泊。泸沽湖开发旅游是从 1992 年开始的，但长期以来，泸沽湖的旅游业处于自发的粗放型状态，迄今为止，景区内拥有个体经营的家庭式宾馆、酒店 89 家，客房 1689 间，床位 3409 个。当地村民为了争夺好的经商地段，把房子都挤着建在湖边，甚至填湖建房。由于环湖社区生活污水基本上是直接或间接排入湖中的，湖泊水体不同程度地受到污染的威胁，导致三种特有的裂腹鱼濒临灭绝。①

【案例二】

2010 年，媒体曝光了宁夏中卫市的造纸厂将大量造纸污水排向腾格里沙漠的污染事件。在此后 4 年间，多家媒体都先后报道了该工业园区污染问题。某报曾报道，中华环保联合会对包括内蒙古在内的 9 省区工业园区进行调查，发现一些地区的工业园一方面打着"生态循环经济"的旗号获得政府审批，另一方面却纵容很多高污染企业以及小作坊的生产，甚至一些国家明令关停的污染企业也在这里集中排污，逃避监管，工业园区成了其违法经营的"保护伞"。2014 年 9 月 9 日，某报记者依靠卫星地图和当地司机的帮助，找到工业园北侧一条通往沙漠深处的便道。顺小路向东进入沙漠约 3 公里，沙丘后突然闪现一块巨大的开阔地，黄沙、黑水对比强烈，令人十分震撼。某记者注意到，靠近化工园区的沙漠形态已有明显变化，一些低洼地带，拨去浮沙就立即显现出紫色或者黑褐色的沙子。化工企业的废水废渣，含有高浓度的酸性液体，很可能已经渗入地下，此前有环保组织检验地下水，发现酚类超标 400 多倍，但没有得到当地政府的承认和重视。最担心的就是有害物质进入地下水，或

---

① 《摩梭女儿国生态恶化，裸浴民族迁离泸沽湖》，http://news.shm.com.cn/2005-09/01/content_925410.htm。

者渗透蔓延。沙漠污染是最难整治和恢复的。①

类似的案例还有很多,此处不再枚举。这两个案例可以让人窥见的是现代性的入场让传统乡土社会文化生态正在经历巨大的变化与危机。为何会如此?国家整体发展规划与乡村社会成员变革意识的觉醒,彻底打破了乡村社会一直以来的沉寂。社会的"喧闹"促成乡村社会成员自我意识的勃发,主流文化裹挟着流行文化观念铺天盖地席卷而来,搅动了"一江春水"。诚然,人的本性有一种自成目的性,即对好生活的向往与追求,这种好生活从一般意义上讲不但包括精神生活的富足,而且以物质条件的优越为基础。外来人口的增加,多种传播渠道(网络、电视、报纸等)的重复渲染,加上流行文化本身的"亲民效应",共同构成了强大的感官刺激,让人回避逻辑推理与深入反思,在娱乐主义、享乐主义的姿态下以强大的吸附力,将乡村社会成员,特别是年轻成员"招至麾下",淡化了对传统文化生态的依恋。这种由于流行文化的进入而引起的乡村社会成员与传统文化生态的冲突及尚未经过深思熟虑的选择,是极不负责任的行为,也是极其危险的行为,不论是从个人发展的角度还是从社会整体利益的角度考虑都是如此。

从一般意义上说,文化生态作为历史凝结成的生活方式,在本质上表达了人对自然的适应、对本能的超越。文化生态与人之间的关系不可避免地具有互相矛盾的两个方面。首先,文化生态作为人为事物,其出发点是对人先天不足的弥补以保证人的生存。在这个语境下,特定文化生态的超越性特征与创造性精神会"为人提供自由和创造性活动的空间和条件"。其次,文化生态具有对于个人行为的规定性与强制性。文化生态作为群体生活方式的表达,是已经为群体所认可并遵循的行为体系,任何打破这一体系的行为都会受到相应的告诫与惩罚,回归原有体系成为必需,平静的生活仍会继续,一切都按照给定的节律按部就班地运行。从这个意义上讲,文化生态会成为个体创造性发挥的桎梏:"即使它已经失去了合理性,作为一种超稳定结构,它还是可以有效地抑制内在的批

---

① 《腾格里沙漠污染事件》,http://baike.so.com/doc/8388156-8706351.html。

判性和怀疑性的新文化因素产生或生长。"① 文化生态给予人一种创造能力与空间，同时，又将人禁锢而不能有丝毫僭越。人的创造本性通常处于被压抑的状态，将个人融于集体而过着一种类主体式的生活便成为常态。这是传统乡村社会的真实写照。随着乡村社会开放程度的增加，不论是外面世界的人走进乡村社会，还是乡村社会成员走进外面的世界，突然开阔的眼界让一直以来平静的生活变得不再平静，在自己惯常的生活之外原来还有另外一种可能是更好的生活方式。这种眼界的变化促成了乡村社会成员自我意识的觉醒。从类主体的存在回归自我，主动内化这种包含"接地气"的流行文化的文化系统，这是文化选择机会的获得，也让乡村社会的文化生态陷入危机，陷入被怀疑与被批判的境地。正因如此，过度放牧导致的草场沙漠化、矿物开采所导致的地貌改变、过度旅游开发所导致的乡土文化的形式化与表演化等现象在乡村社会非常普遍。生态环境的破坏让家乡已不再是原来的家乡，文化的疏离更让家乡成为异乡。乡土文化后继无人在许多地方已成常态，这让"最后的歌手""最后的舞者""最后的祭司""最后的铜匠与银匠""最后的皮匠""最后的造纸者""最后的草医传人"等声音不绝于耳。当然，这么说不是反对乡土文化变迁的价值，更不是反对乡村社会成员改变自己生活状态的努力，而是对缺乏审慎思考便付诸实践的行为表示极大的遗憾与不安。因为乡村社会的地理特征决定了其生态系统极为脆弱，一旦破坏将很难重建；乡土文化更是中华文化共同体的重要组成部分，一旦丢失将难以再继；乡村社会的文化生态包含着诸多生存智慧，即使是国家主流文化也应"融彼之长""以彼为镜"，其一旦遭到破坏将是乡土社会与中华文化共同体的损失。

乡村社会文化生态所面临的危机，是文化与生态关系从和谐走向对立的危机。这里所谓的文化不是指单纯的乡土文化、主流文化，而是包含二者或者其他文化因子在内的多文化相互交织、角力的混沌文化状态。在这种角力中乡土文化与生态观念明显处于弱势地位，被同化、被替代的风险与日俱增。有人说："21世纪是生态的世纪。"为什么是生态的世纪？因为"现实存在的危机，提出了保护生态的必要"，研究者提出诸多

---

① 衣俊卿：《文化哲学十五讲》，北京大学出版社2004年版，第96—97页。

保护策略似乎是对这一话题的回应。如"确定保护对象,利用现代技术手段,保护与之相关的自然及人文环境;保护文化生态系统,预防资源的过度开发;坚持开放性、发展性、群众主体性、政府主导性等原则,发展生态经济,保护文化的多样性"① 等,以促进文化生态的有序发展。对于乡村社会处于风险中的文化生态,这种保护属于"头痛医头、脚痛医脚"式的"抱佛脚"思想,殊不知"身体"作为一个系统,存在着极大的"头痛源于脚、脚痛源于头"的可能性。因此,对于文化生态危机,合乎理性的行为不是保护而是重建,当然,重建也应以保护为基础。因为仅以保护的心态将乡土文化生态"圈养"起来,只会提升其"老化"的速率,且越来越被人以猎奇的心态加以观赏,就如同"过去的声音",逐渐失去其生命活力,失去其时代根基,让"博物馆"成为其不可逃脱的归宿。重建才是合理的,因为重建是对问题的清晰认知,是对问题解决的审慎思考,是对乡土文化生态价值的确认,是对时代发展背景的回应,更是对乡村社会成员向往的好生活所做出的努力。唯有重建才能让乡村社会文化生态焕发出生命活力。乡村社会文化生态的重建,首先要有一个开放的心胸,一个"家丑可以外扬"的气度。非"筑坝"以御其他文化的滚滚洪流,而是主动"引流"入自己的文化家园,以乡土文化自信与文化自觉借他文化中的合理因子,"涤荡"乡村社会文化生态中"不合时宜"的元素。其次,乡村社会文化生态的重建是一个系统工程,而这个系统的核心就是"人—文化—生态"三者在现时代背景下的和谐,乡村社会新生代作为具有主体性与创造性的存在,其对于文化与生态的价值、合理性的认知与选择权利对于三者和谐关系的确立起着主导作用。因此可以说,文化生态的重建即乡村人的重建。

如上文所述,乡村社会的命运将系于未来乡村社会成员的培养,那么教育的价值便溢于言表。基于乡村社会历史与自然生态的独特性,适时提出"教育优先发展"战略恰如其分。在此一战略下,乡村教育必须实现教育价值定位从"以物为中心"向"以人为中心"的转换。教育不能从经济出发,又归于经济,成为经济的附庸;教育亦不能作为科学、技术的基础而存在,成为其摇旗助威者。乡村教育必须关注人,以人为

---

① 黄正泉:《文化生态学》,中国社会科学出版社2015年版,第300页。

中心，将"乡村社会成员的发展与地方的特色、优势、文化结合起来"，"以自然与文化的独特基因融入现代化教育的潮流，抓住独特的自然与文化形成的人的发展，来促进、改善经济和社会发展水平"[1]，这对于乡村中小学生未来的发展，对于乡村社会文化生态的重建都将具有极其重大的意义。

综上所述可知，乡村社会文化生态的变迁已是必然，国家主流文化裹挟着先进技术文明的入场已经不可避免，在主流文化尚未融入乡村社会传统文化生态之时，乡土文化与主流文化所代表的两种不同生活方式产生矛盾的可能性也是必然存在的。这时候摆在乡村中小学生面前的已然有"A"与"B"两个选项：坚守传统，或者出离传统，而不论选择哪个，选择之殇已前提性地存在着。

三 文化生态资源富集与社会发展力滞后的悖谬

资源，即生产过程中的投入，是生产要素的代名词。它是一切可被人类开发和利用的物质、能量和信息的总称，广泛地存在于自然界和人类社会中，是一种自然存在物或能够给人类带来财富的财富。[2] 由此可以理解乡村社会文化生态资源的含义。文化生态是指存在于独特天地系统中的一种生活方式，包含着自然生态、人的衣食住行、宗教、伦理、文学、艺术、医药、风俗等诸多方面。那么，文化生态资源就是指一地区的自然生态与文化现象等作为生产要素形式的存在。以此来理解西南地区乡村社会的文化生态资源，可以对其归纳出如下特点：内容丰富、形式多样。

表2-1　　　　西南与西北八个省区自然资源基本情况统计

地区	自然资源综合优势度		自然资源人均拥有量优势度	
	数值规模	全国排序	数值规模	全国排序
内蒙古	1.10	2	3.32	2
广西	0.71	13	0.52	15

---

[1] 张诗亚等：《民族地区教育优先发展研究》，经济科学出版社2014年版，第32—35页。
[2] 《资源》，http://baike.so.com/doc/3867650-4060389.html。

续表

地区	自然资源综合优势度		自然资源人均拥有量优势度	
	数值规模	全国排序	数值规模	全国排序
西藏	1.09	3	7.03	1
宁夏	0.80	10	1.27	7
新疆	1.08	4	1.95	4
云南	1.03	5	1.60	6
贵州	0.91	7	1.21	8
青海	1.16	1	3.32	3
全国	0.65	—	1.06	—

资料来源：胡鞍钢《地区与发展：西部开发新战略》，中国计划出版社 2001 年版，第 278 页。

通过表 2-1 中的数据，对比全国平均水平与西南、西北几个省区的自然资源综合优势度与人均拥有量优势度两个方面，可以发现中国西部地区拥有丰富的自然资源。但是，此表仅是从矿产资源的拥有量角度来看西部地区的自然资源，而忽略了西部地区的秀丽山川所具备的巨大的经济潜力。以四川省的甘孜、阿坝、凉山为例，从地理位置上说，这三州所处的横断山脉属于四川盆地与青藏高原过渡地带，岷江、大渡河、雅砻江、金沙江、澜沧江、怒江等从这里奔流而过。高原、高山与冲击河谷地带的巨大高度差，形成了从高山永冻带到河谷亚热带的垂直气候。这样的地貌特征形成了高密度、高品位的自然旅游资源："三州现有 3 处世界遗产，占全省的 60%；4 处列入联合国《人与生物圈保护网络》自然保护区，占全省的 100%；10 个国家级自然保护区，占全省的 45%；5 个国家地质公园，占全省的 50%；5 个国家级风景名胜区，占全省的 33%；1 个国家 5A 级旅游景区，占全省的 33%；5 个国家级森林公园，占全省的 18%；17 处国家级文物保护单位，占全省的 13%。"[①]

不同的地理风貌，不同的气候特征，孕育了西部地区丰富多彩的文化。正像歌中所唱"56 个民族，56 朵花"，每一种地方性文化都是我们

---

① 施霞：《四川民族地区文化资源产业转化现状与问题调查》，《中华文化论坛》2009 年第 3 期。

这个中华文化大家庭中的一"元",正是这 56 "元"簇拥成五光十色的"文化马赛克"①。以乌江流域地方性文化的丰富性来说明这一点:

> 据统计,乌江流域的国家非物质文化遗产类型主要包括民间文学、民间音乐、民间舞蹈、传统戏剧、传统手工技艺、传统医药、民俗 7 大类,共计 33 项。其中较多的有民间舞蹈 7 项,民俗 7 项,传统手工技艺 7 项,传统戏剧 5 项。主要分布在乌江流域上游和下游,其中数量较多的地区有安顺市 4 项,石阡县和酉阳县各 3 项。国家非物质文化遗产的数量在一定程度上勾勒出了乌江流域文化资源的丰裕程度,但并不完整。据笔者统计整理,乌江流域具有的省级以上非物质文化遗产数量多达 234 项,地级以上非物质文化遗产多达 500 项,类型覆盖民间文学、民间音乐、民间舞蹈、传统戏剧、曲艺、杂技与竞技、民间美术、传统手工技艺、传统医药、民俗等十多种类型。在民间舞蹈方面,有木鼓舞、芦笙舞、铜鼓舞、斗角舞、踩鼓舞、狮子舞、龙舞、板凳舞等等,具有鲜明的特色。在民间音乐方面,古歌、飞歌、情歌、大歌、山歌、酒歌等,内容丰富,种类繁多。在传统戏剧方面,有布依戏、侗戏、地戏、阳戏、傩戏、花灯戏、木偶戏等,其表现形式独树一帜,颇有特色。在服饰方面有数百个样式和种类,有以编织、刺绣为主的苗族服饰;有以单薄、轻便为主的侗族服装;有以蜡染为主的关岭、镇宁一带的布依族服饰;有以挑花为主的惠水、花溪一带的苗族服装等。此外在节庆、娱乐竞技、医药等方面也彰显出鲜明的地方性特色。②

综上所述可知,中国西南地区拥有丰富的文化生态资源,这些资源的合理、有序开发应该会给当地的经济社会发展带来极大的推动力。随着市场经济的深入推进,西南地区也变得越来越开放,同时活跃起来的

---

① 王嘉毅、吕国光主编:《西北少数民族基础教育发展现状与对策研究》,民族出版社 2006 年版,"主编寄语"第 2 页。

② 《乌江流域民族文化资源的空间分布》,http://www.baywatch.cn/a/lunwenziliao/wenhualunwen/Wenhuachanyelunwen/2012/0808/11085.html。

还有该地区乡村社会成员的经济意识及生活水平改善的迫切愿望。在这样的背景下，西南地区矿产资源的开发如火如荼，乡土文化生态旅游也是热火朝天。但结果却只是呈现出满目疮痍的山川与逐步恶化的水体，极少数者获取暴利与乡村社会成员集体相对落后的状态。这就形成了西南地区"富饶的贫困"局面。这种资源的低层次、掠夺式开采，低附加值的原始产品和初加工产品的异地转移，使"资源拿走，污染留下；财富拿走，贫穷留下"① 变成西南地区不可回避的现实。

面对资源富集与社会发展力低下的悖谬，虽有外来资本、技术等"掠夺"西南地区资源与财富的原因，也有地理位置等客观因素的原因，更有文化等历史方面的原因，但是，西南地区乡村社会成员及其素质问题才是根本。在教育扶贫等多项政策的推动下，西南地区乡村教育的发展进步是有目共睹的，也使千千万万的乡村学生脱颖而出，走出大山，站在时代的前沿。但是，这些"出走"的人终归是少数，而且，正是由于这些人的出走更使西南地区乡村社会渐成人才空心地带，人才的匮乏使得这些地区富集的文化生态资源与社会整体的发展力断裂。

第三节 乡村社会文化生态给中小学生发展的指向

透过上文对文化生态研究发生、发展历程的描绘，可以发现，文化生态研究的问题域包括人类学、生态学、地理学、文化哲学等诸多方面，这从文化生态的研究群体构成中便可以清楚地发现这一点。但在当下，不论是从文化生态危机化解的角度，还是从"人—文化—生态"三者和谐关系维护的角度，文化生态研究都不得不关注文化主体——人的"建构"。这是文化生态研究对于人的发展的观照，也是教育学视角下基于人的发展对文化生态的"反哺"。为了论述的深入、有效，仍需对文化生态相关理论与西南地区乡村中小学生发展之间内在的逻辑关系进行说明，以标定文化生态视角下西南地区乡村中小学生发展的方向。

---

① 韩琼慧：《论资源诅咒与凉山彝族自治州经济增长》，《企业经济》2011年第10期。

一　绿色、独特、开放的发展

（一）生态功能理论与绿色发展

文化生态系统有先天的生态功能，生态功能理论也是文化生态理论的重要支撑。生态功能理论所揭示的生态的基本功能从表面上看类似于自然生态系统的功能，包括物质循环、能量流动以及生物间的信息流等。但具体来说，即使是这些功能在内容上也不同于自然生态系统，表现为人类大规模生产性的参与。[①] 也就是说，文化生态的生态功能理论实际上是规范人与自然生态的关系，寻求一种人类活动与生产中对自然生态开发与保护的统一，即不能以掠夺性地开发自然生态发展社会经济。文化生态的生态功能理论还包括另一层次，即文化生态具有生存经验的传递功能，时代风气与民族风貌的引领功能，社会与个人的发展功能等。而这便是习近平总书记提出"绿水青山就是金山银山"这一"两山理论"的初衷。正因如此，将文化生态作为研究西南地区乡村中小学生发展的视角，其意义与价值是显而易见的。

第一，乡村中小学教育应秉持绿色教育理念。从字面上看，绿色教育中的绿色是大地与山川的主色，教育则是引导人去感受、接受绿色，继而爱上绿色，并以实际行动保护绿色，这是一个切中时弊的选择。绿色教育具有环保教育的内涵，但绝不止于此，因为仅"绿色"二字带给人的想象是无限宽广的，美好的"绿色"特征虽主要来自植物以及由此构成的环境，但也象征着"生长""活力""生命力""健康""可持续生长"等，与表示不健康的黄色以及与表示死亡的黑色相对。[②] 对于在传统学校教育中追求成绩、追求升学，将学生生命幽禁于灰色天空的现状，绿色教育传递了一种活力、阳光、健康的教育理念，试图将学生从死气沉沉的境地带到生命活力绽放的巨大舞台上，使其在阳光下成长，让年轻的生命飞扬。这是绿色教育对生命的尊重，对生命成长规律的张扬。所有的教育行为都应是为生命未来的可能性奠基，致力于人可持续发展目标的实现。

[①] 江金波：《论文化生态学的理论发展与新构架》，《人文地理》2005年第4期。
[②] 余清臣：《绿色教育在中国：思想与行动》，《教育学报》2011年第6期。

第二，建设学校的文化生态环境，培育合乎需求的乡村中小学生成长空间。学校文化生态就是学校文化的"场"，意指学校中各文化要素之间相互关联所呈现出的形态以及由此形成的一种独特的学校文化结构，它在本质上规定并表征着师生的生存方式及其相互关联。[①] 学校的文化生态环境是学生日常生活的背景，在这种环境下生活与学习，其实就是浸润于一种生活方式之中，在潜移默化中内化着这种生活的规则。因为建构学校的文化生态，就是要建构学校生活的方式或样法，而形成学生生活的样法自然是建构学校文化生态的重头戏。建构学校文化生态，又应与发展中的学生个体成长趋势相合，建构其能够顺势成长的生活样式，如此个体才可能获得当下和未来的高质量人生。[②] 所以学校的文化生态作为潜在知识或者缄默知识，给学生提供的不仅是一种方向引导，而且是一种价值观念的内化。

（二）文化区域理论与独特发展

文化区域又称文化区，指以文化景观的独特性而区别周边一定范围的地理实体。它是文化景观、文化群落以及文化生态系统的空间载体，并以其位置、自然环境、资源条件等赋予它们基本特色。[③] 文化区是要指出在环境相同的一个地区之内行为的一致性。它假定文化区与自然区是大致吻合的，因为文化代表着对生态的适应。但是文化区域理论也假定了各种不同的模式可能存在于一个自然区里，而且彼此不同的文化可能存在于类似的环境中。[④] 环境为人类社会提供了各种各样的可能性，而不是一条泾渭分明的"汉界楚河"。当然，其制约性因素确也存在，但都与文化有关——文化的价值观念、社会组织及技术等。这些综合属性与人类学家所指的文化大致相似，即一个社会的生活方式。经过漫长的时间后，社会和环境促成了一系列独特地区的形成，各个地区皆反映出其最初所选择的环境条件，以及文化工具对这种选择的影响。[⑤] 那么，从文化

[①] 徐书业、朱家安：《学校文化生态属性辩证》，《学术论坛》2005年第5期。
[②] 李晓文：《建构学校文化生态》，《基础教育》2010年第5期。
[③] 江金波：《论文化生态学的理论发展与新构架》，《人文地理》2005年第4期。
[④] ［美］朱利安·史徒华：《文化变迁的理论——多线进化的方法论》，张恭启译，台湾远流出版事业有限责任公司1989年版，第42—43页。
[⑤] 《文化区域》，http://baike.so.com/doc/7556053-7830146.html。

区域理论出发审视从属于某个或某几个文化区的乡村中小学生发展,自然会对教育实践提供巨大的启发意义。

第一,乡村中小学生发展中公民身份的确认。据上文所述,在小的、相对独立的文化区内,乡村中小学生的发展需与当地的传统文化生态相适应,这是他们在当地拥有良好生存状态的基础。但是,乡村中小学生更处于国家层面这个更大的文化生态之中。从这个层面上说,乡村中小学教育需大力培养其现代文化理念:积极投身政治生活的意识,懂得自己的权利与义务;融入社会整体经济生活的能力与意识,在激烈的竞争中仍保有良好的生存能力;融入社会公共生活的能力与意识,能与他人展开合作,建立良好的人际关系;建立乐于创新的文化观念,等等。这是国家整体社会生活融入的前提。当然,这一前提的必要性还源自西南地区乡村社会传统文化生态的变迁,因为生活世界的开放与人员交往的便捷,加上国家主流文化自然而然地进入乡村社会的日常生活,乡村社会成员的生活结构与内容也悄然发生了改变,这是变化了的乡村社会的文化生态对乡村中小学生发展提出的新要求。

第二,乡村中小学生发展中地方特征的保持。笔者调查的西南地区乡村社会多是少数民族聚居区,所以,对于这一区域乡村中小学生发展中地方特色的保持就是在国家公民身份确认的基础上实现族性的继承。"族性是指血统与文化的社会建构、血统与文化的社会动员以及围绕它们建立起来的分类系统。"血统与文化的观念被动员、利用和吸收,给共同体的群体性状和共同命运意识注入了力量。因为,当群体与文化形成稳固的联盟时,就会对群体成员产生这样一种强化,即"我们来自同一个原种,我们生活(或曾经生活)在同一个地方,我们分享相同的风俗和信仰"①。这是西南地区具有少数民族身份的乡村中小学生发展中必要的文化坚守,它创造了这些中小学生对于群体的归属感,提供了集体认同的基础,培养了共同的忠诚,给予个体与团体其他成员生活在一起的自

---

① [英]斯蒂夫·芬顿:《族性》,劳焕强等译,中央民族大学出版社2009年版,第4、25页。

信，甚至存在不一致和文化差异所带来的快乐。① 这对于乡村中小学生的当地生活是非常重要的，直接影响其未来的生存状态与幸福水平的提升。

第三，地方性成长资源是乡村中小学生发展的营养来源之一。一种文化生态，是该区域的人们千百年来在处理人与自然、人与他人、人与社会、人与自己关系方面的集大成，其理想状态是这四重关系的和谐。习得处理这些关系的能力，就是内化了一种生活方式。一种生活方式，虽然存在着一定的开放性与包容性，但地方性知识终归是其重要组成部分。正因如此，乡村中小学生的发展必须向当下、当地的文化生态开放：合理组织当地的文化生态资源，使其以系统的形态呈现在学生的面前，成为学生优质的成长资源。这种教育观念与实践方式的转变，也即由统一形态的教育向具有地方化、校本化特征的教育转变，更是从统一化、规范化的教育向个性化与饱含人性关怀、关注人幸福的教育转变。当然，从学生个体与乡村社会未来长远发展的角度出发，在学生成长过程中对于当地文化生态资源的关注，其实还暗含着乡村中小学生未来职业取向的价值。因为乡村社会的文化生态是其发展潜力的核心，也可以说，文化生态对乡村社会未来发展的最优路径有潜在的规定性。从这一点出发，乡村中小学生在其成长伊始就有了对本地区文化生态资源的接触、了解与全面、深入把握，为日后文化生态资源产业化开发奠定坚实的基础。

（三）文化变迁理论与开放发展

对于文化演化，史徒华坚持"多线演化论"。文化的多线演化论承认不同地区的文化传统可能具有完全的或局部的独特性，它只要看某些文化之间是否存在着任何真正的或有意义的类似之处，以及这些类似之处是否可以归结出来即可。② 对于某种文化的独特性，特别是"核心文化"③ 独特性的关注，需要研究者将注意力放在有关环境的特质上。由此

---

① ［美］比库·派瑞克：《多元文化中社会民族身份的界定》，载［英］爱德华·莫迪默《人民·民族·国家——族性与民族主义的含义》，刘泓等译，中央民族大学出版社2009年版，第91—102页。
② ［美］朱利安·史徒华：《文化变迁的理论——多线进化的方法论》，张恭启译，台湾远流出版事业有限责任公司1989年版，第24页。
③ ［美］朱利安·史徒华：《文化变迁的理论——多线进化的方法论》，张恭启译，第45页。

可以推论,环境的独特性赋予文化以独特性。在这一前提下,文化变迁必然包含的重要部分便是文化独特性的濡化:这是文化的代际传递,也是新生代在特定天地系统中生存能力的获得。这一点非常鲜明地体现在中国的乡村社会里。但对个别文化来说,并不存在不可逾越的边界,且文化自产生起便具备其扩展性,文化之间的交流便成为必然。交流的过程使他文化因素得以借入,特别是在交通与信息交往特别便捷的当下,对一些共同价值的认可便成为必要或必然的事实。因此,乡村社会的文化生态,既是一体与多元的同构,也是现代与传统的重构。在这一理论基础上的乡村中小学生发展,必然要与当地文化生态的"特质的单线演化"与"共性的普同演化"的情状相统一。

第一,开放与包容的心态。从纵向的时间链条上看,某区域文化生态存在着变迁的必然性。其动因有二:其一是源自文化生发过程中作为载体的人"内在"与"外在"之间的张力,这是在生态规定限度内的创造,而创造的前提是既向外在开放也向自己开放。正所谓"你向山开放,山才会向你轻唱;你向水开放,水才会向你低吟;你向自己开放,才能发现无限可能的自己"。其二是源自文化之间的对话。文化有其先天的散播本性,在"你来我去、我来你去"的交往中促使文化由其核心区域向外部空间扩散,实现"你中有我、我中有你"的文化现象。正如在文化区与文化区的分界线上,两种文化间相似或相同的因子要远多于两种文化的核心区。正是因为如此,从文化生态的视角关注乡村中小学生发展,有利于为其建立开放、包容的心态:向自己家乡的山水风物开放,唤起那一份真情和敬意;向自己的乡土文化开放,激起一种文化自信与自觉;向"他者"开放,以包容的胸怀尊重他者、接纳他者,趋向"美美与共"的理想境界。当然,这种开放与包容一定会影响到乡村中小学生的日常行为。

第二,文化主体意识与责任意识的唤醒。文化生态的多线演化的"潜台词"是这个世界存在着多个从相似到相异的文化生态系统。对于某种文化生态及其承载主体而言,也正是由于"他者"的出现,才使自己摆脱了文化无意识状态,才能在结构性比较中认识"自己"。这既是群体文化价值意识的苏醒,也是个体的文化主体意识的回归。当然,只有认识自己的文化,才有信心确认自己所习染的乡土文化是整个文化星空中一颗耀眼的星星。这是对文化价值的确认，也是对一种可能性生存方式的确认。在这样的基础上，才能唤醒乡村中小学生爱护家乡一草一木的主人意识与学习、传承并发展乡土文化的责任担当。

第三，根的坚守。存在就是合理的，存在就是存在的依据与意义，正如一个地区的文化生态一样。从文化生态视角来看一个人的发展，其根本的关注点是"要人们检视个人生活的本真性与社会的本真性"[①]。"文化本来就是人群的生活方式，在什么环境里得到的生活，就会形成什么方式，这决定了文化的性质。"[②] 一个人的生命是有限的，但是青山绿水是永恒的，人文世界也是不死的。守住了那片青山绿水就是守住了生存的物质根基；守住了文化承续的火种，就是守住了寄托生命的精神家园。这样，一个人无论走到哪里，心都会牵着那座山、那片水，记住无法忘却的乡愁。

二 "合目的性"发展

从文化生态视角审视乡村中小学生发展的内涵，即文化生态理论观点所标定的对乡村中小学生发展指向性的概括：绿色、独特、开放的发展。此种发展是乡村中小学生与自然生态、乡土文化及主流文化的和谐，是乡村中小学生作为个人、乡村社会成员及国家公民角色上的和谐。通过对这三维角色的解析，更可在"合目的性发展"（当下及未来良好生活的实现）这一视角下将上文所述的发展分解为经济生活能力、社会生活能力、精神生活能力三个方面。

（一）地方性经济生活能力

文化生态，即独特天地系统中人的生活方式，反映的是"生态—人—文化"的和谐状态。一种生活方式由多个生活部分组成，经济生活是其不可撼动的基石。对于乡村中小学生来说，将经济生活能力的提升作为其个人发展的重要组成部分，与乡村社会的发展现状与面临的问题密切相关。具体而言，乡村学生基本的经济生活能力主要包括以下三个

---

① ［美］Thomas R. Flynn：《存在主义简论》，莫伟民译，外语教学与研究出版社2008年版，第155页。

② 费孝通：《文化与文化自觉》，群言出版社2010年版，第12页。

方面：

地方性经济基础知识。乡村中小学生需要了解的一般性经济基础知识包括货币与交易、规划与理财、风险与回报、金融环境四个方面。除此之外，他们还应有关于乡村社会独特性的内容，诸如认识家乡、了解传统生产方式、独特的经济产业、传统交易规则等。

乡村自然与人文资源可持续开发的经济意识。随着乡村扶贫与乡村振兴行动的持续推进，乡村社会的面貌发生了翻天覆地的变化，但在这表面上的轰轰烈烈之后，多数乡村社会成员却没有较高层级的融入，就像李昌平在《中国农民怎能不贫困?》中所描述的那样：

> 我到了贵州毕节地区的一个乡，全乡有14000人，有锡矿、铅矿、煤矿，每天从这个乡运出去的矿值约40万元。开矿的是浙江、四川、云南的"大老板"，他们每年给乡政府提供的税收不足50万元，但来来往往的运矿车辆，每年损坏路面用以维修的资金不少于150万元。矿开了，资源没有了，环境破坏了，并且矿是有毒的，矿工没有任何劳动保护，每个劳工在矿里只能工作三个月就不能再工作了，时间长了有生命危险。这样的劳动，每个矿工的工资不到300元/月。[1]

"富饶的贫穷"，是许多乡村地区的真实写照，将自然、人文资源的富饶转变成村民生活的富裕需要先唤醒其处于沉睡状态的经济意识。如乡村社会独特的文化生态要素经济价值的发现：民间歌舞的价值意识；民间文化名片（如笔者在G县独龙江乡调研时所见到的独龙毯、独龙牛等）的市场价值意识；乡村地区旅游资源可持续开发意识；乡村地区自然资源的有序开发意识等。有经济意识的人，会从乡村社会看似平平常常的事情中发现并利用各种机会，不会让它白白溜走。

绿色经济价值观。第一，义利兼重。白居易《琵琶行》有语，"商人重利轻别离"，对于现代人而言，"重利"这种人的本性需诚信、善良、正义等价值观念的中和。第二，适度消费。改变"一次性消费"与"类

---

[1] 《富饶的贫穷——贵州》，http://tieba.baidu.com/p/3069710544。

一次性消费"的短视功利、漫不经心、漠视自然的消极现状。对于乡村地区丰富的文化资源与脆弱的生态资源来说，人们的消费行为更需要节制。第三，绿色发展。在乡村中小学生心中树立起绿色发展的观念，改变以"失去青山绿水"为代价的发展模式，让人可以在与文化生态和谐相处的背景下享受发展的成果。

（二）双重社会生活能力

对于乡村中小学生来说，家乡的融入与国家主流社会的融入，或者说乡村社会成员身份的确认与国家公民角色的获得是其社会化过程中不可回避的两个维度。面对变迁中的乡村社会文化生态，作为未来乡村社会与国家主人的中小学生，自然只有因应这种变化，才能更好地适应发展中的乡村社会，也才能更好地融入主流社会。

普通话与地方语言等两种语言能力的掌握。普通话是乡村中小学生作为国家公民必须掌握的基本语言，是参与社会生活、融入主流社会必不可少的条件；普通话的学习，还是中国地方性文化之间实现对话与交流、取长补短、破除"文化孤岛"的有效策略。而地方语言的学习是乡村中小学生的乡村社会成员身份最外显也最核心的标志；地方语言的学习，让这种语言在传承中保持着生命活力，成为地方性文化传承与保鲜的基石。

双重社会交往规则的内化。乡村中小学生通过接受主流文化、认同国家公民角色，内化中华民族公民基本的价值观念（文明、和谐、自由、平等、公正、法制、爱国、敬业、诚信、友善等），保证个体对于公共社会生活的无滞融入；从乡村中小学生当下生活的场域来说，只有以对地方语言（包括俚语、俗语、谚语）、文化、历史、风俗习惯、宗教信仰的内化与尊重为基础，才能保证他们获得乡村内部的交往能力。

双重权利意识的觉醒。从公民权利的角度来看，乡村社会成员具有和城市居民同等的"政治权利与自由、人身自由权利、社会经济权利、社会生活权利（宗教、教育、文化、妇女儿童权利等）、平等权利等"[1]。从乡村社会成员特有的权利角度来看，他们享有使用地方语言的权利、

---

[1] 《中华人民共和国宪法（2004 年修正）》，http：//www.law‑lib.com/law/law_view.asp?id=82529。

学习地方性文化的权利、在地方资源开发中获取利益的权利等。

双重责任意识的建立。在国家公民层面上，乡村社会成员有"维护国家统一和各民族团结的义务；遵守宪法和法律、保守国家秘密、爱护公共财物、遵守劳动纪律、遵守公共秩序、尊重社会公德的义务；维护祖国的安全、荣誉和利益的义务等"[①]。在地方层面上，乡村社会成员有地方性文化传承与发展的责任、维护乡村社会和谐与进步的责任等。

（三）良好的精神生活能力

人们对外向的"物"与"人"的依赖并不是一种生活方式的全部，它还有梁漱溟先生所述之另一境界：

> 吾每当春日，阳光和暖，忽睹柳色舒青，草木向荣，辄为感奋兴发莫明所为，辄不胜感奋兴发而莫明所为……吾或于秋夜偶醒，忽闻风声吹树，冷然动心，辄为感奋扬励，辄不胜感奋扬励而莫明所为。又或自己适有困厄，力莫能越，或睹社会众人沉陷苦难，力莫能拔，辄为感奋扬励，辄不胜感奋扬励而莫明所为。又或读书诵诗，睹古人之行事，聆古人之语言，其因而感奋兴起又多多焉。[②]

这里所涉及的就是人的精神生活方面，包含艺术、文学、德性、宗教等多方面内容，进入这个阶段，才能让人的生存与"物""他者"的关系保持"生于斯、长于斯"，但却"不止于斯"的水平。

基本的精神享受能力。有外国学者将理想的生活定义为"有点钱，但不必太多；有点权，但不必太多；但要有大量的闲暇"[③]。因为有了闲暇，人才有机会旅行、读书、交往、喝酒、听音乐、思考等。对于旅行，不是到处拍照留念，而是将自己的物欲暂时放空，把自己融入大自然的震撼之中，将人所感受到的物相上的美，升华为净化灵魂的精神享受。对于读书，面对经过历史筛选的经典著作，读者所看到的不是表面上或

---

① 《中华人民共和国宪法（2004 年修正）》，http://www.law-lib.com/law/law_view.asp?id=82529。
② 梁漱溟：《人生的三路向》，当代中国出版社 2010 年版，第 161 页。
③ 参见沈爱民《闲暇的本质与人的全面发展》，《自然辩证法研究》2004 年第 6 期。

通俗，或华丽的辞藻，而是透过文字表面去体悟作者对于人生、世界的思考，读书变成跨越历史界限的与先贤圣哲在精神上的对话、交往。再说喝酒，非"酩酊大醉"，而是"酒至微醺"，这是一种"敞开"的境界："自饮"是向自己"敞开"，撩拨开丝丝牵绊，畅然于苦闷与烦忧；"对酌"则向友人"敞开"，让自己与挚友由"相遇"而至"道遇"。此何等欢愉？

对于乡村中小学生来说，他们生活的文化生态中就蕴含着丰富的精神文化产品，因此，必须发展其精神享受能力，使其能够接纳亲近自然观念、民间习俗、伦理道德观念、乡土文学作品、民间歌舞等内隐的巨大价值，这对其和谐发展是极为重要的。

精神创造能力的发端。对于乡村地区或壮美山川，或秀美河流，或浩瀚沙漠，或茫茫戈壁的自然环境，从物理意义上讲，这样的山水，赏心悦目，沁人心脾，在艺术家的笔下就变成了或气势雄浑，或静谧恬淡的山水画。当人的精神可以感通山水之灵秀，生发出对神奇生命世界的敬畏，自然之美的赏析便跃升为对万物之灵的崇拜。而当山河破碎之时，山水则表达了"还我河山"的悲怆及"寸土必争"的家国情怀。人们面对自然景色，能够发出由衷的赞叹，这表明其具备了关于"美"的感知能力，虽无法用语言来描摹，那一声"赞叹"就展现出其享受自然美景的能力。若此时映入眼帘的景色可以化为类似于"采菊东篱下，悠然见南山"或"大漠孤烟直，长河落日圆"等脱口而出的胸臆直抒，则表达出其所具备的较高的精神创造能力。当然，这种能力对于普通大众（包括乡村中小学生）来说，只能是一种理想状态，但作为一种价值导向，却表达了对"艺术化人生"[①]的向往。

---

① 梁漱溟：《人心与人生》，上海人民出版社2011年版，第222页。

第 三 章

乡村中小学生发展较之于文化生态的偏离

经过几十年的发展，中国乡村教育的面貌已经发生了翻天覆地的变化，这对于乡村适龄人口受教育权的保护发挥出巨大的价值，更直接提高了乡村社会成员的整体素质水平。但不可否认的是，乡村中小学教育的价值定位与功能局限，使其逐渐变成悬浮于乡村社会的"文化孤岛"——疏离于乡村社会的存在。也正是因为这样，乡村中小学生的发展逐渐偏离了文化生态所标定的方向，最终沦落到与当地文化生态失谐的发展境地。乡村教育因此成为"反乡村"的教育。

第一节 乡村中小学生发展偏离文化生态的表现

通过考察发现，乡村青少年（中小学在校学生及毕业生）的发展偏离文化生态的程度已经到了令人警醒的地步，这主要表现在三个方面：走向自然生态的对面；乡村属性越来越模糊；主流文化亲和度不够。

一 走向自然生态的对面

中小学生（新生代）是乡村社会未来发展的希望，而乡村社会未来发展水平的高低则决定于生态环境所能提供的潜力。从这个角度来说，乡村中小学生的生态意识就显得格外重要。

在笔者调研的独龙江乡，古已有自然敬畏观念的存在，村民一直以

"习惯法"的形式维护人与自然的和谐。诸如,禁止砍伐水源林;村民有保护山林的责任,不得滥伐乱砍;不得污染水源,否则就要受到自然的惩罚等。考察中笔者注意到如下情况:第一,许多独龙村寨依然沿用传统,采用原木建房,随着人口的增加,房屋需求增大,在村庄附近可使用的森林资源缺乏的情况下,村民大多进入保护区砍伐木材;第二,村寨中,家家户户都有火塘,多长明不熄,特别是在冬季(据向村民了解,每家每年消耗的薪柴有三四万斤,且薪柴多为山上砍伐,而独龙江中冲下来的大量枯枝枯木则无人捡拾);第三,山林里有散养的独龙牛,数量较多,它们对生态保护区也有较大的威胁;第四,靠近村寨的独龙江边随处可见成堆生活垃圾,原本清澈见底、可淘米洗菜的河流,如今已是生活垃圾遍布。

(一)在自然"里面"与"外面"生活

几年前,笔者有幸阅读了一个叫作《那个地方》[①]的故事,讲故事的人是一个九年级学生:

那个地方

在我的回忆里,每次听到"自然"这个词,就会想到一片森林,远远地就能望见环绕森林的山峰。但我对此从未多想,直到有一年,我和家人在曼莫斯山度假之时,我决定试着去寻找一个地方,这个地方要和我自孩提时期就一直想象的地方相似或接近。我告诉父母要出去散散步,之后,我抓上衣服就出发了。让我惊讶的是,我只花了大约五分钟或者十分钟就找到了"那个地方"。我满怀敬畏地站在那里,它和我想象中的一模一样:高大的松树随处可见。在距离我站立处100尺的地方:白雪薄薄地覆盖着地面;松针疏散地分布在各处。透过树顶能看到远处山峰的绝美风景。我旁边有一条小溪。我唯一能听到的声音就是涓涓的水流声。我像被星星击中了脑袋,整个人处于眩晕状态好像有五到十分钟,但实际上已经过了两个半小时。因为天色已晚,我父母一直在找我。当我们最后会面的时候,

---

[①] [美]理查德·洛夫:《林间最后的小孩:拯救自然缺失症儿童》,王西敏译,中国发展出版社2014年版,第267页。

我告诉他们我迷路了，因为我不知道该如何和他们分享这一次经历，这样不可思议的一次灵性之旅。这次经历让我切实地开始思考自然的真正含义。

我最后的结论是，一个人对自然的想法就是他对天堂的想法。对我来说，我在"那个地方"的时候感到无比满足。

"只有正视自然，人才能摆正自己的位置。"当人们在面对诸如日食、月食、彗星、流星之类的天象时，就会油然而生一种敬畏之心；当人们面对最普通平常的事物，诸如鸟的羽毛等，也能看到其数以万计的组成部分并惊讶于"造物"的神奇；当人们在涓涓溪水旁，或者在皎洁的月光下时，能用心体会其中那些无法言说的东西，等等，这样，人们才能够找到正确地对待生活的方式。这是自然对于人的意义。在想象中，乡村多数中小学生就生活在这样的自然生态里面，可以自然而然地生成那些主观感受。但是，经实地考察却发现，真实的情况并非如此。

进入独龙江的迪政当，正值周末，在原村小前面的操场上遇见了几位中学生，下文便是笔者与他们对话的实录。

笔者：你们家修房子的木材、烧火塘的柴火是从哪里来的？

A同学：山上。

笔者：这样不会把树木砍光吗？

A同学：我们这里一直都是这样！家家户户都住这样的房子，谁家不烧火塘？山上树木那么多，砍不完的，而且砍了还会再长！

笔者：河道中有很多树枝、木棍，为什么没有人去捡拾呢？

B同学：河里面许多树枝都朽了，还是湿的，不如新砍的柴火。

笔者：看，河边有好多生活垃圾呀！

B同学：那还能把垃圾堆在家门口吗？又难闻又难看。倒在河边，一下雨就都冲走了。

笔者：放假在家都做些什么呢？

C同学：需要帮家里干点活，但我最喜欢的还是和他们一起上山打飞鼠，有时还会去河里抓鱼。不过，现在河里的鱼少了，大人们经常电鱼、药鱼。（他带我们去了家里，给我们展示了他的弩箭和战利品——一只"大飞鼠"和两只"小飞鼠"。）我的弩箭力量小，只能打死飞鼠，哥哥的弩如果用毒药箭的话可以射死野牛、麂子、熊这样的大家伙。

在 G 县 D 学校，笔者利用课间对 60 名学生做了"环保小测验"，除去两份无效答卷外，剩余的 58 份答卷的统计结果如表 3-1 所示。

表3-1　　　　　　　"环保小测验"结果统计　　　　　　　（份）

题　项	经常	偶尔	不会
在学校，你会把食品包装袋扔进垃圾桶吗？	6	43	9
看到其他同学随手丢垃圾时，你会制止吗？	1	8	49
在买东西时，你会使用塑料袋？	33	20	5
购物后，你会在意商品的环保建议吗？	3	14	41
电视里看到工厂烟筒冒出白色的烟，你会提出批评吗？	16	27	15
对电视上的环保教育，你会认真看吗？	8	31	19
你会踩踏学校里面的草地吗？	9	22	27
你会把旧电池放进专门的回收箱（回收点）吗？	4	32	22
你会给别人讲解环保知识吗？	5	4	49
你会参加植树造林活动吗？	11	19	28

表 3-1 中显示的统计结果，若对各题项的答案按照"最符合环保要求答案 3 分、适中的 2 分、最差的 1 分"进行赋值的话，这 58 名被试的平均得分仅为 16.8 分。另外，在 G 县 B 中学，竟然有半数学生不能准确地说出"三江并流"[①] 中的"三江"；对于"温室效应"的影响，有学生说"对皮肤不好"，有学生说"对眼睛不好"，等等。这充分反映出一些乡村中小学生在环保知识、环保意识、环保责任能力上的不足，也为其破坏自然生态的行为（有意或者无意）找到了根源。那么，思考如何在学校中开展环境教育，拉近学生与自然生态的关系，教给他们环保知识，建立环保意识，应该是乡村中小学教育必须关注的话题。

---

① 三江并流是指金沙江、澜沧江和怒江这三条发源于青藏高原的大江在云南省境内自北向南并行奔流 170 多公里，形成世界上罕见的"江水并流而不交汇"的奇特自然地理景观。

(二)"有插座的地方"便是成长的乐园

将近下午5点,我们一行7人到达了独龙江乡的木当村,这是一个只有十几户人家的小村庄。经过别人的介绍,我们住进了村书记的家里。他家有两个孩子,老大是个10岁左右的女孩,她床头贴着一张影视演员孙俪的海报。吃完晚饭,我们与村书记及家人、邻居围坐在火塘边,聊聊家常(同行的G县M小学的李老师为我们翻译),却不见了那个小姑娘的踪影。后来才知道她去村里小伙伴家看电视了。第二天,我们还没有起床的时候,就听到不远处传来的流行音乐声,那是村里的几个学生在听歌,书记家的女儿也从小伙伴家回来了(为了给我们腾睡觉的地方)。在与她的聊天中,我们知道她昨天晚上看了正在热播的电视剧《琅琊榜》,她对剧中的人物及饰演者、剧情等均了如指掌,从她描述时的眉飞色舞中我们也能感受到电视给她带来的快乐。

上文摘自我们的考察日志,从中可以发现,即使是在最偏远的独龙江乡的村寨,田野、森林、小溪等在乡村青少年成长过程中的地位也表现出显著下降的趋势,代之以各种各样的电子娱乐产品,比如看电视、听音乐、上网等。通过与木当村书记的交谈,我们还了解到他女儿的另外一些情况:

我们村离雄当比较远,没有手机信号,所以在家的时候不能上网,也不能打电话、发信息。但她每次放假回来,都问我要手机玩,吃饭时、睡觉前都要玩。而她玩的只是一些手机里自带的小游戏,类似于"贪食蛇"。玩了几百上千次,依然还想玩。

在木当,笔者还访谈了一位在广东打过工的中年男子。他的儿子曾到他打工的地方度过暑假。他说,到现在还能清楚地记得儿子那年到广州之后有点害羞、有点兴奋的样子:见到什么都好奇,都要问一问;有什么好玩的都想试一试。他还讲述说带儿子去"长隆欢乐世界"体验过山车、大摆锤等娱乐项目。那天的天气非常好,里面也非常热闹,儿子非常高兴。但是他不论玩什么项目,都一直戴着耳机听音乐。

在乡村社会逐渐开放的当下,乡村青少年的成长自然难免会受到现代化、更具吸引力的电子产品的影响,接受这些影响并从中接受有益信息以助力于他们不脱离社会整体发展的成长也是极为必要的。但是,由于他们在这些电子产品的巨大吸引力面前,缺乏基本的价值甄别能力,为其所吸引、对其着迷,主动从呵护其生命的自然中抽离出来,便着实让人担忧了。

二 乡村属性越来越模糊

当下的乡村少年,吃的、用的、玩的等看得见的方面与思的、想的等看不见的方面,均与城市少年有着惊人的趋同之势。笔者调研的 G 县是独龙族、怒族自治县,所调查的乡村少年也多有少数民族的身份。调查结果显示,当地青少年对于地方传统文化的内化水平已经下降到令人吃惊的状态了。这也可以王沛、胡发稳、李丽菊等人在 2012 年完成的云南省学校教育中五个少数民族青少年民族文化认知现状调查作为佐证数据。该调查的量表采用李克特五点计分法,即 1 分表示完全不清楚,5 分表示完全清楚。表 3-2 为调查结果统计。

从表 3-2 中的数据来看,这些乡村学生对属于自己的地方性文化的认知水平基本上处于"不太清楚"的状态,这必然会影响他们对地方性文化及当地社会成员的亲和,也自然会影响其自身在当地的生存状态。这从笔者在 G 县考察时的访谈中也可以得到印证:

X 某(女,雄当村人),在见到她的时候,她正与其弟弟一起洗衣服。她说:"平时都住在学校,只有放月假的时候才会回家。"7 年多的学校生活,让她更习惯于学校里的生活。"我喜欢吃学校里的饭菜,在家的话,早上通常就吃点青稞炒面或者烤洋芋,不好吃;在穿衣方面,平时都穿普通衣服,传统服装很少穿,即使是在卡雀哇,父母不要求的话,自己也不会主动去穿。"在被问及知不知道"卡雀哇"的由来时,她没有说话。我问她:"村里经常会有外来的游客吗?"她说:"比较多!经常能遇到。他们都是大城市的人,从他们穿着打扮就能看得出。太酷了!我也想能像他们一样经常去一些好玩的地方!我想考个大学,然后就在外面工作,过他们那样的生活。"

第三章　乡村中小学生发展较之于文化生态的偏离 / 75

表 3 - 2　云南少数民族青少年民族文化认知程度的差异比较（M±SD）

	条目	总体	白族	哈尼族	纳西族	景颇族	基诺族	F
1	起源传说	3.05±0.91	2.99±0.83	2.95±1.02	3.15±0.87	3.51±0.82	2.94±0.91	19.60***
2	历史与往事	3.00±0.88	3.07±0.82	2.82±0.93	3.12±0.84	3.27±0.85	2.65±0.94	26.43***
3	神话故事	3.11±0.97	3.14±0.91	3.01±0.03	3.21±0.98	3.35±0.86	2.78±0.99	13.82***
4	民族语言、文字知识	3.32±1.08	3.41±1.09	3.18±1.14	3.41±0.96	3.43±0.97	2.99±1.11	11.28***
5	民间医药知识	2.65±0.97	2.66±0.93	2.67±1.02	2.64±0.95	2.65±1.02	2.53±0.98	1.02
6	歌曲类型与演唱禁忌	3.03±1.03	3.11±0.99	2.90±1.04	3.14±0.99	3.18±1.13	2.71±1.06	12.73***
7	民族舞蹈及象征意义	3.14±0.01	3.19±0.98	3.00±0.02	3.18±0.96	3.50±0.01	2.92±0.08	14.41***
8	民族乐器知识	2.93±1.02	2.98±1.03	2.80±1.02	2.93±0.96	3.28±0.95	2.77±1.06	11.15***
9	婚恋礼节	3.40±1.02	3.44±0.97	3.34±1.05	3.49±0.98	3.64±0.92	2.99±1.15	14.48***
10	丧葬习俗	3.46±0.99	3.58±0.93	3.31±1.05	3.57±0.93	3.53±0.87	3.00±1.13	21.97***
11	民族服饰及指征意义	2.97±1.09	2.96±1.06	2.91±1.09	3.14±1.08	3.18±0.99	2.55±1.13	14.54***
12	餐桌礼仪	3.39±1.06	3.40±1.00	3.44±1.07	3.43±1.07	3.48±1.06	2.97±1.17	9.67***
13	生活习惯	3.46±0.99	3.71±0.90	3.54±1.04	3.76±0.96	3.79±0.95	3.18±1.20	18.51***
14	宗教事项	2.95±1.10	3.14±1.07	2.78±1.10	2.94±1.08	3.17±1.05	2.51±1.08	23.04***
15	民间工艺品	3.24±1.03	3.47±1.01	3.03±1.04	3.20±0.95	3.40±0.91	2.83±1.11	31.58***
16	教养习俗	3.37±0.95	3.37±0.91	3.33±0.99	3.43±0.93	3.63±0.84	3.08±1.01	9.77***
17	人伦道德	3.37±0.97	3.43±0.94	3.28±0.98	3.46±0.98	3.58±0.82	2.95±1.00	16.45***
18	房屋建筑特征	3.59±0.98	3.73±0.90	3.43±1.03	3.67±0.95	3.69±0.89	3.15±1.07	23.31***

续表

	条目	总体	白族	哈尼族	纳西族	景颇族	基诺族	F
19	村规民约	3.05±1.06	3.07±1.06	2.98±1.08	3.14±1.04	3.21±1.00	2.77±1.01	7.06***
20	节日庆典来历	3.18±0.98	3.19±0.94	3.09±1.01	3.27±0.97	3.38±0.89	2.99±1.08	7.24***
21	评量人物的准则	2.88±1.02	2.89±1.01	2.79±1.05	2.99±0.98	3.08±0.94	2.58±1.02	10.08***
22	取名、称谓礼节	3.11±1.06	3.10±1.04	3.07±1.10	3.19±1.02	3.41±0.95	2.84±1.07	8.96***
23	生产管理知识	2.75±1.03	2.71±0.97	2.68±1.06	2.85±1.03	2.99±1.03	2.61±1.07	6.44***
24	文体娱乐项目	3.26±1.00	3.28±0.93	3.14±1.04	3.38±0.99	3.66±0.86	2.92±1.10	20.49***
25	民间纪事历法	2.68±1.04	2.69±1.03	2.61±1.07	2.73±1.02	2.87±1.01	2.57±1.09	3.60**
26	生老病死知识	2.78±1.05	2.76±1.02	2.73±1.09	2.91±1.01	2.90±1.05	2.54±1.16	6.16***
27	格言谚语	2.91±1.03	2.97±1.01	2.72±1.08	3.05±0.95	3.13±0.91	2.63±1.11	16.32***
28	农事技能	3.00±1.03	2.97±1.03	3.05±1.06	2.98±1.00	3.16±0.90	2.76±1.11	4.93***
29	各类禁忌	2.93±1.05	2.91±1.03	2.91±1.07	3.07±0.99	3.19±1.06	2.48±1.08	15.91***
30	生辰寿宴礼仪	2.98±1.03	3.02±0.98	2.89±1.06	3.10±1.03	3.00±1.06	2.70±1.07	7.47***
31	心理品质与行为特征	3.10±1.02	3.17±0.95	3.10±1.03	3.16±1.00	3.18±1.06	3.10±1.02	14.23***
32	审美情趣	3.05±1.01	3.11±0.97	2.98±1.02	3.06±1.03	3.29±0.92	2.75±1.09	9.74***
33	社会性别角色	3.07±1.08	3.08±1.04	3.05±1.12	3.14±1.07	3.26±0.93	2.67±1.17	9.78***
	总问卷	3.10±0.60	3.14±0.55	3.02±0.62	3.18±0.57	3.30±0.57	2.79±0.67	29.65***

资料来源：王沛、胡发稳、李丽菊《学校教育中少数民族青少年民族文化认知的现状与成因》,《西南民族大学学报》（人文社会科学版）2012年第9期。

在调查中发现，有类似想法的不是个案，"对家乡厌弃""对外面的世界向往"在乡村社会新一代中愈演愈烈之风也确实值得警惕。丙中洛乡的C某（卸任的村干部）道出了他的担心：

> 我对自己的怒族身份没有想那么多，自己就是世世代代生活在这里的一个普通人，和那些独龙族人、藏族人、傈僳族人都是一样的，一样的普通。说到文化这方面，我们这里还是有很多独特的东西，也许这就是很多外地人到我们这里旅游的原因吧！但是，如果和汉族文化比起来，我们还有很多很多要学习的方面。就拿我自己来说，我的文化水平不高，汉语说得也不好，写就更不行了，这让我与别人交流起来特别费力。我想，要是让我进到大城市里，就更不行了！我们国家是一个以汉族为主的国家，汉语说不好，显然是不行的。因此，我们全家都搬到镇上来，对孩子来说，这里有更好的语言学习环境。
>
> 有一点也让我担心，孩子一旦到城镇里，学习汉族文化的机会就多了，但是很可能会把老祖宗留下的东西都丢开了。话也不会说，风俗习惯也不懂，那他还算是怒族人吗？

乡村中小学生地方性文化亲和度低，首先，源自传统传承途径式微的影响。地方乡土文化的传承主要是在家庭、社区或者传统节日这类社会场域中实现的。在笔者调查的独龙江乡，火塘不仅有做饭取暖的功能，也是一家人商量事情的地方，长辈会在这个地方给孩子们讲一些地方的风俗、传统、习惯。但近些年来，家庭生活方式发生了很大的变化，对乡土文化传承产生了负面的影响。以G县考察为例：

> 我们进入独龙江乡村寨的那一晚，主人家为我们准备了丰盛的晚饭。晚饭过后，天就渐黑了。也许是因为我们到来的缘故，家里来了许多亲戚和邻居，大家围坐在火塘边上，喝酒、聊天……我们也向村民们了解他们生活的情况、孩子教育的情况等。但是，主人家的孩子却始终没有出现在火塘边。

G县的传统节日极为丰富，有"卡雀哇""仙女节""阔时节"等。节日不仅是当地社会成员的大聚会，而且是传承地方乡土文化的重要途径。节日里人们会穿上传统服饰，参加丰富的文化活动。但时代的发展，让这些传统节日渐渐被掏空了内容，仅流于形式。

其次，学校教育在地方乡土文化传承中功能发挥不足，也对乡村中小学生亲和地方乡土文化产生了负面影响。在自在方式式微的情况下，乡土文化传承注定离不开学校教育这种自为方式，但学校教育却没有在这一过程中担负起应尽的责任。以G县为例。在考察中，笔者就地方传统文化进校园这一主题访谈了D学校与B中学的校长：

> D学校L校长：我校当下的发展方向就是结合当地独特的传统文化，走特色办学之路。从目前的情况来看，我们已经找到了发展方向，那就是"勤工俭学"与"汉语、独龙语双语教学"。在勤工俭学方面，我们已经将独龙江的特色经济产业——草果种植引入学校；在双语教学方面，已经编制出1—3年级的教材，且学校也被列为国家级独龙语双语教学示范学校，但由于学校缺乏能够胜任双语教学的老师，因此双语教学被迫暂时搁浅。不过，我们现在正在加强双语教师的培养，相信不久之后就能顺利开设这门双语课了。另外，我们学校计划在下学期开设"独龙毯编制"这门活动课，传承极具特色的独龙族精品文化。

> B中学X校长：我们学校首先将当地传统的剽牛舞、斗羊舞、锅庄等舞蹈请专业人士进行编排，引入学校，教给我们的学生；学校还专门整理了民间音乐，在音乐课上教学生演唱；在器乐方面，学校也在学生中间成立兴趣小组，并从社会上请那些器乐高手给学生教学。从总体上说，我们的学生对学习这些东西非常有兴趣。

通过上述访谈可以发现，G县学校教育对于地方传统文化传承处于或无或原子式的状态，这种传承所能起到的作用可以想象。传统文化传统传承方式的式微与学校传承的碎片化，难免会引起一些对乡土社会未来发展有责任意识的有志之士的担忧：

Y某（丙中洛镇农技站干部）：我是白族，但我已经不会说家乡话了，父辈们用家乡话交流时，我也基本听不懂了。我在和同事、朋友交流时，主要都是用傈僳语。而他们这一辈（指他的子侄辈）在一起的时候，主要都是说汉语。接着，他又表达了他的担心与无奈："现在学校教育以汉语为主，考试、升学也以汉语为基础，要想考取大学，汉语必须好，很多时候不得不放弃地方语言。"

三　国家主流文化素养偏低

学校教育从社会主导性价值观出发设置课程，处处体现了主流文化的强势，当然，这种强势也是极为必要的。因为乡村中小学校教育必须承担起将乡村青少年培养成具备良好主流文化认同的国家公民的责任。由此推论，乡村中小学对主流文化的强势推行，必然会让乡村中小学生具备较高的主流文化亲和度。但从实际的效果来看，他们对主流文化的亲和度也有待提高。

首先，法治意识淡薄。G县B学校M老师在网上发了一条关于加强学生法制教育的微博：

有些家长自身的文化素质不高，缺乏对孩子进行法制教育的能力，但给孩子树立一个一身正气、两袖清风的正面形象总应该做得到的。但实际情况是我们有部分家长非但不履行家庭教育的责任，还不时组织人在家里喝酒打麻将，对孩子的学习情况、思想动态不闻不问、漠不关心，这种严重的家庭教育缺失也是导致青少年违法犯罪的主要原因之一。G县司法部门多次主动来到学校，协助班主任进行查夜，目的是调查学生在宿舍里是否藏有管制刀具，以及用于打架斗殴的各种器具。记得有一次，学校男生宿舍的几个学生因为纠纷引发群殴，且对宿管员的劝阻置若罔闻，此时已是凌晨一点左右了。最后，宿管员无奈地拨打了派出所的电话，很快，民警就赶到了学校。由于民警的介入，事情最终得以圆满解决，没有留下后患。类似的事例还很多,不胜枚举。①

　　法治意识的淡薄,自然无法避免诸多违法、违规行为;权利意识的模糊,使他们更不会懂得采用法律的手段去维护个人的正当权益。这对融入法治社会是极为不利的。

　　其次,对中华民族传统文化的内化亦不足。中华传统文化是中华民族智慧的结晶,涵盖诸子百家、儒家经典、诗词歌赋、音乐戏曲、中医理论、书法国画、民风民俗、宗教信仰、建筑艺术等诸多方面。乡村中小学生对于中华传统文化的内化,从国家层面来说,可以为各地、各民族人民构建相通的文化心理场,增强国家意识;从个人角度来说,可以确立起正确的价值观、行为准则与发展方向,增进对社会主流文化的亲和度以便融入社会,获取资源,促进个体发展。但对G县的教育考察发现,中华民族传统文化教育基本上处于"敷衍"状态,虽然一些学校也要求学生读《三字经》等经典著作,但多流于形式,没有能够深挖其背后的育人价值。

　　再次,经济素养教育的缺乏,也是乡村中小学生未来融入主流社会的重大障碍。市场经济体制改革、住房改革、医疗制度改革等一系列政策的触角已经伸到边远乡村地区,不论是个体生存与发展还是社会整体发展都对乡村社会成员的经济素养提出了更高的要求。唯有具备较好经济素养的人,才能表现出合理的经济行为。但是,中国中小学生的经济素养教育是极为缺乏的(仅在初中八年级下册人教版政治教材第三单元"我们的文化、经济权利"中涉及经济方面的内容)。相较于城区学生在日常生活中所能接受到学校里没有的经济素养教育而言,边远乡村地区在学校里开展经济素养教育显得格外重要。以G县为例。G县的几个主体民族,如独龙族、怒族、傈僳族等,在中华人民共和国成立前均处于刀耕火种、刻木结绳的原始社会阶段,中华人民共和国成立后,直接过渡到社会主义社会。从社会整体发展水平来看,还相对滞后,特别是在边远农村地区,市场经济发展水平还相当低,自给自足仍是其生活产品的重要来源。在这样的环境中成长起来的孩子很难习得现代社会所必需

---

① 马禄康:《法制教育要从小抓起》,http://blog.Sina.Com.cn/s/blog_8013993e0102vp78.Html。

的经济素养,这对其融入国家经济社会生活产生了很大的障碍。

最后,由效率至上所引领的知识占有取代了文化熏染在学生发展中的应有地位,简约、直接地获取知识成为首要目的,忽略了对蕴含丰富美、善内容的体会。以中学历史与语文教学为例。笔者用QQ访谈了独龙江乡九年一贯制学校的学生X某学习历史与语文的体会:

> 我喜欢历史故事,也喜欢看历史题材的电视剧,但是讨厌上历史课。历史课就是让我们死记硬背一些时间、地点、人物、事件;历史书上的内容都是离我们的生活太远,不切实际的。老师不让我们有不同意见,只让我们记住,因为记住就能拿高分。

语文课也是如此。对于两年前学过的陆游《示儿》一诗,她仍能不停顿、完整地背下来,"死去元知万事空,但悲不见九州同。王师北定中原日,家祭无忘告乃翁。"她对这首诗的理解是"我快要死了,我对没有看见国家的统一感到悲哀。如果将来统一了,在祭祀的时候别忘记告诉我一声。"作为大诗人临终前的绝笔,炽烈而真挚的家国情怀在其理解中荡然无存了。

前文从法制观念、经济素养与中华民族传统文化等多方面考察了乡村中小学生内化主流文化中所出现的问题,这些问题的出现阻碍了他们对主流文化的亲和,也阻滞了其对主流社会的融入。究其原因,作为主流文化传播阵地的中小学教育在实施过程中的偏颇应承担重要的责任。

综上所述,文化生态是一种文化与生态的动态平衡,是人稳定且开放的生活方式,表达了"文化—人—生态"和谐的理想状态。从文化生态视角审视乡村中小学生的发展,可以发现他们需要融入文化与生态的动态平衡,接受文化生态所规定的稳定且开放的生活方式,实现人与自然、自身、他人及社会(双重)的和谐。但是从实际情况来看,乡村中小学生的发展却偏离了文化生态:疏离了自然生态;地方传统文化亲和度低;主流文化亲和度也有待提高,这是一种失谐的发展。也正是因为如此,才出现了乡村青少年的"病态"生存境遇。

第二节 乡村中小学生偏离文化生态发展诱发的"弊病"

一 乡村社会生活中"异乡感"的生成

经考察发现,乡村青少年在地方传统文化亲和上出了问题,而这些问题最终也会表现在其日常生活中。

笔者的考察地——G 县,属高山峡谷型生态环境,非常脆弱,一旦遭到破坏将不可逆转。但经济利益的诱惑与"靠山吃山、靠水吃水"的传统习惯,使得"白色消费"① 成为当地新生代自发性行为,这种线性发展思维增加了人与自然失谐的风险。另外,这也会将地方传统文化带入尴尬的处境。在考察中发现,乡村中小学生的乡村性弱化是个不争的事实,这与乡村中小学课程体系中一贯的一元文化取向有莫大的关系,加之主流文化所伴生的强大的经济吸引力,使得地方传统文化在功利主义取向的侵蚀下不得不连连溃退。失却了地方传统文化浸润的生命必然导向无差别、同质化的生存状态,而这些从源头上缺乏了地方传统文化浸润的个体又反过来诋毁传统文化之愚昧,嘲笑传统文化之落后,从而从根本上动摇了其存身之根基。

在 G 县丙中洛镇,笔者去小卖店买些生活用品,看店的是个十四五岁的初中生。在买完东西以后,笔者和他聊了一会儿。下文便是对话实录:

> 笔者:作为一个外地人,我觉得你们这个地方真好!
> Y 同学:(沉思了一会儿)是呀!我们这里没有污染,你看那蓝天白云的,多美!就是有一点,交通太不方便,和城里比也太穷了。
> 笔者:你们这里的资源还是很丰富的!
> Y 同学:你说得对!我们这里有一种大理石很值钱,只要能够

---

① 白色消费是指居民在生产生活中因缺乏环保意识、追求短期利益而形成的毁林开荒、乱砍滥伐等破坏自然生态平衡的行为(参见师远志《民族地区绿色消费研究》,硕士学位论文,中南民族大学,2009 年,第 21—22 页)。

把路修通，再把那些大理石开采出来，运到外面，每家每户都能够很快富起来！

笔者：那不是破坏了自然环境吗？

Y同学：那能有什么办法呢？谁不想过上好日子呢？而且开山、开矿又不仅仅是我们这里，电视上不是经常看到其他地方为了发展经济，也做这种事情嘛。

笔者：是这样的！不过，很多地方不是后悔了吗？认为这样赚钱是有问题的，他们如今在思考如何才能将被破坏的环境恢复。如果你们这里还像那样发展，到头来不是也会后悔吗？

Y同学：那都是以后的事情了，还是马上过上富裕的日子最重要。

笔者：如果像你说的那样，大家都有钱了，你愿意一直在这里生活吗？

Y同学：如果有机会去大城市生活，我想我会出去的，去看看不一样的世界。

经过查阅相关资料，发现G县"羊脂玉"大理石储量惊人，品质极高，开发潜力非常大。但是，刚才那一番话从一个中学生的口中说出来，笔者心中不免觉得有些不安。谁不爱自己的家乡？而对家乡的爱，也一定会表现在对家乡的山水风物、一草一木的真挚情感上，一丝一毫都不愿去伤害之。但是，在刚才那一位中学生眼里，家乡好像仅是别人的家乡，山水不再是原来的神山圣水，而是一种资源，一种可以直接"变现"的资源。而且，家乡在这个中学生眼里并不具备"不可或缺"的地位，不管最终能否走出去，在他心里一直存有走出去的愿望。一如刘绍华在《我的凉山兄弟——毒品、艾滋与流动青年》一书中所说的那样："往都市走、赚钱、说汉语、整齐划一的生活外貌，种种吸引上一代年轻人外流探索的新兴价值，如今已深入人心，成为无需挑战的主流标准。曾经，我深刻理解凉山诺苏人经历现代性的漫长曲折之路，不少年轻男子误入歧途。如今，我想我正在见证一场更为彻底的汉化之路，前景茫然。"[1]

据 G 县 B 镇 W 镇长的介绍，近些年来，镇里的社会治安问题发生率明显上升（盗窃是多发案件，被盗财物主要有手机、首饰、现金及其他一些物资；打架斗殴所引起的伤害事件比较多，很多属于酒后滋事；赌博、卖淫、嫖娼、吸毒等向农村转移），并呈现出明显的低龄化趋势。

G 县的独龙族是个十分好客的民族，贫困家庭会为拿不出好东西招待客人而深感自责。"路不拾遗，夜不闭户"更是传统乡村生活的真实写照。但是，D 学校的一位老师却说了这样一件发生在几年前的事情：

> 我自己是本村人，对于那些来学校调皮捣蛋的年轻人比一般老师敢讲一些，经常会骂他们，不准他们在学校生事。但有一次，学校旁边寨子里的"虾条"（绰号，也是从我们学校毕业的学生）在学校里敲敲打打，我训了他们一顿。他们当时也没敢怎么样，但就在那晚上坏了事情。我和我老婆住在学校里，养了十多只鸡，都长得很壮的，大的有五六斤一只。晚上喂饱后，我都用笼子装好，关在学校仓库里，担心被人偷，每天晚上都上锁。但第二天早上起来，发现门锁被撬掉了，十多只鸡不翼而飞。我当时气得发抖，我知道准是被那群浑小子偷走了，他们要报复我。我原本指望这一群鸡可以过个好年……没有办法，我只好买了一条烟，两瓶酒，到他家里去找他。我还不敢当面说是他偷的，只是说昨天晚上鸡都不见了，请他帮忙找找，看能不能找到？他满口答应帮我找，结果第二天早上发现，有人送来了 5 只鸡（半夜他们将鸡连笼子偷偷送到学校仓库门口）。事后，他告诉我另外几只鸡已经被人吃了，没有办法找回来了。这以后，我见到"虾条"还要小心翼翼，因为请他帮了忙，所以我以后再不敢"管闲事"了。

正是由于上述问题的存在，许多乡村青少年渐渐成了所谓的"破坏分子"：当地的资源是可以不计后果地直接"变现"；违法、违纪行为日

---

[1] 刘绍华：《我的凉山兄弟——毒品、艾滋与流动青年》，中央编译出版社 2016 年版，第 276 页。

益增多；乡村社会传统习俗被破坏；乡村社会的人际情感依恋渐渐淡薄；乡村社会成员的责任意识逐步消解。利益至上、不讲规则、自我中心的行为方式，使其在别人的眼里俨然成了标准的"异乡人"。

二 主流社会融入也困难重重

学校作为国家主流文化在乡村社会的传播场域，担负着促进乡村中小学生亲和主流文化的责任。但教育实施过程中的偏颇，致使许多乡村学生在完成学校教育之后，仍然显得对主流文化内化不足。这种情况对许多乡村社会新生代进城务工者的城市生存状态产生了极大的负面影响。笔者于 2015 年 8 月在广东省佛山市顺德区考察①发现，这些进城务工人员的城市生活存在诸多问题。

首先，乡村社会新生代的外出务工人员与当地人交往有限，主要依靠朋友和老乡获得相应的社会支持。正如来自云南大理州的 Y 某（男，17 岁，在玩具厂工作）所说：

> 上班的时候，在生产线上忙得连说话的时间都没有，很多在一起工作很长时间的同事都叫不上名字。同事之间虽然没有因为地域不同而区分彼此，但下班之后，我还是愿意和老乡一起，喝喝酒、打打牌、聊聊家常。这时候，觉得很舒服。

其次，乡村社会新生代的进城务工人员信息匮乏、自我封闭严重。在调查中发现，电视是许多进城务工人员最重要的信息来源，然后是朋友与报纸。对于是否上网的问题，有超过半数的被访者的答案是"否"，对于偶尔上网者，他们的主要目的也是聊天和打游戏。

再次，乡村社会新生代的进城务工人员的职业素养偏低，影响其个人的长远发展。张华志的调查结果显示，"21.9% 的被访者认为现有知识足够适应现在工作；26.67% 的被访者认为现有知识从事现在职业不够用，这部分人主要分布在从事非餐饮业的被访者中；39.05% 的人认为过

---

① 笔者有同学在此地工作，给考察工作提供了诸多便利；在考察之前，笔者提前了解到此地有很多来自云南、贵州等地的务工人员，可以实现考察目的。

去所学知识与现在从事职业没有关联性"①。

最后,乡村社会新生代的进城务工人员缺乏自我保护意识和维权意识。笔者在考察中,集中了解了从事餐饮行业的进城务工人员(被雇佣者)在"是否签订劳动合同"与"是否购买社会保险"两个方面的情况:在21位访谈对象中仅有3人签定了劳动合同,未签合同者占85.7%;无一人购买社会保险。这一情况与张华志的调查结果极为相似。

正是这些方面的共同作用,使得乡村社会新生代的城市务工人员在其当下的生活环境中具有较低的归属感。一如来自云南丽江的H某(男,28岁,在电子厂工作)所言:

> 在广东这边打工,我们的收入与当地人还是有很大差距的!咱们是农村人,不是广东人。我在这里,也没有打算长期干下去,挣到钱之后,还是打算回老家去生活,种点地、搞点养殖等。在这里生活,虽然工资比老家要多很多,但是开销也大得多。我还是喜欢在老家生活!

这种感受不是个体的,在张华志的调研统计数据中也有清楚地体现,有63.81%的被访者"一般会"或"经常会"意识到自己是外地人,只有30.48%的被访者"从没有"意识到自己是外地人。至于今后的打算,有25.71%的被访者有着强烈的定居愿望,希望能够在城市买房置业,安家定居;有34.29%的被访者希望在挣到钱后,回到家乡叶落归根;另外,还有37.14%的被访者表示对未来说不清楚或是没有想法。②

乡村社会新生代进城务工人员当下的生存状态,着实堪忧。而笔者调研的云南省G县是多民族聚居的地方,少数民族的身份给这些乡村社会新生代中的进城务工者带来了多一重的烦恼。唐玉青、张劲松在《论沿海企业对少数民族农民工的拒斥及其对策》中论述了沿海企业对少数

---

① 张华志:《时空转换——少数民族务工人员文化适应性调查》,《中国民族报》2015年6月6日。
② 张华志:《时空转换——少数民族务工人员文化适应性调查》,《中国民族报》2015年6月6日。

民族务工人员拒斥的原因：第一，少数民族务工人员的组织性，加大了企业的经营成本，若企业开除少数民族农民工，少数民族农民工会利用手机短信、网络发帖，快速地在其群体内传递信息，可能会遭遇群体的集体抵制。第二，少数民族务工人员的群体性，增加了企业的管理难度。以怒族务工人员为例，其总人口不足3万人，但内部却有信仰藏传佛教、天主教和新教的至少三个宗教文化亚群体，从企业管理的角度来看，若要尊重少数民族的习惯必须在各个管理环节都考虑不同人群的不同特点，这与现代化企业的统一化管理相冲突。

彭希义在《少数民族农民工城市文化适应问题研究——基于贵阳花溪区彝族农民工群体的调查》一文中讲到了少数民族城市务工人员的权利意识淡薄现象，这给他们在城市中的生存带来诸多问题。首先，他们不知道自己享有哪些权利，很多时候不知道法律可以保障他们的权益。其次，他们不知道该如何行使自己的权利，没能掌握保护自我权益的方法和途径。再次，很多农民工即使清楚了自己的权利，也明白了捍卫权利的方法，但由于身份认同和自卑心理的作用，往往放弃了自己的权利。最后，有些少数民族农民工在维护自己权益时，会有一些过激的做法，如自杀、跳楼、抢劫、堵路等行为。让本身合理地利用法律维权行为变成了得不偿失的自残或违法行为，给社会增加了一些不稳定因素和运作成本。

沈再新、向思睿在《新生代少数民族农民工文化生活困境与对策分析——以湖北省武汉市为例》中阐述了新生代少数民族农民工城市文化生活的潜在问题。第一，业余文化生活的内容形式单调。各行业各民族城市务工者在闲暇时间所从事的活动大多是睡觉、上网、看电视、聊天、逛街、运动、与朋友聚餐，其中上网所占比例最大，参与城市活动等所占的比例很小，分别是71.15%和7.6%。第二，文化生活孤岛化。如果把一个同吃同住的少数民族群体或一个企业内的员工群体看成一个文化圈，我们发现圈内的人会相互影响，久而久之，他们的文化娱乐生活会趋于一致。

类似的研究成果还有很多。这些来自乡村的少数民族新生代进城务工人员的城市生存状态虽与主流文化群体的态度，如认可、接纳还是拒绝、歧视、偏见相关，但其自身的教育水平、主流文化知识掌握的多寡、融入意愿等更是重要的影响因素。[①] 由此可以发现，接受了学校教育的乡村青少年依然存在诸多问题，如经济基础知识和经济意识的缺乏、对主流社会交往规则掌握不够、公民权利意识淡薄且多不具备维护自身权利的能力、公民责任意识淡薄等。

综合上述两个方面，可以发现乡村社会新生代的发展中可能存在的"失谐现象"，阻滞了他们对于良好经济生活、和谐社会生活、富足精神生活的追求，也让他们与自己、自然、他人、社会的关系构建中出现"不和谐的音符"，最终产生"没有家乡""到处都是异乡"的生存体验。

[①] 张静：《少数民族农民工市民化中文化适应问题研究》，《理论探讨》2014 年第 6 期。

第四章

乡村中小学生发展偏离文化生态的原因

通过考察发现，西南地区乡村中小学生发展已经在很大程度上偏离了当地的文化生态，而这种偏离给其生活与发展所带来的负面影响也已经越来越明显。究其原因，乡村社会迅速开放与经济社会急剧发展所带来的多元价值观念在此处发挥了"举足轻重"的作用。另外，乡村中小学教育在价值定位与实践环节的偏颇也应担负不小的责任。

第一节 乡村社会转型所导致的"选择困局"

随着乡村地区经济社会的发展，开放程度越来越高，人员交流也变得更加便捷与频繁，乡村社会的文化生态不得不面对巨大的冲击与挑战。这一局面难免会让乡村社会成员陷入或"回归传统"，或"一往直前"选择困局，中小学生也是如此。

一 在"优越"与"自卑"之间的群体心理

逐步走向开放的乡村社会，文化生态也在变迁之中，现代文化因素的融入与传统文化生态系统调整同步。但是，文化生态从一种和谐状态走向另一种和谐状态是一个过程，需要经过较长时间的审慎思考、试误与调整，才能实现自然生态、地方传统文化及现代文化因素在特定的时空内重归和谐。在这样的一个过渡阶段，"传统"依靠其保守性与惯性，其效用依然巨大，而"现代"则迫不及待地"入场"并积极地发挥作用。

从传统文化生态的立场出发，其"生境"传递了人与自然相互依赖的关系，这决定了文化生态的基本走向，生境也因此可以被理解为"经由特定文化与特定的自然环境相互影响而形成的人们生存的外部空间"[1]。在这样一个空间内生存的乡村社会成员必然受到传统文化生态的极大影响，传统文化生态的存在也向内与向外地提出了双重诉求：第一种诉求是对乡村社会成员的诉求；第二种诉求是对外部社会的诉求。"第一种诉求旨在保护群体免受内部分歧对稳定产生的破坏与影响（如个人决定不遵守传统习惯或风俗）；第二种诉求旨在保护群体免受外部决定的影响（如外部社会的经济或政治决定）。"[2] 这种"内向"的限制与"外向"的保护，促成了乡村社会传统文化生态的内敛性。

文化生态的内敛性也造就了乡村生活的相对封闭性，若无其他文化因子的介入，乡村生活会保持这种宁静祥和。但当下，在内、外力共同作用下的发展需求以一种燎原之势席卷了乡土社会，现代文化借势而入，出现在乡村人的生活世界中。未充分、未良好融入的现代文化对乡村青少年产生了巨大影响，传统与现代在一些乡村中小学生身上的草率更迭更是对其发展造成了极大的负面影响。青少年是乡村社会的希望，其发展水平直接关涉乡村社会的未来。

从乡村地区学校教育的运行情况来看，国家给予了诸多优惠政策。对于笔者调研的云南省G县乡村教育，乡村与少数民族的双重身份使其发展获得了更多的政策支持。这样的支持给当地的中小学生带来了巨大的影响：首先，强化了这些乡村中小学生双重身份的优越感；其次，以国家主流文化为主要内容的学校教育的推进及由此而生成的与地方传统观念的不和谐，再加之与城市学生对比与竞争中的劣势，逐渐沉淀为许多乡村中小学生一种潜在的自卑心理。

（一）优惠政策与乡村中小学生优越感的激起

在全球范围内，不同国家对本国相对落后地区人口的优惠政策在供给方向上有着重大差别，但总体来看，不外乎"就业机会、教育机会、拥有土地

---

[1] 蒋立松：《文化人类学概论》，西南师大出版社2008年版，第36页。
[2] [加] 威尔·金利卡：《多元文化的公民身份》，马莉等译，中央民族大学出版社2009年版，第50—51页。

权利、从事经济活动机会"等几个方面,教育机会提升被认为是"一个落后族群努力在短期内赶上发达族群的重要途径"①。就中国西南地区乡村社会发展现状而言,不难发现,长期存在着自然人文资源富集与经济、科教滞后之根本矛盾。随着对此一矛盾之深层机理的解析,适时提出教育优先发展策略,即相对落后地区社会整体发展需贯彻的四个优先原则:"人的发展优先;教育的主体优先;教育的活动优先;教育的事业优先。"②

国家的照顾性政策不是源自国家或者发达地区对欠发达地区教育发展的恩惠,而是从社会公平正义角度对社会教育资源的有倾向性分配,更是国家对于均衡教育资源、加速相对落后地区人才培养而做出的必要的责任担当。一般而言,相对落后地区经济社会发展离不开人口素质的普遍提高与专业人才的培养。在面对自然、人文资源丰富与经济、科教滞后这一深层次矛盾时,更需以教育优先发展为社会整体发展提供人才支撑,并经由人才培养去引领社会发展的风尚。不容否认的是,这里所述的人才并非一般意义上的人才,而是具备专门素养的人才。因为中国西南地区作为多民族聚居区的特殊情况,使得在通过教育为当地培养经济社会发展有用之才的过程中,需对"才"的内涵进行"在地化"阐释。所以,西南地区乡村教育与人的高质量的发展,需要保持地域、民族的特殊性,这样才能使得人与当地社会的发展始终保有地方特色。③ 因此,从西南地区长远发展的角度来考虑,应给予乡村教育、民族地区乡村教育发展以政策优惠,培养既有地方传统文化信仰,又具备现代眼光的新一代人才,并创造条件使其投身当地的经济社会发展。唯有如此,当地经济社会的发展才是有特色的、充满生命活力的。

第一,优化地区教育资源。从 1985 年起,中央财政每年拨付 1 亿元用于边远地区基础教育建设,其中的 54% 都用于云南、贵州、广西等八个少数民族聚居的省、自治区。国务院也在 1991 年印发的《关于进一步贯彻实施〈中华人民共和国民族区域自治法〉若干问题的通知》中赋予"少数民族教育补助专款"以法律地位。国家及地方政府投入的增加,旨

---

① 马戎:《民族社会学——社会学的族群关系研究》,北京大学出版社 2004 年版,第 528 页。
② 张诗亚等:《民族地区教育优先发展研究》,经济科学出版社 2014 年版,第 2 页。
③ 费孝通:《人的研究在中国》,天津人民出版社 1993 年版,第 372 页。

在优化少数民族地区教育资源,此种优化,以云南省数据为例加以考察,主要表现在以下几个方面。首先是硬件建设。云南省在少数民族聚居的乡村地区建立寄宿与半寄宿制中小学,以集中有限的教育资源。"1984年全省寄宿制中学38所,小学989所;1985年又建立寄宿制中小学1034所。截至2006年,全省半寄宿制小学也达到5500所。"① 其次是师资培养。云南省《少数民族教育促进条例》第23条指出:"各级人民政府应当建立双语教师培养、培训制度;在民族高等学校和民族地区师范院校建立双语教师培养、培训基地,根据民族地区需要,面向少数民族聚居区举办定向双语师资班,学生毕业后择优录取。"② "各地应遵照有关规定,保证学校年度公用经费预算总额的5%用于少数民族教师培训。"③ 最后是双语教学。开发并使用双语教材,让少数民族学生学好民族语文,提高汉语会话能力。通常在小学三年级前以双语授课为主,在小学三年级后则以汉语言文字授课,并开设少数民族语文校本课程。

第二,增加学生学习机会。适龄儿童学习机会的增加与保障是国家对民族地区乡村教育优惠政策落地的关键。首先,国家于西部地区,特别是欠发达少数民族地区率先实施"三免一补政策"(免课本费、免杂费、免文具费,补助生活费),避免部分贫困家庭因过重的经济负担而致使适龄儿童辍学,这主要体现在基础教育阶段。其次,在升学阶段,特别是高考中的照顾。这一政策的核心是以考生民族身份为主要标准实施的差别对待,实行少数民族考生与非少数民族考生不同的录取政策,实践中采用同等分数优先录取、降分录取、单独画线录取、定向招生分配、重点院校民族班与预科班录取等多种形式。数据显示,这些政策的效果极其明显。国务院人口普查办公室1990年、2000年与2010年三次关于"中国各族群6岁以上人口教育水平"的统计资料清楚地表明了这一点。经过多年的努力,各少数民族教育绝对人口数明显增加,受高中、中专、大学教育的人口比例显著提高,更有许多民族在对应项上明显高于汉族(详情可参见表4-1)。

---

① 代春燕:《20世纪80年代以来云南少数民族教育优惠政策简述》,《学术探索》2013年第9期。

② 《云南省少数民族教育促进条例(草案)》,http://www.doc88.com/p-305944678477.html。

③ 《云南省少数民族教育条例》,http://www.doc88.com/p-5661647994570.html。

表4-1　1990年、2010年中国各族群6岁以上人口教育水平统计　　　　　　　　　　　　　　　　　　　　　　　　（%）

	1990年（该阶段人数占总人口的百分比）						2010年（该阶段人数占总人口的百分比）					
	文盲	小学	初中	高中	中专	大学	文盲	小学	初中	高中	专科	本科
塔塔尔族	4.86	38.66	26.04	12.97	6.97	7.32	1.42	21.89	29.81	19.82	13.13	13.35
锡伯族	6.23	39.4	34.68	11.48	3.54	3.82	1.12	20.81	44.11	16.84	8.8	7.65
朝鲜族	7	26	37.64	19.6	3.76	4.82	1.29	13.42	43.46	25.87	7.4	8.01
俄罗斯族	7.42	26.75	37.81	15.27	6.23	5.88	1.26	14.64	30.45	24.32	15.65	12.72
鄂伦春族	7.81	36.96	33.56	10.73	5.06	3.88	1.38	17.85	38.27	19.17	12.82	9.69
乌孜别克族	8.32	40.63	24.48	13	5.69	5.54	2.04	29.27	29.77	17.63	11.24	9.58
赫哲族	8.54	33.52	31.04	14.64	4.73	5.11	1.9	16.6	36.98	18.62	11.62	12.89
高山族	9.39	30.08	30.82	16.17	4.49	8.85	2.59	20.44	35.03	20.2	10.48	10.18
鄂温克族	9.84	41.56	30.13	10.28	3.68	3.15	1.24	22.27	39.38	18.92	10.66	7.07
达斡尔族	10.03	37.59	31.92	11.57	3.99	3.73	1.16	21	42.27	17.85	9.68	7.49
满族	11.41	44.12	31.95	8.44	2.19	1.91	2.14	27.32	45.97	13.2	5.98	4.95
哈萨克族	12.34	53.56	20.06	6.72	3.19	1.52	1.59	36.31	41.2	12.26	6.09	2.66
仫佬族	16.27	54.75	19.95	6.51	2.03	1.14	4.19	37.88	37.67	11.38	5.1	3.55
毛南族	17.59	50.97	22.55	6.57	2.35	1.05	4.23	38.18	39.29	10.46	4.77	2.92
蒙古族	17.82	41.79	25.92	9.43	2.81	2.19	3.31	28.69	38.08	15.67	7.66	6.1
京族	19.23	47.49	20.68	8.56	1.71	1.93	5.53	26.53	40.51	15.75	6.59	4.85
汉族	21.53	42.17	27.15	7.49	1.75	1.63	4.71	27.8	42.27	15.47	5.64	3.75

续表

	1990年（该阶段人数占总人口的百分比）						2010年（该阶段人数占总人口的百分比）					
	文盲	小学	初中	高中	中专	大学	文盲	小学	初中	高中	专科	本科
壮族	21.17	52.39	20.01	5.18	1.33	0.65	4.75	36.17	42.73	10.7	3.63	1.92
柯尔克孜族	24.87	27.52	12.84	4.35	3.01	1.12	3.15	45.71	33.19	9.75	6.06	2.08
土家族	25.24	48.75	20.56	5.22	1.63	0.82	6.11	36.57	37.84	12.28	4.33	2.69
维吾尔族	26.58	53.03	14.6	4.29	2.02	1.1	3.51	41.58	41.99	6.58	4.3	2
纳西族	28.42	43.64	21.55	4.42	2.69	1.54	7.65	34.29	33.53	12.8	6.81	4.66
黎族	28.51	44.12	21.02	5.21	0.99	0.56	6.49	31.23	48.56	9.77	2.72	1.19
侗族	28.53	49.62	17.86	4.04	1.39	0.7	6.26	39.09	38.69	9.44	3.86	2.21
畲族	29.35	52.6	15.67	3.79	1.16	0.63	6.28	40.26	36.61	10.7	3.36	2.64
裕固族	29.26	45.07	16.66	6.09	2.37	2.5	6.12	37.62	28.01	13.3	8.82	5.76
瑶族	29.92	50.95	14.31	4.11	1.15	0.6	6.67	43.96	35.01	8.82	3.27	2.14
白族	30.15	45.32	20.24	4.39	1.83	1.23	5.83	38.83	36.4	10.97	4.44	3.32
回族	33.11	33.78	23.16	7.25	1.9	1.77	8.57	35.64	33.63	12.81	5.21	3.84
仡佬族	33.38	47.31	17.82	2.84	1.06	0.59	4.19	37.88	37.67	11.38	5.1	3.55
塔吉克族	33.45	50.47	11.61	3.23	2.66	0.82	3.5	49.78	29.98	9.05	6.52	1.14
基诺族	35.37	46.04	16.5	2.24	1.91	0.46	9.09	41	34.08	9.39	4.48	1.86
羌族	36.85	44.36	16.42	3.29	2.01	0.87	7.04	42.17	31.26	11.18	5.29	2.9

续表

	1990年（该阶段人数占总人口的百分比）						2010年（该阶段人数占总人口的百分比）					
	文盲	小学	初中	高中	中专	大学	文盲	小学	初中	高中	专科	本科
苗族	41.85	42.72	13.09	2.86	0.98	0.46	10.25	46.06	32	7.28	2.76	1.56
傣族	42.21	48.07	9.89	1.61	0.92	0.34	11.29	53.11	25.45	6.13	2.62	1.37
布依族	42.81	42.87	13.19	1.93	1.16	0.45	12.23	45	31.74	6.47	2.79	1.69
景颇族	44.16	45.65	10.6	1.44	1.15	0.32	9.44	54.59	26.34	5.92	2.59	1.1
阿昌族	45.26	44.48	11	1.93	1.21	0.5	8.02	50.01	30.19	6.85	3.02	1.87
彝族	49.71	39.73	9.86	1.53	0.88	0.3	14.3	53.78	22.38	5.76	2.36	1.37
水族	50.18	28.55	7.44	1.36	0.75	0.28	13.11	47.18	29.6	6.21	2.41	1.43
普米族	51.26	37.31	11.46	1.45	1.55	0.56	14.55	39.56	27.94	9.9	4.7	3.26
土族	51.95	33.39	13.22	4.17	1.58	1.26	10.81	38.78	29.45	11.35	5	4.4
独龙族	53.64	33.04	9.25	1.53	2.08	0.74	16.37	42.17	27.03	7.99	4.53	1.74
怒族	55.2	32.44	9.87	1.62	1.68	0.51	15.05	46.91	24.29	7.56	4.27	1.85
佤族	58.81	35.23	7.53	0.97	0.62	0.18	13.76	58.38	20.82	4.5	1.83	0.69
布朗族	59.79	34.71	6.5	0.74	0.54	0.18	14.27	58.59	18.86	4.7	2.12	1.41
哈尼族	60.45	33.11	8.24	1.23	0.65	0.2	14.52	53.97	22.86	5.62	1.96	1.03
德昂族	61.68	34.82	5.34	0.69	0.59	0.2	19.34	56.92	17.91	3.69	1.44	0.68
傈僳族	62.91	32.99	5.57	0.69	0.67	0.2	18.43	55.93	19.18	3.84	1.71	0.88
撒拉族	68.69	22.26	7.55	1.92	1.12	0.79	21.18	51.53	16.88	5.31	3.01	2.01

续表

	1990年（该阶段人数占总人口的百分比）						2010年（该阶段人数占总人口的百分比）					
	文盲	小学	初中	高中	中专	大学	文盲	小学	初中	高中	专科	本科
保安族	68.81	18.85	8.38	3.36	1.16	0.89	11.02	59.61	17.36	6.86	3.43	1.66
藏族	69.39	22.7	5.34	1.04	1.37	0.52	30.56	45.89	13.29	4.79	3.41	1.97
拉祜族	71.71	25.71	4.21	0.67	0.47	0.14	15.87	62.44	15.59	3.45	1.72	0.99
珞巴族	72.71	24.6	4.04	0.52	1.61	0.57	27.46	48.37	12.85	5.45	2.58	3.27
门巴族	77.75	17.48	2.9	0.26	1.76	0.69	37.43	36.45	12.77	6.28	3.92	3.05
东乡族	82.63	14.3	3.34	0.75	0.44	0.16	17.65	64.83	12.42	3.09	1.28	0.71
全国	22.21	42.23	26.47	7.3	1.74	1.58	5	28.75	41.7	15.02	5.52	3.67

资料来源：马戎《民族社会学——社会学的族群关系研究》，北京大学出版社2004年版，第659—664页。

表4-1的数据显示，在国家优惠政策之下，通过几十年的努力，西南民族地区乡村中小学教育取得了长足的进步。但不可否认的是，国家的优惠政策也带来了一些重大的消极影响：政策性依赖。

西南民族地区乡村教育近年来的发展事实显示出，外力是当地教育发展的主要驱动力；"等""靠"是获取社会资源发展教育的主要方式；依赖国家及社会政策帮扶成为许多地方乡村教育发展的主要形态。以G县为例。笔者走访了许多家庭，在访谈时可以清楚地感知"读书无用"观念已深深植入许多家长的心中，许多学生也将上学视为"可有可无"的事情，但在某学校的生源统计资料中却发现该区域的毛入学率已超过100%（存在许多超龄学生）。此种反差，其原因何在？主要是当地有一项控制辍学的"有效"政策，即"在校学生都可以享受国家低保，辍学在家或者外出务工均不能享受"。这样一来，接受教育就受到眼前利益这一浅表动机的驱使，自然不会取得良好的学习效果。但国家需要在制度上保障这些学生升学、接受高等教育的机会，最终不得不以降分、高校预科班等形式来实现。当他们完成高等教育，找工作的时候，因基础较差，难以在竞争中胜出，一些地区又不得不出台"当地毕业生优先录用"政策。所以，许多学生就这样在一定程度上陷入读书靠政策、升学靠政策、就业也靠政策的"全过程依赖"之中。

有政策可以依赖在一定程度上可以强化民族地区乡村中小学生的身份认同。这种优越感若引导合理，则可以通过感恩于国家、党及所给予的种种优惠政策，唤起心底不可推卸的国家与地方社会发展的责任意识，使其能以更大的热情投入学习之中，学有所成以报效社会。

（二）诸多不利因素与乡村中小学生自卑感的沉淀

对于乡村学生与城市学生竞争中的优势与劣势这个问题，笔者访谈了G县B镇农技站的一位工作人员。在谈到乡村学生的劣势时，他说了这么一番话：

> 我们的孩子在比赛还没有开始的时候，就输在了起跑线上。城里的学生除了在学校学，还能参加各种各样的辅导班：有课程辅导方面的，如语文、数学、英语等科目的提高班与强化班；有兴趣爱好与特长方面的，比如钢琴、围棋、象棋等。而我们的孩子有什么，

回家就是玩。我们的基础本就不如别人，而别人还那么努力，我们的孩子怎么能比得过？当然，参加这些补习班、培训班是需要交钱的。据说，一个城里学生一年花在这里的钱都有几千块，这些钱在我们这里可是一家人半年甚至一年的生活开销，怎么舍得？

还有，我们这里的家长对小孩读书的态度也是有问题的：爱读就去读，不愿去就不去；在家还能帮家长干点活；在学校学的那些也没啥用处。

这段话所表述的城市学生"优势方面"的内容虽不值得全部提倡，但不可否认的是乡村中小学生在成长资源占有量上处于明显的劣势。当然，乡村学生在成长资源上的劣势不仅表现在这一方面，还表现在学校布局所造成的上学难问题、"留不住人"所带来的师资问题、学校的硬件设施方面的问题上。下文以G县的教育考察实例为证。

G县历经2001—2011年十年的学校布局调整，从最初的89所小学缩并到现在的11所。至2012年，全县还剩14所学校，其中完全中学1所，初级中学1所，九年一贯制学校2所，乡镇中心完小3所，教学点6个，幼儿园1所。G县各乡镇撤并的具体情况及撤并后各学校的明细情况分别参见表4-2与表4-3。

表4-2　　　　　　　　　G县各乡镇撤并学校统计

单位名称	2011年社会情况				2001—2011年已撤并学校数			2015年学龄人口数（万人）
	常住人口数（万人）	学龄人口数（万人）	国土面积（平方公里）	辖村数（个）	教学点（个）	小学（所）	初中（所）	
县合计	3.61	0.44	4506	28	71	7	0	0.39
C镇	1.25	0.14	779	8	17	2		0.12
B镇	0.65	0.08	823	4	11	3		0.08
B乡	0.61	0.08	488	4	13	0		0.08
D乡	0.43	0.07	1994	6	11	1		0.06
P乡	0.67	0.07	422	6	19	1		0.05

资料来源：参见G县农村义务教育学校布局专项规划（2013—2015）。

表 4-3　　　　　　　　　　2015 年 G 县各校学生规模

学校名称	2015 年义务教育规模							
^	设幼儿班		小学			初中		
^	班数（个）	学生数（人）	班数（个）	学生数（人）	寄宿生（人）	班数（个）	学生数（人）	寄宿生（人）
县合计	4	104	91	2596	2023	55	1610	1534
G 县 C 镇完小			23	823	501			
G 县 B 镇中心完小	1	36	18	422	422			
G 县 B 乡中心完小			10	311	311			
G 县 C 镇完小			6	132	132			
G 县 B 乡 D 完小	1	32	3	122	122			
G 县 B 乡 Y 完小	1	19	3	55	55			
G 县 P 乡完小	1	17	3	67	67			
G 县 D 乡 B 小学			3	33	33			
G 县 D 乡 L 小学			3	69	69			
G 县 B 中学						12	558	558
G 县 P 乡九年一贯制学校			10	251	251	8	227	227
G 县 D 乡九年一贯制学校			9	311	311	9	219	219
云南省 G 县第一中学						26	606	530

资料来源：G 县农村义务教育学校布局专项规划（2013—2015）。

　　结合上述两个表格中的数据，可以发现在 G 县 C 镇，也就是县政府所在地，有一所完中、两所完小；在 B 镇 823 平方公里的土地上有一所中学，一所小学，学校均设在镇政府所在地；B 乡面积稍小，有 488 平方公里，分布着三所小学，一所完小，两个小学教学点，没有中学；在 D 乡 1994 平方公里的土地上，有一所九年一贯制学校，两个教学点；P 乡的面积为 422 平方公里，有一所九年一贯制学校，一所完小。对这些数据进行直观分析便可以发现，第一，在总面积为 4506 平方公里的土地上只有 14 所学校（含教学点），平均 300 多平方公里一所，学校数量少，且多数学校都设在乡（镇）政府所在地，分布在村里的教学点也只有低年级，待其升到高年级后，也要集中到乡（镇）里的完小，这样，上学难问题就凸显出来：首先，家庭与学校间的距离太远，即使每月只放一次假，十几、二十多公里的山路通勤也是很艰难的，而且路况也非常复杂，路面窄且急转弯太多，极不安全。况且，还有一些村寨至今尚未通公路，长途步行对于一个小学生来说，困难太大。其次，距离远也意味着这些孩子只能住校，表3—3中的数据可以清楚地反映出这点，除了C镇上的完小与G县一中有少量走读生外，其他全部都是寄宿生，这种情况会导致儿童在其成长中父母日常不能陪伴其左右，对儿童来说，是其成长资源的浪费。另外，寄宿生虽有国家提供的3元/天的生活补助，但这是远远不够的，仍需要额外的开支，这对其家庭，特别是边远地区的贫困家庭来说负担是比较大的，这无疑会增加儿童辍学的风险。

在师资队伍方面，最显著的问题是"愿意去、留不住"。但无论是对于学校发展，还是对于学生成长，教师质量与结构都是至关重要的影响因素。选拔优秀人才进入教师队伍，促进在岗教师的专业成长无疑是非常重要的。关于师资方面的问题，G县D学校L校长说：

> 我们的教师队伍还存在着许多问题。第一，专任教师数量不足，结构不合理，像音乐、体育、美术、外语、信息技术等学科的专任教师非常缺。第二，学校开展"汉语、独龙语双语教学"，急需能胜任的专任教师。第三，也是最大的问题，教师的流动性太大，新教师到我们学校任职，几年后，稍微成熟点，就调走了。我们学校也因此被称为"新任教师培训基地"。

G县B中学X副校长也说到了类似的情况：

> 我们学校有12个教学班，在校学生533人，教职工58人，其中专任教师43人（含2名代课教师），后勤人员15人。在专任教师中，有中学高级教师5人，中学一级教师8人，中学二级教师26人，未定级教师4人。在教师培养方面，我们主要做了两个方面的工作：第一，重视教研工作，解决教学过程中出现的实际问题。第二，在教师培训方面花了很大力气，同时，还定期举办教学技能比赛。

当问及"师资队伍建设最突出的问题是什么"时，他脱口而出：

第一是缺人，我校现在还没有专业的历史老师，地理、生物、政治老师也较为紧缺；第二，留不住人，那些新老师还没来就想着走，来了之后就想着怎样更好地走。

G县教育局的L老师在访谈中说：

影响我县教育发展的最大障碍是师资问题！师资问题中最突出的是教师队伍的流动性太大，很多新教师在我县工作几年之后，就会找各种理由，动用各种关系，调离我县。我县的教育要想发展，必须能够留住人！

从上文两位学校领导和教育局负责人的话语中都可以看出"愿意来"但"留不住"是G县教师队伍建设最突出的问题，这一问题在乡村教师队伍建设中则更加严重。而这样的师资情况是不足以满足乡村中小学生的成长需求的。这在与D乡X村正在读初二的X学生的访谈中也得到了印证：

我想要好好读书，将来考个大学，走出大山。但是，过去的三个学期里，我的英语从来没有考及格过，这让我非常担心！给我们上课的老师总是换，刚适应一个老师的上课风格，下学期又换了一个……

在学校教学资源方面，一些乡村中小学还有较大的提升空间，仅在信息化建设这一项上便可看出端倪。G县B学校的X副校长说：

我们学校现在有两间多媒体教室，有40台学生电脑。老师可以做到一人一机，学校已经开通了宽带网络。计算机室有专人管理、有管理制度、有固定的开放时间。但是，机房里的40台学生电脑是州地税局三年前捐赠的二手电脑。几年下来，只有二十多台还勉强可以使用。在上信息课的时候，因为数量不够，通常是两人一台电脑。

从不论是课外资源、家庭占有的资源还是学校方面（学校布局、师资队伍、信息化教学资源等）拥有的教育资源上都可以发现乡村中小学生发展较之于城市学生的明显劣势地位，这些因素让他们很难与城市学生站在同一起跑线上，起始的不公平让其难以逾越竞争中天差地别的鸿沟，这种"极大的失败可能性"也逐渐沉淀为一种对待学习、对待个体发展的相对于"外面学生"的自卑心理。

另外，这种自卑心理还得到来自学校文化适应问题的强化。笔者调研的 G 县 D 乡，那些乡村学生在走进现代学校之前，其身上承载着独特的地方传统文化，这种文化对于其生活的天地系统来说是适应的、可行的。但当其走进学校、接受现代教育之时，不得不面对以国家主流文化为核心、以全民共享为目标、与传统文化可能极不相同的文化学习任务时，就造成了许多乡村学生学业上的困难。就像李亦园在分析台湾原住民儿童学习成绩较差的原因时所表述的，"我们平常会认为他们笨，是来自于他们在学校里的成绩较差。学校的成绩较差也是事实，但是学校成绩差并不等于笨"，"山地儿童负担经常是平地儿童的两三倍，因为他们除了要与平地儿童同样学习与适应学校的要求之外，还要学习新的语言（包括语音与文法的改变），同时也要放弃若干原有的价值观，接受汉人或现代社会的价值系统。这实在是很难的事，因此负担极重，学习的速度就较慢了"[1]。这与笔者在 G 县考察中的发现是一致的。D 学校的 X 老师说："一部分学生在入学前完全不懂汉语，上课时就像听天书一样，丝毫不知道学习是何物。"这些学生大多居住在独龙江的峡谷地带，儿童在入学前几乎不能讲汉语，许多支教老师，甚至是本地老师都抱怨这些儿童"笨""智商低"等。而且，在许多"政府公文中也常常能见到用落后、懒等歧视性字眼来描述当地村民，这只会使隔阂和误解加深，学生

---

[1] 李亦园：《人类的视野》，上海文艺出版社 1996 年版，第 393 页。

视入学为畏途"①，这种心理畏惧感的存在自然成为学生取得良好学业成绩的障碍。长此以往，"一个被剥夺了对未来信心的孩子就会从现实中退缩，就会在生活中无益和无用的方面追求一种补偿"②，直接影响到其未来发展的可能性。

综上所述，从西南地区乡村中小学生发展的实际情况来看，显著存在着源自国家照顾政策的"优越"与沉淀于学业困难的"自卑"这么一对矛盾的群体心理。这一对矛盾的两个方面若能引导得当，则可以转化为这些乡村学生发展的动力；若处置不当，则会变成横亘在其发展道路上的两座大山。依赖国家政策倾斜，西南地区的乡村教育得到迅猛发展，乡村中小学生的发展也似乎有无限的可能，但此种帮扶属于"救急不救穷"。要想实现西南地区乡村社会及教育的真正发展，教育优惠政策需从以下两个方面着力：第一，学校教育必须与当地独特的地理、人文及特色产业相结合；第二，既有与本地区同呼吸、共命运的责任担当，又要内化主流文化、能融入国家经济社会活动的人才培养。

二 处于"自茧"与"逃跑"之间的文化心理

现代生活方式向边远地区乡村社会的极速延展，对于许多当地人来说，因缺乏现代生活经验的习染，会产生对现代生活方式的排斥现象，回归传统生活轨迹成为其首选。但是，乡土社会发展之急之巨，他们想要的传统也只能是想象中的传统，而非事实。"自茧"也就成为一些乡村社会成员处在既不能融于乡土社会现代之变，也无法回到传统社会之平和中时，在尴尬的生活境地上所做出的极端选择。这种"自茧"文化心理不同程度地存在于许多边远地区乡村中小学生的身上，成为阻滞其发展的重要障碍。

乡村中小学生中存在的"自茧"文化心理还表现为对学校教育的排斥，而这种排斥在一定程度上来源于学校教育育人功能发挥的不完全与

---

① 马茜、肖亮中：《文化中断与少数民族教育》，《陕西师范大学学报》（哲学社会科学版）2002年第1期。

② ［奥］阿尔弗雷德·阿德勒：《儿童的人格教育》，彭正梅等译，上海人民出版社2011年版，第49页。

偏颇。按照《中华人民共和国义务教育法》第一章第五条的规定，"适龄儿童、少年的父母或者其他法定监护人应当依法保证其按时入学接受并完成义务教育"。但是，经调研发现，一些乡村学校教育在实际办学中对于"升学"这一目标的关注程度远高于其他地区。在这一动因的导引下，少数"优秀生"被给予极大关注，而多数"学困生"在"被忽视"中注定成为学校教育的"失败者"。这些被疏于关照的所谓"学困生"很容易受到因乡土社会转型而介入的外部市场与流行文化中不良风气的影响，养成各种不良习惯、沾染各种恶习，甚至走上违法、犯罪的歧途。面对这样的局面，很多适龄儿童的家长在面对义务教育"控辍保学"工作时，总表现出敷衍、搪塞的态度。在 G 县 B 镇调查过程中，一位藏族同胞就说到自己很多年前将儿子送入普化寺学习的初衷。他说："进入寺庙后，他可以以喇嘛的身份养活自己，为其他人念经、祈福，超度众人，而不像学校教育让人为了金钱、权势和自己的享乐而辛苦读书、生活，这样的生活没有意义。"

醉心于地方传统文化的独特，执着于传统的生活方式，让很多青少年的父母对于子女到学校接受教育一事显得有些冷淡。在迪政当村，路边偶遇村民 D 某，笔者在与他谈起这个问题时，他说："小孩读不读书，随他自己，反正在学校学的那些也没啥用处。"

失去对主流文化学习的兴趣，"自茧"于地方传统文化之中，对乡村中小学生的学校学习过程与学习效果都会产生巨大的负向作用。日后，当其不得不到外面世界生活的时候，"恶果"必然会显现出来。在 2015 年春节假期中，笔者访谈了两位初中时的同学，这两人分别在广东顺德与浙江杭州工作，男同学是某公司人力资源部主管，女同学为一电子厂的车间主任：

> G 某与 L 某在访谈中都说到，他们厂里都有来自云南、贵州等地的进城务工者。他们中间的大多数在刚进厂的时候，通常表现得很木讷，不乐于也不善于与他人交往。他们通常有比较稳定的交往圈子，里面主要是同乡。

这些现象综合在一起，可以证实部分边远乡村地区中小学生心中

"自茧"文化心理的存在,这是一种极端。当然,还有一部分学生则陷入另一种极端,即对于本地方传统文化的"逃跑主义"心理。

  侗寨有三宝:鼓楼、大歌与花桥。花桥就是风雨桥,在外人眼里是一个极其浪漫的地方,是一个行歌坐月的好去处。行歌坐月是侗族一种古朴的社交活动,是对青年男女交际和谈情说爱的统称。侗族男女青年到十四五岁便开始这种活动。相较于可以满足一切欲望的都市丛林,城市青年们无处发泄的青春活力寻求着霓虹灯下的醉生梦死、摇滚乐中的糜烂疯狂,侗寨的少男少女的浪漫情怀则可以在明月繁星和寂静山林之背景中得到抒发。一个奢靡,一个淳朴;一个堕落,一个升华。前者留下精神与躯体的塌陷,后者激发出生命与创造的原基。不过行歌坐月这种情景在侗寨也逐渐淡出,成为越来越遥远且浪漫的回忆。如今侗寨里的青年人不再以这种原生态的方式表达爱情,他们在装饰豪华的歌厅里通宵达旦地狂歌劲舞。他们觉得歌厅、网吧比风雨桥更为刺激和有情调。在肇兴侗寨,风雨桥上闲坐的通常是老年人和孩子。
  侗族大歌有着悠久的历史,以大歌为媒介,可以充分展示侗族文化的精彩。一些与大歌有关的活动如"月也"(一村群众到另一村做客,并以吹芦笙或唱歌、唱戏为乐的社交活动)、斗牛(有外寨客人途经本寨,则阻之于寨外,以歌对答,谓之"塞寨门")等。北部侗寨地区还有被称为"玩山"的交往活动,青年男女在劳动之余,三五成群,相约在山坡上对唱情歌。而今,这种景象已经改变了。在大歌流行的黎平南部地区,流行区正在逐年缩小,族里的著名歌师均已年过古稀,大多数侗族青年因外出打工或者在校读书的原因,参加侗族大歌演唱活动者越来越少。[1]

这个例子可以清楚地反映出许多具有少数民族身份的青少年对于地方传统文化"逃离"的倾向。长久以来,地方传统文化主要是在家庭与社区以口耳相传或亲临实践的方式实现代际的传递。维系此种传递方式有一必要的前

---

[1] 倪胜利:《生态·文化·人的发展》,西南师范大学出版社2013年版,第188—190页。

提条件，即父辈与子辈同时拥有对本传统文化的信任、崇拜及生成这种崇拜的文化自豪感。这一条件在一个相对封闭的天地系统与纯净的人文环境中更易产生。但在当下这个信息时代，即使是险峻的崇山与湍急的江河也无法阻挡其他文化的影响，而当这些文化裹挟着先进的物质文明强烈地冲击着人们原本和谐的生活与富足的精神时，我可以瞬间击垮他们原有的文化自豪感，卑微而无望情绪的蔓延可能会激起彻底的叛逃。

地方传统文化是生活在独特天地系统中的人们对于生活方方面面长期积累、提炼并演进的结果。地方传统文化在构成上有共性与个性两个方面：在共性上，根植于人本质上的同构，对于良好生活状态的渴求，这也是习染地方传统文化的乡土社会成员破除文化的阈限，成为上一层次文化圈成员的根本原因；在个性上，地方传统文化不但可以成为乡土社会成员在当地生活的智慧，而且可以为中华文化共同体贡献智慧。这两个层面的内容共同标识着一种文化存在的合理性。既然是合理的，那么传承则是必然且有意义的。另外，地方传统文化的丢失会使得当地社会成员的生存仿似随波逐流的浮萍，这种无根的状态内隐着既不能融于己也不能等同于他者的无奈。因此，从文化生态视角出发，弥补地方传统文化传承之断层，在中华文化共同体的背景下重构地方传统文化生存与传承空间，应该成为植根乡土的乡村中小学教育的必要责任担当。

综上所述，可以发现边远地区乡村中小学生发展中所面临的"选择困局"："自卑"与"优越"共存的群体心理；"自茧"与"逃跑"共在的文化心理。这说明，其一，地方传统文化与国家主流文化在乡村社会独特天地系统中共生；其二，地方传统文化与主流文化在当下的传承与发扬都极为必要，对乡村中小学生而言，它们均在各自意义上被需要。两种"合理性"在边远地区乡村中小学生身上共存的必要性和可能性，其关键就在于如何教育、如何引导的问题。

第二节 乡村中小学教育对文化生态的偏离

边远地区乡村中小学生发展偏离文化生态虽受到上文所述的文化生态变迁带来的"选择困局"的影响，但是学校教育中的偏颇也应承担不小的责任。

一 "升学至上"的价值定位

在《G县教育局2014年工作总结暨2015年工作计划》文件中，有这样几部分内容：2014年工作成效；工作亮点；工作中的困难；2015年工作计划。在工作成效这一栏中有一条重要内容：

> 我县教育教学质量的整体水平得到逐年提升，特别是近三年来我县高中教育已从多年的低谷状态走向健康发展的态势。我县高中学生生源较差，基础较薄弱，但通过师生们的共同努力，高中阶段教学质量提高较快，高考成绩逐年得到提升。2014年全县共有107名考生报名参加高考，比上年增加10人。考试后，全县共有21人达本科线，一本1人，二本线10人、三本线10人。高考最高分（含照顾分）：文史569分、理工514分，再创我县高中教育教学新篇章。初中学业水平考试比上年有了较大提高，在全县参考的389人中，600分以上有9人；被省民族中学录取8人，比上年增加了5人；被州民族中学高中部录取33人；泸水一中录取32人；G县一中录取131人。

在2014年的工作亮点中说："我县教育教学质量得到进一步提高，特别是在高中生源外流逐年递增、生源质量逐年下降的情况下。"（参见表4-4、表4-5）。

表4-4　　　G县中考学生去向分析（优秀学生流失情况）

年份	州外高分段（人）	州民中高分段为主（人）	泸水一中高分段和基准分段相当（人）	G县一中基准分段为主（人）	外流比例（%）
2009		49		150	24.6
2010	6	39	5	150	25.0
2011	6	33	24	150	29.6
2012	5	34	27	147	31.0
2013	3	41	39	97	44.1

表 4-5　　　　　　　　　　G 县高考情况统计

年份	参考人数（人）	一本上线（人）	二本上线（人）	三本上线（人）	本科上线率（%）	一专上线（人）	二专上线（人）	总上线率（%）
2010	66		2	5	10.6	3	6	24.2
2011	77	2	5	6	16.9	5	33	66.2
2012	82	2	14	3	23.2	5	10	41.5（外聘）
2013	95		9	10	20.0	5	65	93.7
2014	105	1	10	10	20	7	59	82.9（外聘）

在 2015 年工作计划中说：

> 高考争取一本上线 2 人，二本、三本上线人数超过去年的人数，中小学教育教学质量不断提升。用三年时间培养 3 套成熟高中部教师，力争三年后高中本科上线率突破 50%，突破高中办学瓶颈。

从这份 G 县教育局的内部文件中可以看出，相对于较为发达的其他地区，它们没有在考试、升学这条精英取向的赛道上有丝毫逊色，相反，对成绩的看重更是有过之而无不及。这一点也明显地反映在 G 县几个乡村学校校长的话语中。

D 学校的 L 校长说：

> 虽然国家和地方的法规文件上说，要全面推进素质教育，但这在我们学校是行不通的。相对于外面的学校来说，我们学生的基础要差很多，如果我们再按照规定多开体育课、音乐课、美术课、活动课等，而不是把那些时间用在主课上，我们的学生注定会在竞争中败下阵来。连上学的机会都没有了，还谈什么高素质呢？

B 中学的 X 副校长说：

> 应试教育在实践中没有办法避免，因为考试是选拔人才的方式，

考试成绩的高低是分流学生——一本、二本、三本还是专科的依据。哪个学校不希望自己的学生能够上更好的学校呢？搞应试教育就是必然的！而且，家长的眼睛也紧紧地盯着学生的成绩，他们给子女选择学校时也最看重一个学校过去的成绩。所以，我们县里几所中学的学生流失就比较严重，成绩不错、家庭条件也不错的学生多被转到州里或者省城的中学。

B 小学的 H 副校长说：

> 虽然"小升初"没有专门举行选拔考试，按照规定，所有的学生也都会按照户口所在地被分配到指定的中学。但是，这里面还是有很多"择校"与"被选择"的机会。择校自然是选择更好的学校；被选择则是因为成绩优异而被更好的学校录取。在各学校教育资源差距依然很大的前提下，只有好成绩才能让学生有机会享受更优的教育资源。所以，我们学校对学生成绩一直抓得很紧，每次考试之后各科都要进行各种统计分析，还要拿出以前的成绩，进行纵向比较。

"升学"被教育主管部门与执行部门如此看重，"一切为了升学"也成了教学工作的主旋律。如郑也夫先生所言：

> 如果副科不列入高考，就必然遭到轻视。而一旦列入，将立刻沦为应试的项目之一，顿失立项时的初衷。你告诉他们你要考什么：考撑单杠，同学们就不会练拉单杠；考田径，就不会练游泳；考短跑，就不会练习中长跑。更严重的是，练习只是为了敲门，哪个科目、哪项游戏的内涵是不入心的，不会成为兴趣的。考完即终结，过后便放弃。[1]

在这样的教育体系中学习的乡村中小学生，虽然学习了国家主流文

---

[1] 郑也夫：《吾国教育病理》，中信出版社 2013 年版，第 14 页。

化价值观念主导的课程体系，但在"应试"目的驱使下只需要"知道"而非"理解"，不可能深入主流文化的精髓，而当他们的头脑被一些肤浅的、碎片化的，甚至是被歪曲的所谓"主流文化观念"占据之后，负面影响更是难以避免。"升学至上"理念的灌输，会让许多乡村青少年主动放弃对地方传统文化的习得。笔者在G县B镇扎那桶组访谈了一位中学生。

> L某，在镇上中学读初一。他说："我喜欢学英语。因为风景好，经常有外面的人来我们这里旅游，有时候还能遇见外国人。有一次，我在街上看见一个外国人在买东西，和店老板比画了很长时间，还是没有表达清楚。我要是会说英语的话，去给他们翻译一下，多好啊！我想好好读书，学好语文和数学，以后就像他们那样考个大学，到大城市读书，在城里找个坐办公室的工作。"当被问及"学校里开的那些传统歌舞等兴趣小组参没参加"时，他说："不参加！太浪费时间了！我要好好读书，一点时间都不能浪费！"

这种"升学至上"的教育只是少数"精英"得以走出大山、走进城市的跳板。当他们走出去时，仍需要重新学习主流社会的规则才能够逐渐适应那样的生活。所以，对于他们来说，这样的教育也是有偏颇的。而对于那些注定要在当地谋生活的人来说，学校教育未能让他们脱离地方乡土社会，他们所接受的知识又无法指导当下的生活，这便是"新读书无用论"的发端。

二 教育实践环节的"标准化"推进

对比城区的中小学教育，经考察发现，"升学至上"的价值定位在边远地区乡村中小学表现得更加淋漓尽致，考试和升学被看得格外重要，这必然会对学校教育的实践环节推进产生重大影响。

首先，校园布置"标准化"（除少数学校外）。好的校园布置可以让人感受到积极、健康的正能量；不好的校园布置则可能让人在浑浑噩噩中消磨时光。那么，满足什么条件才能被称为好的校园布置呢？具体而言，校园环境在满足基本的教学需求之外，还需满足学生作为主体性存在而潜在的独特需求；学校环境应与周围环境浑然一体，使学校成为整个社会环境的有机组成部分；学校建筑风格不能呆板地局限在钢筋混凝土的浇筑上，而应匠心独具地将当地独特的建筑风格融入学校建筑之中，这样，学生对学校的亲和之感将更甚；学校的文化氛围不能脱离社会文化环境，否则，学校将成为悬浮于当地社会的孤岛，学校与社会的联系也将遭到割断，不利于学校文化营养的供给。

图4-1是笔者在G县考察时拍下的照片，通过对比可以发现，左边这所乡村学校的校园布置与城区学校已无区别，学校与其校址所在的重丁村完全是两种不同的风格，学校像是"悬浮"或者"空降"到这个地方的另一个空间，学生则是需要在这两个空间里不断"穿越""循环适应"的人。而对应的右边学校则从校址的选择、布局规划到学校的建筑风格、色彩使用、校园文化布置等诸多方面均体现出学校空间对于整个社会空间的融入，是从物的方面到精神文化层面的全方位融入。学生在这样的环境中学习，会感到自然、亲切、舒适。

图4-1 对比鲜明的两所学校

其次，学校常规管理形态"标准化"。在考察中，笔者从G县教育局了解到，县域内各学校在常规管理方面要结合自身的实际情况，按照如下要求遵照执行。

一是按照《云南省农村寄宿制学校管理办法》结合我县办学实际，各学校农村学生实行寄宿制管理和月休制（茨开中心校以外）。按《怒江州教育局关于进一步规范和加强中小学常规管理的意见》，各学校开足开齐各学科及课时，实现以人为本的规范教学。二是严格执行《G县学校教职工管理办法》，做好教师队伍建设工作，规范教师教学行为；认真落实《G县中小学校管理考核细则》，以8个板块62条指标体系定期对学校工作进行全面考核，切实提高学校教育教学管理水平。三是各学校要着重解决如下问题：监督、评价和激励机制不够完善，内部矛盾突出，教师积极性不高，"慵懒散浮"等。进一步加强学校管理，加强校长队伍建设和教师队伍建设，理顺工作关系。

各学校在执行过程中，除遵照此一要求之外，还根据自身的特点及管理经验的总结，制定出本校的规章制度。

B镇B中学：

> 在组织教师认真学习《云南省中小学教学常规管理的若干意见》和《G县中小学教学常规管理办法》的基础上，我校结合校情，制定了《B中学教学常规管理要求》《B中学教案、作业批改要求》《B中学教学成绩奖惩制度》等；成立了教学常规管理机构，让全体老师明确教育教学常规要求，并对照规范性要求认真做好教学常规工作。

> 要求学生严格执行《中学生守则》《中学生日常行为规范》。做到《守则》人人能背诵，《规范》人人能熟记，方便比照，保证执行。学校还制定了《丙中洛中学学生一日规范》，依靠班主任这一轴心，以"留守学生""问题学生"为重点，建立学生思想道德发展跟踪档案，从学生的身边小事做起，纠正不良行为习惯，形成良好的道德规范。

B镇中心小学：

> 学校日常生活管理采用的是"全天跟踪制"管理方法，以班主任、科任教师、值周教师以及学校行政领导为主（手机24小时开机），分工协作，明确职责。一是值周教师全天跟踪。值周教师每天

进行一条线执勤（学生起床—上课—课间—午休—就餐—晚寝），实行全天制跟踪、管理学生。二是值周教师、科任教师共同抓好校园卫生。三是科任教师每天课前组织学生清扫教室、卫生区、宿舍。四是门卫室严格把关学校大门。五是班主任组织做好学生个人卫生。六是积极寻求资助，减轻家长负担。

D乡九年一贯制学校：

一是学校领导机构健全，设立了校长室、办公室、党支部、教务处、教科室、政教处、团支部、总务处等职能处室，并建立了工会组织、家长委员会组织，法制教育领导小组等行政组织，聘请了法制副校长、家长委员会委员等参与到学校管理工作中，学校领导班子成员团结协作，工作效率高。

二是每周召开"三会"即星期天的周前会、星期一晨会、星期一晨会后的总结会，组织学习《中小学生守则》《小学生日常行为规范》等；每学期至少召开5次以上班主任工作经验交流会议；聘请独龙江乡2位边防派出所人员作为我校法制副校长，每学期不定期给学生上法制课，传播禁毒防艾等知识。

这些学校通过规章制度的建立，对学校运转、教学工作、学生工作等进行常规管理，使各项工作的开展都变得有根据、有标准，这在一定程度上实现了对教育教学工作的"删繁就简"，也有利于教育的推广与普及，全面提高人口素质。这是"简化"的合理性，也是追求教育高效率的必然结果。但"十年树木，百年树人"这句老话却提供了另一种思考：教育是发展人的，教育是慢的。所以，学校教育应该是在明晰"学生需要什么样的发展"这一问题答案的前提下，探讨"如何才能更有利于人的发展"，而不是从教育管理者、执行者的角度删繁就简、一味地提高效率。所以，乡村中小学的制度建设需要建立在认知乡村社会独特性，准确把握乡村青少年需要什么样的发展的基础上。

再次，学校教学内容与方法的"标准化"。G县教育局X老师说：

我县教育起步晚，教育基础薄弱，群众对教育的意识淡薄，不能盲目地与发达地区相比。因地制宜地确定本县的教育发展目标，在加强文化教育的同时积极探索艺术教育的开展，化我县民族杂居、文化多样的不利因素为积极因素，根据民族学生能歌善舞的实际，充分挖掘学生潜在的能力，以艺术教育为突破口，以义务教育为重点开展我县教育教学工作。今后要全力加强音体美教师的配备，重视具有艺术才能学生的培养，把艺术教育作为化解我县教育问题的突破口。

G县D乡九年一贯制学校L校长说：

近年来，我校通过"创建平安、文明、和谐校园"来促进学生、老师、学校可持续发展；坚持"教书育人、管理育人、服务育人、环境育人、活动育人"的办学理念；走教研兴校之路，以"课程改革"为契机，着力开发"写字教育""独龙文进课堂""快乐篮球""绘画与制作"等校本课程，重视学生学习能力及特长的培养，全面推进素质教育；加强校园文化建设，并充分发挥学生的主观能动性，让校园内的每一件物品、每一间教室都成为学生作品、思想表达的窗口。

这两段采访内容说明了边远地区乡村中小学生发展中的独特性逐渐受到认知，地方传统文化的育人价值也逐渐被肯定。但这种零星的尝试性探索究竟会对乡村中小学生的发展产生多大影响，还是值得商榷的。另外，这些纸面的规划与设想在多大程度上能得到落地也需要更深入的调查，特别是在"升学至上"思路指引下的乡村中小学教育实践能给予这一丝"良好的愿景"多大的生存空间，更是值得怀疑的。如G县B小学的H老师所言：

我们学校对教学质量还是抓得非常紧的，不论是平时上课方面对老师的各种要求，还是考试之后的各种统计和评比。

我们学校实行的是"干得好、拿得多"的政策，干得好不好的最重要标准就是期中和期末自己班里学生的考试成绩。所以，每次到了学期末，我们都是最忙的时候，也都觉得时间不够用。这个时候,那些教副科的老师是最轻松的,他们的课都被主科老师抢了。

当乡村中小学教育被这样的认识裹挟着,上文所述的那些规划和愿景便很难落进现实了,由地方资源特色而致的教学内容、方式方法的特色也不可能实现。关于这一点,G县B中心小学的X校长这样说道:

> 我们现在也知道地方传统文化的重要性,也知道在教育过程中应该教给这些学生他们自己的传统文化,让他们能够在传统体育、民间艺术上有专长。但是,现在却实现不了。因为,第一,我没有这样的老师,不具备相关条件,况且,这么多的学生,我们根本没法安排;第二,学生学习文化课的压力太大了,根本没有多余的精力分配到这些方面;第三,学生的家长也不认可,他们认为教学生唱歌、跳舞是不务正业。

所以,即使是在"三级课程"体制下,乡村中小学生在学校教育中所接受的知识还是国家课程中所规定的内容。在教学方法上,乡村中小学老师也极少有独特性、在地化的表达。他们与其他地方的老师接受了相同的师范教育,认为自己面对的学生也并无特别之处:老师在"秧田式"的教室里"娓娓道来"是最主要的教学方法;电子信息教学设备逐渐普及,其作用也不过是将"板书"变成了"PPT演示","导学制"与"721高效课堂"等教改实验得热热闹闹,最终却难逃"表演"的宿命。

综上所述,边远地区乡村中小学教育之所以会呈现出这样一副面貌,实是因为缺少了对乡村中小学生当下及未来的生活样态的准确把握,更缺少对他们发展独特性的深入挖掘。一言以蔽之,边远地区乡村中小学教育的开展脱离了当地的文化生态。正因如此,乡村中小学生的发展才会出现与自然生态、地方传统文化、国家主流文化的违和,乡村青少年的发展也才会出现"失谐"的境遇。面对此种境况,乡村中小学教育的开展务必对学生未来良好生活的诉求做出回应,从文化生态的实际情况出发,推动乡村教育实现兼容地方特征的特色发展。

第 五 章

乡村中小学生发展回归文化生态的教育机理

对文化生态的疏离，是边远地区乡村中小学教育实践中的实然之景象，这给乡村学生发展所带来的负面影响不得不使人警醒。回归文化生态以匡正乡村学生的发展方向成为乡村教育"合目的性"的选择。当然，这一目的的实现需对乡村社会文化生态及其特征进行深入挖掘，归纳出文化生态对乡村学生发展内涵的规定性。但是，若要将这种观念层面的论说，变成乡村学生实实在在的发展，就必须将其化为具体的教育实践，而实践与理论之间的沟通需要依赖教育机理对文化生态视域下乡村中小学教育实践诸要素（培养实践、教育内容、教育形式）及其关系的梳理，而后才能实现从"说清楚"向"做得好"转向。

第一节 "文化生态融入"应成为教育的实践目标之一

乡村中小学教育实践的目标决定了乡村学生将"走向哪里"，这是发展的方向性指引。将"文化生态融入"设置为乡村中小学教育实践的目标之一，是从深层次上呼应了"为了生活的教育"与"在生活中的教育"这一时代命题。

一 自然与文化：文化生态融入的两个维度

从苏格拉底到柏拉图，从关于人的品质——善、公正、节制、勇敢、正义等——的分析到《理想国》中关于人本性的阐释，人应当被宣称为时刻探究、审查自身并不断检视自己生活状态的存在物，理性成为人的本质。而在中世纪宗教神学中，人被定义为神的创造物。西方近代的哲学家们在反宗教神学的斗争中提出人的自然本质论。爱尔维修宣称，人是感性的实体；法国自然主义者把人看成是具有更高感觉能力的动物等。而理性主义者又从对自然主义观点的质疑中把人从感觉实体提高到思维实体，重新把人的本质定义为理性，实现了关于人本质认识的回归。关于人的本质的认识不胜枚举，每个人都可以从自己的立场提出或内在，或外在，或感性，或理性的认识，而这每种定义也会从不同的角度丰富我们关于人本质的认知。

卡西尔说："我们应当把人定义为符号的动物来取代把人定义为理性的动物。"[1] 虽然卡西尔以符号代替了理性，但是，他从未否认理性的力量及理性这一人的重要特征。在常人看来，理性是语言的代名词，或者说理性产生于语言，二者是等同的。然而，在卡西尔看来，语言绝不能完全等同于理性，因为与概念语言与逻辑语言相对的情感语言及诗意想象是理性所不能涵盖的。因此，以理性来定义人的本质是片面的、以偏概全的。卡西尔认为，符号是人创造的，各种文化现象最终都是符号化活动的结果，因而，只有符号才能表征人类文化产品的多样性和丰富性。人也因此被定义为符号的动物。只有这样，才能指明人的独特之处，也才能理解对人开放的新路——通向文化之路。卡西尔的定义高度抽象地概括了人类活动的特征，具有极广泛的影响力。因此，"人的生命存在，并不只是一种纯自然、纯动物性的生命存在，而是既有自然的动物性决定的人的生存，也有社会性的人类文化所决定的人的生存"[2]。生物性是人性的一部分，表达了人作为万物的一分子，其生存需依赖自然生态的融入及其提供的物质资料；文化性是人性的另一部分，是人之为人的标志，人只有习得文化才能促进自身禀赋的发展，成为社会意义上的人。对于乡村中小学生而言，只有融入独特天地系统中的自然生态与文化系统，才能获得生存必备的条件。因此，文化生态的融入是乡村中小学生

---

[1] ［德］恩斯特·卡西尔：《人论》，甘阳译，上海译文出版社2013年版，第45页。
[2] 胡德海：《教育学原理》，甘肃教育出版社2000年版，第316页。

"成人"道路上的重要目标。

总体而言，人的发展是在相对社会条件下的发展，离开社会环境孤立的发展注定会将人引向"非人"的方向。脱离了文化生态的人的发展，极端的案例如印度狼孩，造成了严重恶果：

> 1920年10月，一位印度传教士辛格在印度加尔各答的丛林中发现两个狼哺育的女孩。大的女孩约8岁，小的1岁半左右。据推测，她们必是在半岁左右时被母狼带到洞里去的。辛格给她们起了名字，大的叫卡玛拉，小的叫阿玛拉。当她们被领进孤儿院时，一切生活习惯都同野兽一样，但辛格夫妇异常爱护她们，耐心抚养和教育她们。总的说来，小的阿玛拉的发展比大的卡玛拉的发展快些。进了孤儿院两个月后，当她渴时，她开始会说"bhoo（水，孟加拉语）"，并且较早对别的孩子的活动表现出兴趣。遗憾的是，阿玛拉进院不到一年，便死了。卡玛拉用了25个月才开始说第一个词"ma"，4年后一共只学会了6个字，7年后增加到45个字，并曾说出用3个字组成的句子。进院后16个月卡玛拉才会用膝盖走路，2年8个月才会用两脚站起来，5年多才会用两脚走路，但快跑时又会用四肢爬行。卡玛拉一直活到17岁。但她直到死还没真正学会说话，智力只相当于三四岁的孩子。①

这个案例展现了人脱离了社会、脱离了社会文化的学习，终难以回到人的行列中来。但现代人的发展却越来越远离自然，越来越生活在纯之又纯的"人为环境"中，自然仅是偶尔调剂心绪的小站，"一览众山小"的心境让人在背离自然的路上越走越远，而这给人带来的恶果也是不容小觑的：

> 2004年12月26日，印度尼西亚苏门答腊岛附近海域发生里氏9级地震并引发海啸，造成印度洋沿岸各国人民生命和财产的重大损失。据法新社报道，斯里兰卡在海啸中遇难者总人数为30957人，失

---

① 綦光明：《印度狼孩的故事》，http://blog.sina.com.cn/s/blog_74854f5501010w2k.html。

踪者人数为5637人。美联社摄影记者乘坐斯里兰卡空军的直升机在该国最大的野生动物保护地——亚勒国家公园上空飞过之后发现，在这所占地面积为900平方公里的公园里，26日的海啸造成200多人死亡。大树被连根拔起，汽车翻成底朝天，甚至有汽车被抛到树上。除了大量被海水抛上岸的死鱼以外，没有任何陆上动物死亡的迹象。①

上述两个案例表明，无论是自然之维还是文化之维，对人的生存都是至关重要的。从乡村中小学生的生活背景来看，对文化生态更有着先天的优于一般人的亲和力，而在当下这个急剧变动的时代，坚守文化生态取向的发展观，对于个体发展偏向问题的克服，对个体长远发展的目标及社会生活的融入，都具有极为重要的意义。

二 文化主体建构：文化生态融入的另一种表达

以文化生态视角观照乡村中小学教育，必须扎实践行"以文化人"的理路："文"是基本内容，由乡村社会文化生态的诸多构成要素（主流文化、乡土文化、自然生态等）组成；"化"是手段，是通过目标定位、内容组织、环境构置、实践操作、反馈评价等诸多环节去化育、培养、教育的行为体系；"人"是对象，是"文"可以"化"的目标。"以文化人"的结果即"文化人"。乡村中小学教育中的"以文化人"既必须坚守"文"的中华文化一体性与地方传统文化的独特性，又必须坚守"化"的公共性与特殊性，并共同作用于"文化人"独特的、宽容的、创造的品质。文化人的独特性传递了地方传统文化承袭与内化及由此而生成的乡土文化自觉意识等方面的内容；文化人的宽容性表达了国家主流文化的内化与认同及由此而产生的跨文化能力等方面的内容；文化人的创造性表达了人经由文化内化而获得的文化主体意识。将乡村中小学需致力培养的"文化人"三方面特征及所隐含的内容综合在一起，推导出的"文化人"概念实则可以转译为以中华文化认同为基础的"三层次、二维度"文化主体。

---

① 《海啸震撼动物世界》，http://news.sohu.com/20041230/n223721234.shtml。

(一) 文化主体的"三层次"

从文化与人的关系出发，人因为"文"化而得以为人，"文"化便成为"主体文化化"的过程。当然，人也不是被动接受文化所带来的一切，其主观能动性的发挥可以反作用于文化，这便是"文化主体化"。对于乡村中小学生而言，生活在中华主流文化、地方传统文化与自然环境构筑成的文化生态中的事实，让"主体文化化"变成"体"与"元"共同作用与影响的过程，国家主流文化内化与国家公民的养成、地方传统文化内化与合格乡村社会成员的培养成为"主体文化化"的两个基本的层次。另外，通过中华文化内化而获得的共性方面的成长与地方传统文化习得而实现的个性生成，可以帮助乡村中小学生生成极具文化生态适应力的主体意识与社会意识，使得他们最终成为具有独立意识与责任担当的人。

1. 成人：主体意识与社会意识的获得

教育通过文化内化过程让人成为人，人的文化责任也可以简略地概括为两个要点，即文化内化与文化践行。人与文化间的关系使得教育与"文"化具备了相类似的内涵。那么，教育所导引的人的发展自然会因文化的差异而有所不同，这从东西方人之间的差异与东西方文化间差异的对比中可以得到确认。因此，教育必须尊重其所运行的文化背景，乡村教育开展也必须尊重当地的文化生态。教育正是通过对人及其生活的文化生态背景的尊重，才逐步建立了每个人的主体意识与社会意识。正如庄孔韶先生所言："个体自我概念的形成，既是个人生理发展的结果，也是个体意识作用的结果，更是个体与社会文化互动的产物。"[①]

教育为了人的发展，但是，人需要什么样的发展，不是来自"第三者"所认定的"应该如此"，而是源于对受教育者需求的准确把握，这自然无法摆脱其生活的文化生态背景与良好生活诉求的共同作用，而乡村中小学生及其生活中的文化生态背景被尊重，才能使人的个性特征及群体性特征得以彰显，这是对个体或群体的存在及存在价值的肯定。个性特征的张扬可以使乡村学生清晰地意识到自己的存在——独特的存在，生命受到肯定的、价值得以张扬的个体的"自我"意识觉醒可以发挥出

---

① 庄孔韶：《人类学概论》，中国人民大学出版社2006年版，第294页。

更大的"主动性"与"创造性"。这种"主动性"与"创造性"是"扎根的",是通过乡村社会文化生态的接受与反思而获得的,对乡村学生与乡土社会的发展都显得格外重要。

乡村教育对当地文化生态的关注,还展示了地方传统文化在乡村少年成长过程中的必要性与意义。乡村学生在学习、内化地方传统文化的过程中可以意识到独特自我的存在:"我是独特的""我所传承的乡土文化是独特的"。这种清醒的自我意识强化了乡村学生的主体意识——作为自由个体、乡村社会一员的意识。而当乡村学生成长的独特性及乡村社会传统文化资源的教育价值被国家主流教育系统所肯定时,也注定会增强乡村学生的国家主人翁精神与公民意识。这种教育与伊曼努尔·康德所言不谋而合,通过文化生态视角下乡村教育的开展,人可以变得:第一,服从纪律。所谓纪律,我们必须理解的是那种影响,它始终遏制我们的动物本性,防止战胜我们的人性,不论是作为个体本身,还是作为社会的一员。第二,教育使人们具备一些基本素养,比如读书识字和粗通文墨等有益于所有人的素养,又如音乐等仅仅用于某些特殊追求的素养。第三,教育使人具备辨别力,这样才能懂得为人处世,才有可能取悦于人,才有可能潜移默化。第四,教育让人学会思考。在学会思考之后,人便开始照章办事,凡事都有固定的原则,而非恣意妄行。[①]

正是通过文化生态视角下的乡村教育的开展,对地方传统文化、乡村少年生命成长独特性的尊重,使得乡村学生可以确认自己作为独特个体、乡村社会成员、国家公民的存在。这样,他们在当下与未来的生活中既能够深知坚守乡村社会传统的必要性,又能够不拘泥于传统,以创造性的眼光、理性的思维给传统贴上时代标签。乡村学生在面对文化相遇所带来的冲突与交往时,才能生成对地方传统文化的自信、对他文化的尊重,获得以他者的眼光看待他者、以他者的眼光看待自己的宽容、多维视角,地方传统文化也能在国家主流文化的供养中获得和而不同的发展,而始终处在发展与生命延续中的地方传统文化价值的持续发挥,也必将有利于人类普遍精神的寻求。这样,"人的主体性的充分实现"和

---

① [德]伊曼努尔·康德:《论教育》,载杨自伍《教育:让人成为人》,北京大学出版社2010年版,第10—11页。

"人的个性的自由发展"[①] 必成为乡村教育价值判断的一个重要的内在尺度。

2. 成为合格的乡村社会成员：地方传统文化内化

乡村教育以"文化人"的培养作为价值预设，是对学生现实生活需要的满足，也是对乡村社会文化生态价值的肯定与尊重。如前文所述，乡村社会文化生态的现状决定了乡村学生需要在习得国家主流文化的基础上内化地方传统文化，这是他们未来立身于乡村社会的必要准备，也是乡村社会"绿色演化"的必要条件。在笔者调研的云南省 G 县，一个以怒族人为主的乡村社会始终奉行着如下文化观念：

> 在审美观上，他们不忽视人的外表美，但更强调的是品质美、内心美。那些能背、能挖、能吃苦，待人厚道、诚实、有礼节、无私、无畏的行为一向被视为最美的行为。相反，那些好吃懒做、怕脏怕累，嘴说起来比刀快、手做起来如捏屎的行为，斤斤计较、爱占他人小便宜的行为历来被看作是最丑的。在道德观方面，他们普遍好客，虽然自己的物质生活比较艰苦，但客人来了全家人都十分高兴，倾其所有，"好东西藏起来客人走后再吃"的心眼，在他们心中根本不存在。他们最重守信，凡自己亲口说过的话，都不会出尔反尔；凡承诺了的事，都能践诺。正如当地俗话所说，"吐出的唾沫，不能舔吃，说过的话语，不能改口"；"松树靠着坡坡生，人们靠着亲戚活"；"仇人一个已多，朋友百人还少"。另外，当地社会有一个互帮互助的良好习俗，无论是种地、收割、盖房或红、白事往往都是全村人出动，不分彼此。[②]

上文所述的内容，是当地传统文化观念中的一部分。正是因为这些观念的存在，才维系了社会的和谐稳定，而这种社会状态也被树立为社

---

① 孙鹤娟：《"尊重的教育"的核心在于解决教育的主体意识问题》，《东北师范大学学报》2001 年第 5 期。

② 云南省民族事务委员会：《怒族文化大观》，云南民族出版社 1999 年版，第 177—178 页。

会的理想状态（不论是传统乡土社会，还是主流社会所倡导的和谐理念都是如此）。当然，乡村社会的这一状态正面临着巨大的危机：随着乡村社会与外面世界交往的频繁，加之许多乡村学生心理的不够成熟，更容易受到城市生活中一些社会阴暗面的影响，而这些影响又带来了一系列社会问题，诸如青少年犯罪、卖淫、吸毒、酗酒等，已成为不容忽视的社会隐忧。[1]

从乡村学生的角度来看，地方传统文化的内化，是融入当地社会的基本条件，否则，他们在乡村社会的生存注定会陷入孤立、被排斥的境地。还有，那些抵御不住"外界诱惑"的乡村学生因习染了与地方传统文化观念相背离的陋习而最终沦落为当地社会的"流民群体"，这一群体的壮大会从根本上动摇乡村社会一直以来的平静与祥和。所以，乡村学生若失去了地方传统文化的浸润，不论是个人还是乡村社会都无力承担其严重的后果。正是在这样的意义下，以尊重乡村社会的文化生态为前提，在中小学教育实践中将地方传统文化的内化作为一项基本要义融入学生的发展才显得十分必要。

乡村教育需从乡村社会的文化生态出发，以人与自然的和谐共生唤醒植根于乡村学生心底的自然敬畏；以乡村学生与地方传统文化的和谐共生构筑饱含生命关怀的文化信任与生活范式；以乡村学生与他文化的和谐共生搭建具有无限包容性的发展性文化视野。只有经历这样教育熏染的乡村学生，才能成为当下乡村社会发展所需要的成员。

3. 国家公民的养成：主流文化内化

乡村社会的文化生态中所包含的文化的丰富性决定了中小学所培养的"文化人"是多层次的：通过文化内化，使乡村学生获得文化主体意识与社会意识，促使他们自我意识的觉醒，这是一种以反思性为基础的社会生活实践能力，也是作为当地社会成员或者国家主人均不可或缺的能力；地方传统文化内化，通过对独特天地系统及对应的乡土文化的内在和谐、一致性的认知，在价值理解基础上获得对地方传统文化先天合理性的认同；主流文化内化，培养乡村学生的公民共性及对公民社

---

[1] 联合国教科文组织世界文化与发展委员会：《文化多样性与人类全面发展：世界文化与发展委员会报告》，张玉国译，广东人民出版社2006年版，第98页。

的融入能力，更为乡村社会之间及与主流社会之间的对话与交流搭建基础性平台，只有相互宽容、理解才利于和谐社会的构建。简言之，通过中华文化共同体意识与能力的培育，地方传统文化的功能发挥，可以让乡村学生成为"他自己"，成为"乡村社会成员"，成为"国家公民"，这不但是对他个人未来发展的赋能，也是对乡村经济社会发展的赋能。

随着时代的发展，社会交往变得越来越频繁，乡村社会与主流社会"交融"的脚步也越来越快，在乡村教育中开展公民教育显得更为重要。正如班克斯所言：

> 学校教育应帮助学生获得他们成为一个民族国家和公民文化所需要的态度、信仰和技能；而且，学校应把发展学生的社会参与能力作为民主多元文化国家学校课程的主要目标；学校应为学生提供参与社会活动的机会，由此他们可以对由民族价值观构成的问题采取相应的行动；公民教育和社会参与活动是完整的学校课程不可缺少的组成部分。[1]

乡村教育培养国家公民的努力，是对乡村社会文化生态的回应。在人员交往、新媒介推动、教育等诸多因素的共同作用下，国家主流文化已经成为乡村社会文化生态重要的组成部分，这从乡村社会成员外显的衣、食、住、行等方面均可以得到确认。而乡村社会经济建设的推进，更是带动了主流文化向边远乡村的拓展。以笔者对G县D乡的考察为例。"火塘"作为特殊的公共空间，依然发挥着家族聚会、商议事项、教育下一代的功能。但是，村庄里另一个现象更不容忽视：许多不同的乡村社会成员开始走出"火塘"这个传统的公共空间，聚集在村里的小卖部门口喝酒、聊天，所聊之事不仅有家长里短、生产生活，国家大事也成为聊天的重要话题。这个新的公共空间的形成，极大地提升了主流文化的传播速度。主流文化在乡村社会的"在场"，还源于国家的倡导与推动。

---

[1] [美] James A. Banks：《文化多样性与教育：基本原理、课程与教学》，荀渊译，华东师范大学出版社2010年版，第29页。

因为一个国家的发展，不但需要建立和发展统一的国民经济体系和商品流通市场，而且需要建立和发展能够促进社会、经济现代化的统一的文化模式。这就要求在国内不但要从各个方面打破地区间的壁垒，而且要实现不同地区间的和睦与共荣。在这一过程中，地方乡土文化也必然要放弃自己的某些个性，各地文化生态共性概率的增加成为必然，而这种共性即为主流文化融入的必然结果。

另外，随着乡村社会的发展与信息渠道的通达，社会思想或意识形态多元化趋势明显，而这潜存着国家主流意识形态失去先导性与吸引力的风险，全国人民共同价值理想的丢失是不能被接受的。因此，"建立共同的公民文化，超越地方的、族群的狭隘界限，形成公民认同"就变得极为重要。而且，乡村教育培养国家公民的努力，是基于对中小学生当下与未来生活负责任的态度。因为乡村社会的整体文化生态已然发生了变迁，乡村学生自然应以"自变"应对"社会之变"。另外，由于经济生活交往、人员流通的频繁，乡村学生将来不得不面临主流社会融入的境况。从这个意义上讲，乡村学生通过内化主流文化，确立公民身份也十分必要。

(二) 文化主体的"二维度"

一种文化的形成就表明了一种合理性，不论其产生先后，均无先进与落后之别，其意义均指向当下生活的关切与人类永恒价值的追求。在当今这个时代背景下，多媒体信息技术加速了全球化进程，不同文化的相遇成为必然，对乡村社会而言更是如此。从乡村传统文化的立场来看，国家主流文化因其先进的技术手段与伴生的物质财富，严重地威胁到了具有先天合理性的乡村文化生存空间，产生了一种合理性取代另一种合理性的趋势。但是这一趋势可能引起的文化趋同却不是真正意义上人类精神普遍性的实现，其实质是文化替代方式生产出"同质的文化主体"：用一种眼光、一种视角取代对人类生存的全方位、多角度审视，这显然是对人类自身发展的戕害。正因如此，笔者从乡村社会文化生态的实际情况出发，基于对乡村学生及乡村社会未来发展负责任的视角，提出了乡村教育应通过内涵丰富的"文化人"培养去塑造合乎乡村社会文化生态的"文化主体"——有着对国家主流文化价值意识的包容性接纳及对更高文化价值实现的追求、对乡土文化个性的坚持、对自我意识的张扬。

这即是上文所述文化主体的层次，那么，什么是文化主体的维度呢？文化主体的维度，可以借用德育中的"知、情、意、行"四方面内容来阐释。

1. 乡村学生须建立起国家主流文化与地方传统文化的自觉意识

文化自觉概念，由费孝通于20世纪八九十年代提出，其内涵是要让"生活在一定文化中的人对其文化有自知之明，明白它的来历、形成过程、具备的特色及发展的趋向，自知之明是为了加强文化的现代社会生存能力，获得决定适应新环境、新时代文化选择的自主地位"[①]。这种自觉不仅是对文化长处的自觉，更是对不足之处的自觉。把握了文化的长处，知晓其对于人发展的意义，便懂得了一种文化坚守；了解了文化之不足，激发调整与改进的勇气，作用于文化结构合理性的增强。人与文化便共同走上了充满生机的发展之路。

文化自觉的基础是文化内化。乡村学生文化内化（主流文化与地方传统文化）有"知、情、意、行"四个环节，即由"文化之知""文化之情""文化之意""文化之行"四个方面组成。以地方传统文化内化为例，"文化之知"是指中小学生对本地区文化的全貌，包括对历史渊源、地方语言、宗教信仰、风俗习惯、伦理道德、文学艺术、科学技术等诸多方面有较为深入的了解；"文化之情"是指乡村学生对地方传统文化的积极情感，这首先是由对地方传统文化承载者的父辈群体的伦理亲情转化而来，其次是由于乡村学生对地方传统文化美好的感知及地方传统文化对自身需求的满足而产生；"文化之意"是指一种意志，是在对地方传统文化产生的内在逻辑与先天合理性认知的基础上产生的执着坚守，即使面对其他文化的强力冲击依然如此；"文化之行"是指基于"知、情、意"三个方面，将地方传统文化化入乡村学生的生活实践，成为其行为指南。国家主流文化的内化更是如此。一方面，乡村学生在文化内化中获得了价值意识，获得了动机、欲望，更获得了按照文化规定的范式去实践行动的能力，这是主体文化化的过程；而另一方面，乡村学生也在文化内化过程中收获了自我意识、自由意志和创造能力，这体现为文化主体化过程。当这些乡村学生完成了主体文化化与文化主体化过程之后，

---

① 费孝通：《文化与文化自觉》，群言出版社2010年版，第403页。

便实现了文化自觉。

当然，乡村学生的文化自觉不仅是对地方传统文化的自觉，而且，更为重要的是对国家主流文化的自觉。在当下的乡村社会里，国家主流文化的影响已经关涉到村民生活的方方面面。一般而言，"多元的文化氛围可以为人们增加选择机会，增添生活的色彩，但对于缺乏文化自觉意识的学生来说这种文化多元却极有可能增加了青少年道德选择的难度与文化受害的机会"[①]。面对这样的环境，乡村教育要格外重视培养学生的文化自觉意识，以使其有能力"用"多元文化之"利"，"避"多元文化之"害"，既为乡村学生的发展找到一条合理路径，在客观上也为文化找到了发展方向。

2. 乡村学生需形成跨文化能力

由上文可知，文化主体的文化自觉拥有强大的比较视野，这种比较是结构性的，建立在对国家主流文化与地方传统文化全貌与内部结构的准确把握之上；文化主体的文化自觉展现出极大的文化宽容性，其中包含着对国家主流文化与地方传统文化诸要素差异的包容，并由此建立对待他文化及其承载者"和而不同""同中见异""异中求同"的文化心态；文化主体的文化自觉表现出极强的发展潜力，不论是对乡村学生还是对乡村社会来说，均是如此，因为文化间的相互采借原本就是文化发展的重要路径，而且文化作为一种生活方式，其中蕴藏着极丰富的生活智慧，他文化中的生活智慧给"局中人"的启发意义是不容忽视的；文化主体的文化自觉还具有反思性，不同的文化系统会给乡村学生提供不同的视角，两种视角的相互交织所产生的对某种"既定认识"确定性的再度审视注定会生发出对事物认知程度的加深。由此可知，文化主体的文化自觉在一定程度上展现了自身另一维度的内容——跨文化能力，只是文化自觉倾向于"内在"，而跨文化能力更倾向于"外在"。

在本书中，乡村学生的跨文化能力也包括两个方面的内容——内向的和外向的。内向的跨文化是指乡村学生自身作为文化主体的内涵所具

[①] 吴日岗、覃翠柏：《全球化背景下的大学生文化判断力教育》，《淮北煤炭师范学院学报》（哲学社会科学版）2006年第5期。

有的丰富性,特别是集国家主流文化与地方传统文化于一身,存在着"跨"的必要性。虽然说这两种文化不会在他们的头脑中分属完全不同的区块,行为主体更不可能像开关一样在两种文化中自由切换,且二者作为整体与局部的关系再加上主体意识的作用更会让两种文化出现边界模糊的现象。但不可否认的是,在具体的文化元素上,国家主流文化与地方传统文化可能会表现出截然相反的表达,诸如法文化与习惯法文化、政治文化与政治亚文化等。当在面对这两种表达都具有情境合理性的时候,作为行为主体的乡村学生必须能够做出恰当的选择,这就是内向的跨文化能力。这种跨文化能力使得他们能够更好地适应乡村社会的变迁,也能更好地融入主流社会——从主人翁意识的确立、权利意识与能力的获取到社会责任的担当。

外向的跨文化能力可以理解为对外来文化群体的种族标志、语言特征、交流风格、价值观和态度同化影响的理解与尊重,以及在此基础上"与不同文化背景群体交往的能力,并能有效参与多元文化共同体及一体化社会的能力"①。"那些仅从自己独特的文化和种族视角了解、参与并看待这个世界的个体,就会被人类经验的重要组成部分拒之门外,并在文化和种族上封闭起来;而那些为获取成功而放弃自己的种族文化自我异化的人,对个体与社会都会产生问题。"② 由此,外向的跨文化能力实际上是指某一文化主体与异文化主体之间的交往。对于乡村学生而言,当下与未来都应处在与他人的接触和交往中,并在交往中结成"团结的共同体",这不但有利于个人发展,而且有利于和谐社会的建构。此一目标的实现,需要培养乡村学生外向的跨文化能力,使其能够发现外面世界的多彩,可以在具体的文化交往中"把自己和他人均作为独立的亚文化体现者予以接受;设法使自己被交谈者理解的能力;尽可能肯定地表达自己的观点和意见;观察自己的言谈对交谈者产生了什么样的印象;勿被旁人的谈话分散注意力,直视对话者的眼睛;表现出耐心和自制力;肯定跨文化交往中的公正原则和对话原则;平等地而不是居高临下地进

---

① 邓志伟:《全球化时代跨文化教育的任务与目标》,《比较教育研究》2013年第9期。
② [美] James A. Banks:《文化多样性与教育:基本原理、课程与教学》,荀渊译,华东师范大学出版社2010年版,第50页。

行交往活动；牢记座右铭，'眼前的人是世上最重要的人'；交往过程中始终努力站在'我们'的立场上"①。

三 文化主体培育的功能：乡村学生发展内涵的呼应

从乡村社会的文化生态出发，通过中华文化与地方传统文化的传承，乡村教育致力于内涵丰富的"文化主体"的培养：通过文化自觉意识的建立与跨文化能力的养成，将乡村学生培养成具有独立、自由主体意志的人、具有坚实地方传统文化积淀的乡村社会成员、具有包容文化心态与国家主流文化认同的国家公民。其意义何在？这样的文化主体根植于中华传统文化与现代文明，同时又接纳了地方传统社会与文化系统的熏染，整体与局部、现代与传统的兼容可以发现原本无意识的乡村生活要素或文化产品的现代价值，加之对主流社会组织规则的通晓，这些"兴奋点"所激发出来的经济增长力量是不可忽视的；这样的文化主体自身所具备的宽容的文化视野，及主流文化内化所获得的对话平台与基本价值体系，使人与人之间的交往变得通达，这不但可以使个人获得良好的社会生活体验，而且有利于和谐社会的建构；这样的文化主体所具备的多维视角、比较视野、反思精神，使得生活中原本"无意识"或"确定性"的事项增加了另一种可能性，由碰撞而带来的创造与发展不论对于个人还是乡村社会都是意义非凡的。

（一）基于乡村社会文化生态培育的文化主体具有良好的经济功能

当下的中国在经历了轰轰烈烈的脱贫攻坚战之后，至 2020 年，中国已全面完成现行标准下人口的脱贫任务，提前实现联合国 2030 可持续发展议程的减贫目标。近五年来，中国通过精准扶贫方式确保 7000 万人脱贫，成就举世瞩目。但不可否认的是，一些边远乡村地区由于地处内陆，道路交通条件有限，开放程度不够，仍有一大批群众存在返贫的风险。但举国上下同心协力所取得的扶贫成果必须保住，"这关系到中国统一和边疆巩固，关系到民族团结和社会稳定，关系到国家长治久安和中华民

---

① ［俄］O. B. 古卡连科：《多元文化教育的理论与实践》，诸惠芳译，人民教育出版社 2012 年版，第 229—230 页。

族繁荣昌盛"①。但是，边远乡村地区的振兴与防止返贫行动不应停留在"输血"这种方式上，而应通过合理地帮扶与引导使其自身产生"造血功能"；乡村地区的发展也不能演变成"政策性依赖"，而应是通过政策倾斜与产业扎根而激发出"内源性发展"的动力。

乡村地区一直存在着自然人文资源储备与经济社会发展水平不匹配的矛盾。面对这一矛盾，人们不禁会发问：丰富的资源为什么不能转变成经济发展的动力呢？也许有人会说，是由于这些地方交通不便、信息闭塞，资源利用率低所致；还有人会说，是因为资金与技术的缺乏。但是，拥有雄厚资本与技术的大企业家在乡村地区大力开发自然资源的案例不在少数，可结果却是在经济发展的同时，还带来满目疮痍的荒山和大地。一些地方的文化旅游业发展也与此类似，表演化的开发逐渐带走了地方传统文化勃发的生命力。这样的发展与开发都是掠夺式的、杀鸡取卵式的，缺乏可持续性。那么，在"后扶贫时代"乡村振兴行动的资金与技术支持下，基础设施建设逐渐完善，乡村地区经济的绿色发展只能依赖人及其智力资源。更具体地说，依赖乡村教育对乡村社会成员的优质培养：这样的人心中有对家乡山水的依恋，懂得寻求开发与保护之间的平衡；这样的人有坚定的传统文化信仰，懂得地方传统文化的价值，更懂得资源开发不能动摇传统文化的根基；这样的人具有良好的主流社会融入能力，懂市场规则、善与人交往，更能从"局外人"的立场发现乡村地区具有市场开发价值的"潜力点"；更重要的是，这样的人有极强的责任感，能够将个人的发展与乡村社会的发展统一起来。

> 黎平县德凤镇勇寨村的杨秀文夫妇是传统意义上的农民，恋着一亩三分地，恋着山水老家园。杨秀文年年劳作，唯有今年赚钱最多：种植紫糯谷9亩，收稻谷6700斤，每斤3元，收入2万元；喂两头牛，产小牛犊一头，加上牛增长的体重，可计收入1万元；出售稻田鱼300斤，每斤25元，收入7000余元；出售70多只稻田鸭，每只70元左右，收入约5000元。四项相加，毛收入超过4万元。

---

① 《少数民族委员为民族地区精准扶贫建言献策》，http://news.163.com/16/0311/13/BHSN3MK500014JB5.html。

而这一切都得益于加入"有牛复古农业合作社"。该合作社负责人杨正熙，曾任黎平县科技局党委书记。2012 年，他主动要求作为科技特派员到农村创业，搜集保护本地特有的、近乎失传的稻种，并成立了黎平县地方农业物种场。紫糯谷就是杨正熙收集的特色稻种之一。2014 年，在自己示范种植的同时，杨正熙与几户养牛的农民协商，种植他免费提供的紫糯谷，他按每市斤 2.5 元的价格收购。当年收获的 3 万斤紫糯谷，取名"有牛米"，在加工后经腾讯基金会包装销售，被一抢而光。江苏商人梦繁茂认识杨正熙后，两人一拍即合，决定成立"有牛复古农业合作社"，负责种植；成立"贵州侗之源农耕文化发展有限公司"，主攻销售。

按传统古耕方式种植的"有牛米"，去年每公斤价格卖到 30 元，比普通种植方式亩产值高出近 10 倍。今年，全县上千农户跟随杨正熙种植。"产品早就订光了。品尝过的亲朋，一致予以'好评'。"梦繁茂介绍说，这种紫米含有丰富的花青素，属于碱性大米，在江浙沪一带很受欢迎。产品已销售到凯莱大酒店等高端酒店。在一些酒店里，甚至是被作为"菜品"端上台面的。[①]

一个杨正熙，一个有牛米，既保护了侗乡的青山绿水，又肯定了传统文化的价值，还可以带动贵州黎平县上千农户脱贫致富，其原因何在？因为杨正熙有对地方传统文化的坚守，深谙其在现代社会中的价值；有开阔的眼界，能够准确地洞悉市场的需求；有行动逻辑，从自己试种、小规模推介到大面积推开，既能摸清市场反馈，又可规避风险；懂市场规范，善与人交往，抓住时机展开合作，互惠共赢；最重要的是还有责任感，放着相对清闲的公务员不做，偏要到田间地头经受风吹日晒，只是为了让穷苦的同胞脱贫的理想。杨正熙这个典型案例足以说明基于乡村社会文化生态培育的文化主体所具有的出色的经济功能。

（二）基于乡村社会文化生态培育的文化主体具备出色的人际功能

人是社会性的存在，人是在与他人的关系中才确定了自己的位置的；人也在文化生态中成为人，发展出人的社会性，建立与他人的稳固联系。

---

① 《有牛米诉说山中新故事》，http://news.163.com/15/1128/07/B9GAJBFU00014AED.html。

文化生态便是人的生存家园，人对文化生态的依恋外显地表现为一种"恋地情结"。

> "恋地情结"是一个新词，可以被广泛地定义为包含了所有人类与物质环境的情感纽带。这些情感纽带从强度、微妙性和表达方式上看彼此有很大的区别。对环境的反应也许主要是审美的：这种反应会在从风景中感到的短暂愉悦到突然显现出的同样短暂却更强烈的愉悦之间的变化。这种反应也许是触觉上的，感觉到空气、流水、土地时的乐趣。更持久却不容易表达的情感是一个人对某地的感情，因为这里是家乡，是记忆中的场所，是谋生方式的所在。①

对于乡村学生而言，通过对乡村社会文化生态的内化，建立起对地方传统文化的信仰与对自己乡村社会成员身份的自信，建立起对家乡山水风物、文化习俗的深深依恋。这是一种归属感的建立——觉得自己属于那片山、属于那片水、属于那群人、属于那厚重的历史文化。这样想来，他们便不仅是活在当下，而且是活在乡土的历史长河中，其所思、所想、所行都被深深地嵌上乡土印记，并在潜意识或者无意识中形成了与乡村社会成员的通感。这种心境下所展开的乡村生活，注定是和谐的。

在民主国家中，不同群体和文化的人们对国家的热爱和忠诚是建立在国家肯定并尊重他们存在的基础之上的。学校不是复制社会和阶级的不平等，而是帮助学生特别是弱势文化群体的学生，提高他们未来参与国家政治经济生活的信心和能力，培养真正的民主和平等意识。② 这样的教育实践，有力地驳斥了对国家忠诚必须使国家在文化上同质的理论。因此，以乡村社会文化生态的实然之景为依据，开展中小学教育，最真切地展现出对地方传统文化的承认、理解、尊重，表达出地方传统文化资源对于中小学生成长价值的认可，实则呵护了乡村学生未来和谐地融入主流社会的愿望和信心。反之，如若地方传统文化没有得到认可，"他人"对于地方传统文化满眼都是偏见，这自然会影响乡村小学生对"他

---

① 参见陈望衡《环境美学》，武汉大学出版社 2007 年版，第 24 页。
② 参见王鉴、万明钢《多元文化教育比较研究》，民族出版社 2006 年版，第 224—225 页。

人"的态度,结果只能是互相伤害,何谈和谐的人际关系?

另外,以乡村社会文化生态为基础开展的乡村教育实践,国家主流文化的内化是每一个中国人的责任,乡村少年也是如此。这是让他们成长为一个合格中国人的基础,也有助于他们对公共理性和共享价值的接受,能够切实地提高其未来参与国家政治经济生活的能力。同时,不同文化背景的人因为都接受了国家主流文化的熏陶,彼此之间的对话也就有了基础性的平台,为化解矛盾、合作共进,构建社会主义和谐社会夯实了根基,齐心协力迈进"实现中国梦"的康庄大道。

(三) 基于乡村社会文化生态培育的文化主体具备出众的创生功能

人们对于创造力概念的理解,有一个渐进的历史演变过程。在古代的希腊、犹太教、基督教、伊斯兰教等传统当中,创造力被认为是一种天赋的灵感。到19世纪,欧洲进入浪漫主义时代,人们发现创造力与个人自身的能力之间的关系。到了21世纪,人们逐渐意识到,对创造力的理解必须放在独有的文化背景中,许多人对不同文化群体进行了实证研究,普遍性的创造力概念备受质疑,而且,越来越多的人开始意识到,创造力需要合作,而且并不是一个单独的过程或事件。[1] 对于创造力的构成要素,从一般意义上讲,包括基础知识、批判性思维能力、意志品质等,当然,创造力也会受到问题意识、主体精神、积极评价等方面因素的影响。

创造力高低与个人的文化背景、协作能力、反思能力、自我意识等诸多方面均有关联。再看从乡村社会文化生态出发培养具有国家主流文化与地方传统文化认同的"文化人"的过程与目标,可以发现,上述的诸多要素在此处均有体现。这种类型的文化人具有跨文化视野,能够以宽容、平和的心态对待文化差异所带来的思维、行为等方面的差异,尊重差异、欣赏差异的结果必然可以打开另一扇认识世界的窗口,这种新鲜的刺激在给人带来惊奇——"原来还可以如此"的同时,也注定会引发人的深入思考。在这种类型的文化人的培养过程中,激发了乡村学生强烈的自我意识,对自身意义与价值的肯定,必然使其在日后的工作、

---

[1] [英] Anna Craft:《创造力和教育的未来》,张恒升译,华东师范大学出版社2013年版,第29—30页。

生活中不会盲目从众，以审慎的态度对待看似理所应当的事与物；造就了开放的自我、平和待人的态度、与他人共享价值的能力，这是一个人妥善处理与他人关系并积极展开建设性合作的基础；扎根于乡村社会文化生态的土壤，这种在地化的培养是在生活中，又是为了生活的教育，生活中许多不理想的方面必然会提高乡村学生的问题意识；提升乡村学生的责任意识，将乡村社会发展担于肩上的勇气会激励乡村学生未来坚持变革的坚毅品质。因此，基于乡村社会文化生态培育的文化主体是创造的，具有变革的意愿、坚持与能力。

第二节 "文化生态内隐诸要素"应成为必要的教育内容

"教育为了生活"，所以文化生态的融入成为乡村学生发展的基本目标；"教育也在生活中"，所以文化生态成为乡村学生的重要成长资源。2015年，中央电视台播出了纪录片《美丽乡村》，其第十集讲述了这样一个故事：

> 千龙村，是五指山山麓一个偏远的苗寨，这里的孩子从小就必须学会通过自己的双手获得一切生活所需，即使在最恶劣的环境中，也要顽强地生存下去。在离村不远的茂密的原始丛林中，生活着一种以野果为食的鼠类，是千龙村人祖辈赖以生存的猎物。老邓是村里的大队长，精于捕鼠技艺，孩子们经常围拢在他身边学艺。一天傍晚，孩子们结队进山捕鼠。高山密林中充满着风险，也蕴藏着无数的秘密，这对孩子们总有一种神奇的吸引力。他们需要穿过溶洞，爬过山顶的石林，而手上的鼠夹给孩子们的攀爬增添了不小的阻力，几乎垂直的山壁陡峭湿滑，吸附在崖壁上的老树根成为孩子们攀爬的支撑点。穿过石林，他们来到老鼠经常出没的山谷，按照先辈的经验，他们将捕鼠夹放在老鼠出入的必经之路上。[①]

[①] 内容根据《美丽乡村》（第十集）视频资料整理，http://tv.cntv.cn/video/VSET10/f9417392b2ad46f79c20a62185205bb1。

在这种亲身捕猎的活动中，孩子们发展了自己的耐心与果敢、责任与担当、智慧与体力。这种经历对于乡村学生来说是真实的人生教育、意志品质教育，涉及对人与其所处环境关系的透彻理解。当然，这也给教育实践一个忠告，即教育不能忽略人的本性、本能的发展。否则，便不会出现汶川地震中 11 岁的哥哥背着 3 岁的妹妹步行 12 个小时脱险[1]及 11 岁的哥哥救出压在树下的 6 岁弟弟并步行两天半获救[2]的事例。当然，这些成功事例不仅是主人公体力的问题，最终的获救还得益于 11 岁的哥哥在山里找水、找食物、辨方向、躲避灾害等多种能力，而这是多数城市同龄人所不能企及的。

正是因为这样——边远乡村地区看似艰辛的成长环境，却促成乡村青少年善良、坚毅、懂事等人性最本质层面的发展——一如湖南卫视推出的真人秀栏目——《变形记》。从城市主人公的角度来看，农村交通闭塞、经济落后，农村生活的清贫，与其城市生活状态形成了巨大的反差。这里没有物质的诱惑，有的只是生活水平极低却顽强地与生活抗争的同龄人、淳朴善良的村民及秀丽的风光。通过切身体会生活的艰辛及醇厚无私的爱的收获，直击心底的震撼，终会唤回元初的纯真与善良。而这些正是乡村学生的成长环境，更是其"若无对比便不易发现"的成长资源，这些在人性及本能方面的影响将会为其一生的发展奠定厚重的基石。当然，乡村学生的发展也离不开国家主流文化与地方传统文化浸润的影响。中国幅员辽阔，各地的人均在繁衍生息的历史长河中积淀了丰厚的生活智慧，生成了各具特色的文化系统，包括饮食、衣着、住宅、语言、文字、科学、文学、艺术、神话、宗教、哲学、节日、风俗等诸多方面，这些自然会成为乡村学生发展的重要资源。

一　开展早期国家通用语、地方语教育

语言作为人类文化"圆周"的一个扇面，不仅是对客观实在的反映，而且是以逻辑的、整体的形态表达了人的思想、情感和世界观。如恩斯特·卡西尔所言："人类语言的所有形式，就其以清晰而恰当的方式成功

---

[1] 《抗震救灾英雄少年事迹》，http://news.sina.com.cn/z/08earthquake/yingyongshaonian.shtml。
[2] 《青川 11 岁哥哥救出 6 岁弟弟》，http://news.sohu.com/20080516/n256886153.shtml。

地表达了人类的情感和思想而言都是完善的,所谓原始语言,就其符合于原始文明的状况和原始心灵的一般倾向而言,与我们自己的语言之符合于精致深奥的文明的目的并无二致。"① 这表明了语言所具有的明确对象性,也展示了语言意义或价值的相对性。一方面,对于乡村学生而言,语言学习的需求与其生活环境息息相关。从其乡村社会成员的身份来说,学习地方语言对融入当地社会生活、增强乡土认同意义重大。

另一方面,地方语言在独特的天地系统中,是历经千百年的积累而发生、发展起来的相对独立的系统,内隐着一整套独特的思维与认知方式,这对于当地学生的发展来说更是一种宝贵的资源,一如绪可望对现实世界、认知与语言关系的认定(见图5-1)。人类在独特的现实世界中,经由认知系统的归纳过程而建立起来的语言系统是人们理解、表征外部世界与内心世界的工具。人们掌握了一种语言,便掌握了一把开启世界的钥匙。

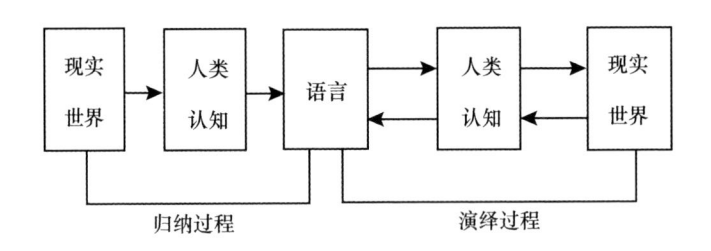

图5-1 现实世界、认知与语言的关系

但随着信息技术的发展与人员流通的频繁,那种纯而又纯的语言生态环境已然发生了改变,乡村社会的发展现状也悄然发生着变化,融入国家主流社会成为乡村社会发展的美好预期。所以从乡村学生未来发展的角度出发,仅学习地方语言"难以支撑现代社会所要求的儿童认知结构深度发展的需求,现代社会认知结构及其传递通常是与主流民族的语言和文字联系在一起的"②。这就说明在现时代背景下,具备优秀的国家

---

① [德]恩斯特·卡西尔:《人论》,甘阳译,上海译文出版社2013年版,第221页。
② 郑新蓉:《语言、文化与认知:少数民族学生教育质量若干思考》,《广西民族大学学报》(哲学社会科学版)2013年第4期。

通用语言能力对于乡村少年的发展极为重要,对于那些有少数民族身份的乡村少年来说更是如此,当然,地方语言也是这些学生成长的重要养分。国家通用语和地方语言的学习共同作用于这些学生的认知能力发展,而认知能力决定着个体的生存能力,也决定着个体发展潜力的高低。

(一) 明确国家通用语言、地方语言教育的目标是"发展人"

对于具备地方语言环境的乡村学校而言,国家通用语言、地方语言教育的开展,不是为了盲目跟风,也不是乡村学校特色化发展的驱动,更不是在乡村学生已然繁重的学习任务之下增添形式化的内容,而是切切实实地为了他们的发展,这是语言学习必须抓住的基本点。通过语言学习,乡村学生的认知能力获得发展,这种认知能力可以生发出理解、适应社会生活的能力,也可以说,社会生活的不可回避性决定了人们语言学习的必要性。但当下乡村学生的社会生活背景已经不再是纯而又纯的乡村传统社会,通过学习"提纯"后的地方语言也不足以适应村落生活了,而且,乡村学生的发展更不局限在乡村社会,走出村落以谋求更大的发展是许多学生未来可选择路径中的重要一种。语言学习就是为了社会适应、为了适应变化了的社会环境,那么只有国家通用语言、地方语言兼修的教育才更有利于乡村学生的发展。

具备地方语言环境的乡村学生的任何发展都必须建立在社会适应的前提下,无法适应、融入社会整体的个人随时面临着被淘汰的危险。如此这般何谈发展?乡村学校国家通用语言与地方语言教育的开展,首先就是出于对乡村学生当下及未来必须面临的社会生活环境的适应,其次是出于对他们未来发展需求的适应。可以说,这种语言教育的开展就是为了通过语言学习帮助"不同语言和文化背景的儿童有效地获得适应现代社会的认知结构与情感结构,使其成为身心和谐、全面发展的社会成员"[①]。乡村中小学的语言教育唯有抓住这一主旋律,淡化"语言"作为圈定中小学生身份的功能,而将其作为发展他们认知能力的资源,不论是国家通用语还是地方语言皆是如此,才更有利于乡村学生的长远发展。

---

① 郑新蓉:《语言、文化与认知:少数民族学生教育质量若干思考》,《广西民族大学学报》(哲学社会科学版) 2013 年第 4 期。

(二) 完善国家通用语言、地方语言教育实施的人力、物力条件

如上文所述,乡村中小学国家通用语言、地方语言教育的开展,以促进学生发展为第一要义,为切实达成这一目标,需要在物力、人力等方面做好充分的准备。但笔者在 G 县考察中所收集的资料显示,现实与理想还有很大的差距:

> 我校已列为国家级"国家通用语言、独龙语教学"示范学校,1—3 年级教科书已到位,但是因缺乏具备这种教学能力的教师,便暂时搁置下来。日后,我校会根据校情,加强教师的培养,学校积极开展国家通用语言、独龙语教学,创建特有的独龙江教育示范学校,提高教育质量服务水平,形成自己的办学发展特色,让社会满意、让学生受益。①

这段文字可以反映出许多乡村学校在开展国家通用语言、地方语言教育中需转变观念及亟待解决的问题。在观念上,乡村中小学国家通用语言、地方语言教育的开展,其最根本的出发点不是学校的特色发展,也不是让社会满意,而是让乡村学生获得实实在在的发展,为其将来的良好生活打下基础。至于学校的特色发展与社会满意度不过是学生良好发展的副产品。这在上文中已有论述。考察资料显示,乡村中小学国家通用语言、地方语言教育同步实施中亟待解决的问题主要包括师资与教学材料两个方面。为解决这两方面的问题,首先需弄清这些乡村学校以学生发展为核心的语言教育需要什么样的师资?其次,什么样的教材才能满足学生发展的需求?

相较于普通授课教师,乡村中小学的国家通用语言、地方语言教师除须具备基本的素养之外,从更好地促进学生发展的角度来看,还需要具备的素养集中在两个方面:适宜的语言能力与出众的文化观照能力。第一,适宜的语言能力最基础的层面是要求教师精通国家通用语言、地方语言,并能够追求两种语言在"意"与"意境"层面的互通上做出努力,其最高级恰如匈牙利诗人裴多菲的名篇《自由与爱情》与其汉译版

---

① 2013 年 G 县 D 乡人民政府义务教育均衡发展自评报告。

"生命诚可贵，爱情价更高；若为自由故，两者皆可抛"（中国著名诗人殷夫译）之间在"意"与"境"两个方面的融通。第二，"适宜"一词还表达了一种发展性的语言能力。他们要具备对语言的一定的敏感度，因为地方语言教育不是将已经不被普遍使用的语言经过编辑而推广，而是本着把地方语言置于"变迁的生境"中接受现代社会诸因素的冲击与洗礼并浴火重生的态度，将具备生命活力的、集传统与现代于一身的地方语言传递给乡村中小学生。以 G 县 D 乡的独龙语为例。由于独龙语区长期的封闭状态，语言发展相对缓慢，语音、语法、语汇表现出较大的稳定性。随着社会交往的增加，逐渐从相邻的藏语、傈僳语中采借了一些词汇。中华人民共和国成立后，独龙语主要从国家通用语言中吸收借词，并开始出现大量关于政治、科学技术、生产工具和生活用品方面的新词汇，这是地方语言的发展，也潜在地表达了发展的必然性问题。第三，"适宜"还表达了对乡村社会语言生态环境的适应，既懂得"坚守"又能"思变"。乡村中小学双语教师的文化观照能力也包括两个方面：尊重乡村学生的母语与生活经验；引导乡村学生敞开心扉接纳外面的世界。让乡村中小学的国家通用语言、地方语言教育作为连接地方社会与主流社会的桥梁，而不是成为向生活世界的回归或走向外部世界的障碍。

乡村中小学国家通用语言、地方语言教育的开展还需合适的教材。首先，教材中的地方语言部分在保证基础性的语言学习之外，应包含区域内地方传统文化中的优秀部分。让学生在学习本地语言、文化及其所内含的生活智慧的同时，增进乡村社会的归属感。教材中的国家通用语言部分，应凸显中华民族传统文化的精华及当代和谐社会建构的价值观念，以此增进乡村中小学生的国家荣誉感，培育中华文化认同与国家认同。其次，教材要体现出地方性与公共性相结合的特点。地方性是为了不至于割裂乡村中小学生日常生活经验与学校教育之间的连接；公共性则是为了培养乡村学生公共精神和意识，为其日后的社会生活参与、行使公民权利、承担公民义务打下基础。

（三）语言学习应与文化的其他"扇面"相结合

乡村中小学国家通用语言、地方语言教育的开展可以采用的模式有很多种，结合文献资料的梳理与西南地区乡村教育的考察发现，主要有以下类型。第一，渗透型。渗透型的特征是在教育过程中以使用国家通用语言为主，只是在所教授内容的一些具体的知识点上，牵引出对应的地方语言表达，并先后用国家通用语言、地方语言这两种语言对这个知识点进行阐述。第二，插入型。插入型的特征也是以国家通用语言作为授课语言的主体，只是按照教学规划在特定的内容（或自行组织的主题）上采用地方语言进行教学。第三，交叉型。教师在授课中交叉使用国家通用语言、地方语言这两种语言：以汉语讲授为主，在学生理解了教授内容之后以地方语言进行补充解说；或者，以地方语言作为相关内容讲解的主要语言，待学生理解之后，辅之以适当的国家通用语言说明与解释。第四，过渡、并行型。这种类型的特征是，在学生入学伊始，教师采用地方语言授课，在讲授过程中点缀国家通用语言的表达并逐渐增多，最后过渡到某些教学内容完全采用国家通用语言授课。当然，在一些知识点上仍然会采用地方语言进行教学。第五，专修型。专修型是指在学校专门安排地方语言课程，根据课程表上的安排采用纯地方语言教学，而其他时间则全部采用国家通用语言进行教学。第六，合作型。合作型是指在某门学科的教学中，由两位教师分别采用国家通用语言、地方语言进行交替讲授，一位教师以国家通用语言主讲，另一位教师以地方语言配合讲授。第七，交互型。教师就相关知识点以国家通用语言（地方语言）进行充分讲解，让学生能够在这种语言下较好地把握所学习的内容，然后使用地方语言（国家通用语言）以互相提问、辩论、角色扮演等方式就之前学习的内容进行互动，使其在参与的、积极的课堂环境中提高语言能力。第八，缩减型。这种方式适合于地方语言基础较好的学生，其目的就是"替代"。教学过程中根据学生的语言习惯，完全采用地方语言授课，以后再由浅入深地逐渐加入国家通用语言，直至实现完全使用国家通用语言授课。

有地方语言背景的乡村中小学语言教育的模式一定不止笔者所总结的这八种，但就所有的模式而言，绝对不存在从"好"到"不好"的排列可能。具体到一所乡村学校，其所采用的语言教育模式，只有"合适"与"不合适"的区别。当然，笔者认为，不论采用何种方式，乡村中小学的语言教育都不能脱离文化生态的土壤，语言学习更不可脱离文化的其他"扇面"。地方语言的学习，不仅是学语音、记词汇、懂语法这些最基本的内容，而且要内化地方语言所内隐的思维方式与认知方式，继承地方传统社会传承已久的生存与生活智慧，给个体今后的生存与发展提供支点或借鉴。这样，地方语言的学习就应该扎根于乡村社会成员的生活世界，从乡土文学作品、音乐作品、风俗习惯等诸多方面汲取营养。此外，地方语言并不是以语音、语汇、语法等干瘪、枯燥的形态存在的，其呈现离不开优美的诗歌、寓言、音乐等形式。因此，地方语言的学习也离不开乡土文化的其他组成部分。另外，乡村学生对地方语言的学习若是依赖于专门的教材，那么，教材内容的组成则离不开地方的风俗习惯、饮食习俗、民间歌谣、神话传说、民间故事、谜语与谚语、创世史诗、民间科技等诸多方面的内容。若是将地方语言的学习穿插在各学科的教学过程中，对各学科的教学内容进行适度本土化改造也变得必不可少。同样，国家通用语言的学习也是如此。让乡村学生的国家通用语言学习建立在中华民族优秀的传统文化与现时代精神的背景之上，使语言的学习成为建立中华民族自豪感的路径与中华民族成员精神沟通的桥梁。

（四）发挥信息技术的语言学习优势

乡村学校信息建设的大力度，使得边远乡村地区的中小学生也能便捷地享受海量资源，对其成长的诸多方面均会产生巨大的影响，语言学习也是如此。当然，信息技术是一把双刃剑，在信息技术背景下乡村中小学生的语言学习也面临着不小的风险。以国家通用语言学习为例。第一，信息技术会带来严重的语言失范现象。在考察中经常会听到，乡村中小学生在说话时不经意地跳出的"尼玛""装逼""屌丝""傻逼"等网络流行语。第二，汉字书写不严谨。许多嵌入式广告随意更改习惯用语、成语等，以达到宣传、博取眼球的目的，诸如"一诚不变""咳不容缓"等，会给语言学习者带来不小的混乱，等等。信息技术在乡村中小学生国家通用语言学习中的这些问题亟待克服，当然，这些问题也不能掩饰其正向功能的发挥。

首先，信息技术可以为乡村学生构筑起良好的语言学习环境。通过信息技术硬件、软件及网络的支持，可以让乡村学生的国家通用语言学习从课堂、校外延伸到网络平台。而网络平台的互动性、娱乐性与自组织性，可以让学习者在轻松的环境与状态中，根据自身的国家通用语言水平自由调节难易度，真正成为学习的主人。其次，信息技术可以为乡村学生搭建语言交流平台。语言的功能之一就是交流，而交流也是人们学习语言的重要路径。多媒体信息技术所带来的语言学习者的交流是匿名的,这样的交流会让信息的"输入—反馈—输出"变得自由且无压力。对于乡村学生而言,使用国家通用语言与他人交流便少了一份害怕出现错误表达的尴尬,"敢说"就成为这一方式的最大利好,而"敢说"是学好语言的第一道门槛。智能移动终端——手机与5G网络的普及,更是让这种交流没有了空间、时间的局限,通过访问互联网、QQ、微信、电子邮件等让乡村学生可以随时随地与外界交流。最后,信息技术可以为乡村学生建立起语言理解通道。比如初中语文《荷塘月色》一文,其中有这样一段描写:

> 月光如流水一般,静静地泻在这一片叶子和花上。薄薄的青雾浮起在荷塘里。叶子和花仿佛在牛乳中洗过一样;又像笼着轻纱的梦。虽然是满月,天上却有一层淡淡的云,所以不能朗照;但我以为这恰是到了好处——酣眠固不可少,小睡也别有风味的。月光是隔了树照过来的,高处丛生的灌木,落下参差的斑驳的黑影,却又像是画在荷叶上。塘中的月色并不均匀,但光与影有着和谐的旋律,如梵婀玲上奏着的名曲。

这样一段对"荷塘月色"的描写,对于那些汉语功底尚浅的乡村学生来说,理解起来难度不小。教师若以口语复述这段话,则意境全无,学生也无法品味其中的真趣。教师若以信息技术复现荷塘月色的美景,伴着优美的古曲有韵味地诵出这段文字,必然能让学生在多重感官交织的"身临其境"中收获来自朱自清美文的熏陶。

二 地方传统文化进校园

乡村社会在自身的演进过程中会创造出地域特色鲜明的文化,而每一种文化都是中华文化共同体中不可或缺的一分子。一种文化表明了一种生活范式,内隐着世代累积下来的生活智慧,其在特定的天地系统中维持的生存的有效性诉说着"存在即合理"这一先验的话题,传递出作为乡村社会一员的中小学生需继承地方传统文化这一信息。对当下的乡村社会而言,外部交往的增加、融入国家主流社会的一体化进程推进,改变了哪怕是最封闭地区的文化环境，国家主流文化与其他文化共同的在场及与乡村传统文化、生态的共在，形成了乡村社会文化生态的新面貌。这种文化共生是文化发展的动力。当然，文化发展是由多种因素推动的，既包含政治、经济方面，也包含教育方面，但文化间的交往与冲突才是文化发展最直接的动力源。这种文化交往可能是跨时空的，如《尚书》所言，华夏文化"声教讫于四海"，也可能是建立在"生于斯且长于斯"的特定时空文化生态基础上的。因为"文化，不论其大小，一旦出现就必然会向外流布。如果没有文化交流，我们简直无法想象，今天的中国，今天的世界，文化会是一个什么样子，人民生活水平会是一个什么样子"[①]。故以文化共生为前提，建立文化间结构性对话与交流，某种文化借"融彼之长，弃己之短"，就可以实现自身的良性发展。

对于乡村学生来说，习得国家主流文化、了解其他文化十分必要：因为只有如此才能让乡村学生日后得以无滞地融入国家主流社会，以主人翁精神去享受权利、履行义务；才能使其与他人的交往建立在前提性了解的基础上，让彼此间精诚合作以图发展成为可能。

（一）教育空间的设计

基于乡村社会文化生态的教育活动的开展，首先需要对教育空间做出贴近当地文化生态的设计。教育空间设计的总体目标是文化生态适应性与文化对话的可能性：乡村社会多种文化（国家主流文化、地方传统文化等）的共生，中小学教育的文化立场必须坚持"一体"基础上的"多元"；国家主流文化与地方传统文化在乡村教育空间中的共在，文化交往与文化对话也不可避免。

一方面，维护国家主流文化价值功能的发挥与推动地方传统文化进校园的双管齐下，可以为乡村学校构筑起"合文化生态"的教育空间。通过对相关资料的整理与田野考察发现，许多乡村学校正对之进行积极探索：

> 从2007年起，贵州省黔东南州丹寨县中小学开启传统民间文化进校园活动。如丹寨民族高级中学的锦鸡舞、丹寨二中的传统武术大鼓操、丹寨三中的芒筒芦笙、扬武民族小学的锦鸡体操、扬武中

---

① 季羡林：《东学西渐》，河北人民出版社1999年版，第15页。

学的蜡染和芦笙舞、南皋小学的簸箕舞、石桥小学的古法造纸、兴仁中学的板凳舞等，经过近十年的努力，民族文化进校园已取得了良好的成果。

一是各种民间舞蹈得到了普及和传承。特别是扬武中学、扬武小学、雅灰小学等聘请了民间艺人担任指导教师，创作了锦鸡体操、古瓢琴舞、芦笙舞等，从训练教师和各班学生文艺骨干入手，再由班主任和文艺骨干把各种舞蹈体操带到班级，充分展示了苗族芦笙、锦鸡舞的独特魅力，使锦鸡体操、芦笙芒筒成为我县一道靓丽的风景。二是编印适合本地实际的乡土教材。各校充分挖掘本地区传统文化，凭借地域文化优势，收集整理编印出了独特的乡土教材，如丹寨民族高中的《乡土教材》、扬武小学的《乡土风情》、扬武中学的《苗族蜡染》等让学生在校园中领略到全县的民间优秀文化，激发了学生热爱家乡、建设丹寨的热情。三是各校根据学生的实际和爱好，开设各种民间优秀文化特长班，如扬武中学的民族蜡染班、芒筒芦笙班，扬武小学的锦鸡舞蹈班、苗族刺绣班，石桥小学的古法造纸班等，聘请了各地的民间艺人给学生授课，取得了良好的效果。四是自编自创了一组令人心醉的地方民歌。各校指派专人深入本地各村寨拜访民间歌手、艺人，采集民间歌词，由本校教师自编自创符合学校特点的各类民歌，如《苗乡校园》《来宾，我们欢迎您》《敬酒》《祝福》《送别》《苗家好地方》等。五是策划了一台风情浓郁的传统节目。各校精心挑选有舞蹈特长的教师配合民间艺人，对学生进行严格有序的训练，使锦鸡舞、木鼓舞、芦笙舞及苗族服饰时装表演等具有丹寨特色的风情浓郁的民间传统舞蹈在各地得到传承和发展。[①]

另一方面，国家主流文化价值观不仅通过国家课程体现出来，还在校园文化的布置中彰显出来，学生一进入校园便浸润在国家主流文化的汪洋之中，这对乡村学生的成长极为重要。

---

① 《贵州黔东南丹寨县开展民族文化进校园活动基本情况》，http://news.gzw.net/2016/0616/1156644.shtml。

经考察发现，许多乡村中小学在贴近当地文化生态的文化校园的构筑上付出了大量的努力。但是，这仅仅是第一步，解决了"有"的问题。为了使校园文化真正为学生的成长助力，还需在"用"上花大力气：在历史事件解读与问题分析中可以选用来自各种文化的案例；积极组织围绕不同文化背景得到的不同解读与观点的论题进行辩论活动；在教学实践活动中多以对话的形式展开；诱导学生对于"差异"的坦然态度；开展以乡村学生为主体的社会实践活动等。

（二）以互补的国家课程与校本课程打造乡村中小学课程资源

乡村中小学文化教育活动的开展依赖国家课程与校本课程的教育实施。校本课程多指向多彩的地方传统文化，国家课程则指向国家的主流文化，二者的相互支撑才能构建出符合当地文化生态的乡村少年成长资源平台。当然，二者结合的最理想效果是国家课程与校本课程的有机融合。从国家课程的角度来看，它作为国家主流文化传播的主阵地一直发挥着巨大作用，使乡村学生获得国家公民所必须具备的知识、技能、态度与信仰。地方传统文化校本课程则是乡村中小学文化教育的另一方面。就其功能来说，地方传统文化校本课程的开发及实施，首先可以使得乡村学生在发展中多些乡村性的成分，发挥"合格乡村社会成员"的培养功能。因为"合格乡村社会成员"的培养不仅需要主流文化的习得及价值观念的内化，而且需要地方特征的承袭。而地方特征的获得是以统一性为理论依据的国家课程和地方课程所无法实现的目标，必须依托扎根于地方传统文化、人文系统与自然风物的校本课程，尤其是在当下这个地方传统文化价值不断"被贬低"的社会背景下。因为原先由家庭及社会民俗活动完成的价值观、文化意识、生存技能与行为特征的熏染不得不依赖于学校教育，特别是以地方传统文化为蓝本的校本课程学习。其次，校本课程的开发与使用可以让地方传统文化在传承中保持生命活力。校本课程开发可以使已经消失、正在消失和现有的地方传统文化得到发掘和保护。同时，当地方传统文化进入国家主流文化主导的课程体系后，人们获得了一种更合理地审视地方传统文化的眼光，以充分发掘地方传统文化的独特价值，改变被动的传承方式，使乡村社会成员满怀乡土文化自豪感，以积极的姿态参与文化演进。另外，校本课程还可以激发学生调查、探索和体验地方传统文化的热情，对此一过程的反思及对文化基因的内化必然为地方传统文化的持续发展注入活力。因此，校本课程建设可以让学生从学校教育而不仅仅是生活这个单一路径去了解、熟悉乡土知识与乡土文化，从而增强学生的乡土文化认同感，留住乡土文化的根并维系其传承之血脉。再次，校本课程还具备主流文化反思功能。地方传统文化以校本课程形式进入乡村学校课程体系，实际上赋予了地方传统文化合理、合法的教育文化地位。国家主流文化作为受意识形态肯定并在全国范围内推行的文化系统，其与社会进步、经济发展的密切关切，表现出了一定的普遍意义，主流文化及其价值观念在乡村扎根，表达出社会整体对乡村社会经济生活发展的助力。但是从乡村社会及其成员的角度来看，良好的愿景却可能会带来颠覆性的结果。乡村社会的形成是由"很多不同血缘关系的氏族、部落乃至部族经相互间长期影响、融合，最后打破血缘关系逐渐形成以地缘结合的共同体，这是一个长期的历史过程"[①]，这样一个历史过程同样孕育了贴合独特天地系统的与国家主流文化可能差异显著的地方传统文化。两种合理性在地方传统文化课程化之后在学校场域内以平等的身份相遇，对话才成为可能，地方传统文化的观念体系与人生立场等可以为主流文化提供良好的反思。比如，乡土文化中注重人与自然和谐共生的理念和现实可以为一味地索取与无度地开发所造成的人与自然之间的"冲突"提供反思的视角；乡土文化中对"德性"的重视及教化方式的有效性可以为当下社会中利益至上的价值取向及整体风气下滑的现实提供反思与改进的借鉴；乡土文化中的文化本体意识可以为工具理性的文化取向提供反思的支点，等等。总之，给予地方传统文化以课程地位等于培育了学校内部的"合文化生态"立场，文化间相互碰撞、反思及借鉴的发展模式为国家主流文化的发展注入新的活力与触发新的生长点。

（三）培养合适的乡村教师

乡村中小学"合文化生态"教育的开展需要建立在一系列准备条件之上：首先是基于国家主流文化与地方传统文化打造合适的学校教育空间；其次是通过国家课程与地方传统文化校本课程建设构造乡村学生

---

① 马世雯：《主流与差异：同一民族文化的共性与个性》，《云南民族大学学报》（哲学社会科学版）2004 年第 5 期。

"合文化生态"的成长资源；最后是合格的乡村教育者的培养。前两者可以归为"物力"方面的准备，后者则是"人力"方面的准备。前两者之所以重要是因为"巧妇难为无米之炊"，后者之所以重要是因为相较于"物"方面的不足对乡村学生发展所产生的消极影响，"妇之不巧"则更甚之。那么，从乡村社会文化生态出发开展乡村中小学教育，必然需要能够通晓国家主流文化与地方传统文化，并能够建立起二者之间稳定连接的乡村教师。一般而言，这样的教师除了具备基本的教师资格与学科任教能力之外，还需要具备如下两方面的素质：

第一，乡土与地方传统文化认同基础上的浓郁乡土情感。乡村教师唯有具备了浓郁的乡村情感，才能唤起"助力乡村儿童成长"的责任意识，才能唤起其自身乡村社会融入的主观愿望，也才能唤起教师所应承担的地方传统文化责任。情感起源于认知，是外在事物对自身需要满足与否带来的态度体验，相较于情绪，情感关乎的是社会需求而非生理需求。乡村教师的乡村情感便建基于对乡村自然生态、文化现象、风土人情及乡村教育独特性等诸多方面深入而准确地把握，及乡村社会整体未来发展潜力预判与自身价值实现愿望的契合。乡村情感是中小学教师适应乡村教育生活的心理标尺，只有具备了乡村情感，具备了对乡村儿童发展及社会整体发展的责任担当，才能安心、踏实地从事乡村教育工作，乡村教育也才能有相对稳定的师资队伍。乡村情感是激发中小学教师创造性教育行为的动力系统：只有具备浓郁的乡村情感的教师，才会思考如何发展乡村教育，如何给乡村儿童更好的教育，提高乡村教育的质量；才能认识到乡村元素的教育价值，这是城市教育所缺乏的，是反思城市教育的基点，也是乡村教育之独特性所在，才能让乡村教育走上拒绝跟风城市教育的特色发展之路。乡村情感还是乡村教师人际交往、融入当地生活的通行证。具备了乡村情感的教师，才能以真诚的心态与乡村社会成员交往，接纳他们也最终被他们所接纳，使其个人成长与乡村社会交织在一起。

第二，乡村教师需具备"在地化"的学科教学胜任力。乡村教育的扎实推进，不仅需要依赖地方传统文化校本课程这一平台，而且应将地方传统文化融入各门学科的教学过程中，而这一目标的实现，必然要求乡村教师具备"在地化"的学科教学胜任力。比如，在中学语文教学中，在讲授唐诗宋词、现代诗歌的同时，穿插并对比讲解乡土神话故事、传说、诗歌、童话、寓言等（如 G 县 B 乡流传的塑造怒族少女高大形象的神话作品《猎神歌》、创世神话《高山和平地的由来》、反映人神关系的《猎人与女猎神》等），使学生在中华传统文化习得的过程中可以体会到地方传统文化的精彩，对其乡土自豪感的养成及乡土、地方传统文化的认同极为重要。又如在初中物理教学中，"发电"原理也许会让许多学生摸不清头脑，教师若能结合隐藏在日常生活中的民族科技案例进行讲解（比如，在 G 县 D 乡考察时，发现了村寨中简易的水力发电装置，见图 5-2），则可能会取得意想不到的效果。再如初中化学相关知识点的讲授，若能结合乡村日常生活离不开的酿酒、染布等，学生的学习自然会轻松自如。总之，乡村中小学的教育实践需要在国家主流文化与地方传统文化之间寻找到合理的关联点，并能够依据此点铺陈开来，这也是乡村中小学教师"在地化"的学科教学胜任力的表现。

图 5-2 简易的水力发电机

三 扎实地开展公民基本素养教育

国家主流文化在乡村社会中发挥着越来越大的作用,经济一体化的进程也加速了乡村社会对国家主流社会的融入,主流文化的认知水平自然成为影响乡村学生未来生存、生活的重要因素。因此,乡村中小学积极开展公民教育是极为必要的:它与乡村学生个人发展有关;与乡村社会的长远发展有关;更与社会主义和谐社会建构有关。正如 Will Kymlicka 所说:

> 在美国,人们对投票选举日趋冷淡,长期依赖福利;在东欧,民族主义运动风起云涌;在西欧,因人口中多文化和多种族与日俱增而关系紧张……依赖公民资源合作的环境政策无功而退。这表明,一个现代民主国家的健康和稳定,不仅依赖于其基本制度的公正性,而且依赖于其公民素质和态度。例如,他们的认同意识;他们对不同民族、地区、族类和宗教的认同形式和有可能相互比拼的看法;他们容忍与自己不同的人并与其共同工作的能力;他们为了促进公共利益,参与政治进程的愿望;他们在经济需求上和在影响自己与环境健康的个人选择上表现出自我克制和履行个人责任的意愿;他们对资源分配的公正与公平观念。[1]

公民教育在乡村学校开展的主要平台是《品德与社会》课程(小学,中学是《政治》),其直接目标是乡村中小学生公民素质的提高。通过教育,让他们获得有效参与社会公共生活所必须具备的知识、态度和技能。

(一) 开展公民社会基础知识教育

乡村中小学公民教育的开展,最基础的内容就是让乡村学生了解社会生活中的各种规范,及作为中国公民所应具备的道德、法律和政治知识。

第一,道德、规范教育。1991 年,依据中国正式颁布的《小学生守

---

[1] [加] Will Kymlicka:《多元文化的公民身份——一种自由主义的少数群体权利理论》,马莉等译,中央民族大学出版社 2009 年版,第 248—249 页。

则》制定了《小学生日常行为规范》，后对此规范进行了修订，从 2004 年 9 月 1 日起开始执行《小学生日常行为规范（修订版）》，其内容更简洁、干练，共 20 条。与此同时，还同步制定了《中学生日常行为规范》。通过对规范的学习与践行，加强对中小学生的行为训练，促使其养成良好的行为习惯。乡村学生也不例外。除此之外，乡村中小学还应结合《品德与社会》（《政治》）及其他学科的学习加强对学生的道德教育，使其可以掌握社会生活中发挥巨大作用的基本道德规范，如有礼貌的行为、集体的观念、对他人的尊重、有爱心、有对弱者的同情心、与他人交往中的诚信、对自己义务与职责的担当等。乡村学生学习这些道德规范，并将其转化为自身的判断能力和行为能力，以求真、向善、为美等为标准指导自己的日常生活，不仅能为个人发展营造良好的人际环境，还有利于和谐社会的建构。

第二，公民政治基础教育。一般来说，乡村学校开展公民政治基础教育，不是培养政治工作者的教育，而是企望通过这种教育让乡村学生了解社会主义国家的政体与国体、社会主义民主的意义与作用，形成民主观念，过民主的生活，行使自己的民主权利并尊重他人的权利。具体来说，乡村学校开展的公民政治基础教育包括三个方面的内容：爱国主义教育、基本政治制度教育、特定时期的政治形势与任务教育。爱国主义教育是一个渐进的过程，乡村学生爱国主义情感的形成不是源自课本中"爱祖国、爱人民、爱社会主义"的教条，更不是来自政策宣传、说教与灌输。乡村学生对国家之爱的情感基础是对家乡山水风物、习惯风俗、文化传统的爱，是对身边人——父母、亲人、老师、同学的爱。然后通过爱国主义教育所阐述的社会主义国家的优越性、乡村社会与国家血脉相连的关系，将"小我"的生命与社会、国家紧紧相连，爱国的情感才可能产生。基本政治制度教育与时事政治教育则是让学生了解国家的政治制度与大政方针，培养其理性参与政治生活的能力。

第三，公民法律基础教育。法律与道德不同，它是维护社会稳定的底线。通过法律基础教育，使乡村学生可以做到初步的知法、懂法、守法，具体来说，包括以下内容：

> 讲授宪法、国家和地方的有关法律与法令政策以及法学基本知

识，使学生懂得社会主义法制的思想和原则，公民权利和义务，使学生懂得法律的性质、意义和作用，使学生了解人人都享有法律上规定的各种权利、义务和责任，懂得运用法律保护自己；培养学生辨别是非的能力，养成遵纪守法的品行；树立法律面前人人平等的观念，懂得维护宪法和法律的尊严，培养学生不畏强暴依法办事的意识，敢与违法现象和犯罪分子斗争。[①]

当然，上述三个方面的教育不应是空洞地照本宣科，而应结合乡村社会生活的实际情况及可能出现（或已经出现）的问题展开，才会更有趣、更生动，也才能取得更好的教学效果。

(二) 培养乡村中小学生的公民意识

乡村学校公民教育的开展，以公民社会基础知识掌握为基础，这些内容多是"事实性的"，使得乡村学生知道作为中国公民应该了解什么、知道什么，需满足什么条件。但是，公民教育决不能止于此，否则，知识、态度与价值观三位一体的公民教育终难逃离以灌输的方式教授"清规戒律"的命运。因为事实性知识的传递不是公民教育的最终目的，这里的规范、道德、法律等对人的约束不应仅来自外部力量，更不能根据外部力量的强弱来决定个人应遵守的规范水平。乡村学校公民教育的开展需要在基础知识传递的同时，引导学生去理解、思考，继而能够接受、认同，将客观存在的事实性知识化入学生的头脑中，变成其个体意识，成为外在行为表现的先导。

首先，通过公民社会基础知识学习，培养乡村学生的公民责任意识。家长示范、学校教育、社会实践三方合力以培养乡村学生的责任意识：形成健全的人格，使其拥有健康的心理品质和良好的道德判断水平；在情感方面，树立良好的社会责任感、集体荣誉感、事业进取心；在政治态度方面，关心国家大事，热爱社会主义制度，拥护国家统一；在法律意识方面，懂得维护社会主义法律的尊严，树立护法、守法的态度与决心等。其次，通过公民社会基础知识的学习，培养乡村学生的权利意识：知道宪法和法律所赋予个体的权利，并能够以积极的态度和立场维护自

---

① 朱晓宏：《公民教育》，教育科学出版社2003年版，第61页。

身的权利;知道如何行使自身所具有的权利,当权利受到侵害时,了解依法捍卫自身权利的方式;在行使自身权利的同时,不能危害他人所具有的权利。

乡村学生通过接受公民教育,在掌握公民社会基础知识的同时,培养了自身的公民权利与责任意识,让自己真正融入这个社会大家庭,从外表到内心与社会、国家融为一体,并力求在个体发展与国家发展的同向中发现并实现自身的意义与价值。以此为基础,正确处理学习、工作、理想、友谊、事业、幸福等人生课题。

(三) 提高乡村学生的公民行为能力

乡村学校开展公民教育,其终极目标是提高乡村学生的公民行为能力。公民教育不能停留在书本中的条条框框上,也不能止于或清晰或模糊的、唯唯诺诺的公民意识在头脑中的觉醒。知识的学习、公民意识的觉醒不过是手段,通过它们并转化为日常生活中对责任的勇敢担当、对个人权利的有效争取才是公民教育的旨归。

乡村学生公民行为能力包含两个层次的内容。首先是在忠实执行层次上,即乡村学生以道德、行为规范的接受、政治基础内容的学习及法律法规的了解为基础,积极承担作为中国公民所应承担的责任,能够对损害自身权益的行为说"不",以合理合法的方式维护自身权利。其次是在反思性执行层次上。达到这一层次,乡村学生便能够在习惯化地忠实执行基础上具有一种自由思考、自主意志的批判能力。能够从政策合理性反思、问题如何得到更为妥善的解决、人们如何可以生活得更好等方面出发,展现出一个负责任的国家公民的形象,这是从更高的层面上表达了自身的权利意识与责任意识。因为现代社会的发展决不能依赖"唯上""权利迷信"、被动接受外力约束的"顺民",国民主体意识和权利意识的丧失虽可带来表面上的一团和气,但其背地里的藏污纳垢是对社会良性发展的更大戕害。

总之,乡村中小学公民教育的开展,其主旨是提高其公民行为能力,而这一主旨也表达出公民教育的实践指向性。实践性公民教育自然离不开在实践中开展教育的方式,故此,公民教育也可以理解为在实践中、通过实践,当然也是为了实践的教育。结合乡村社会的实际情况,通过公民教育,促进乡村学生公民性的不断成长,才能使其个人获得应付未来生活的本领。唯有如此，教育才真切地表达了助力乡村学生发展的内涵。

四 实施经济素质教育

社会主义市场经济的发展，将人们链接入一个庞大的经济网络之中，即使是生活在最边远地区的乡村社会成员也已不能完全地维持自给自足的生存状态，与他人发生经济关系已成为一种常态化的存在方式。"生活中处处都进行着经济活动，人人也都时时参与着经济活动。人人都要考虑资源的有效配置和利用、每个人几乎每天都进行着消费、货币与物的交换、商品的生产等活动。"[1] 在这些经济活动中，人们扮演着生产者、消费者、投资者等多种角色，经济素养就是这些角色背后个体对决定性力量的理解与掌控能力，这会在很大程度上影响人们的利益获取量，从而影响其生活质量。相对于市场经济比较成熟的中东部地区而言，乡村社会成员（特别是在笔者调查的边远乡村地区）的经济素质整体偏低，这体现在理财能力与家庭经营上，也表现在经济思维能力方面，更表现在经济决策能力上。因此，对于乡村学生来说，在基础教育阶段加入经济素养教育，使其可以在经济知识、经济能力、经济价值观等方面打下一个良好的基础，这对其日后发展与家庭生活水平的改善将起到巨大作用。

当然，乡村学校经济素质教育的开展，还源于乡村社会成员对现代经济社会融入的需求。全球化趋势与蓬勃发展的信息技术加速了经济一体化的形成，也在一定程度上弱化了地区甚至是国家间的界限。乡村社会的发展不能脱离国家整体发展的环境背景；乡村社会成员的发展更需要现代经济社会的融入。但是，从实际情况来看，一些乡村社会成员经济素养的缺失，致使其在现代经济社会融入方面出现了巨大的障碍。

（一）完善经济素质教育的保障条件

乡村学校经济素质教育的开展需要一系列保障条件：较为明确的目标体系；具有地方特色的教材；合格的师资；时间保障，等等。只有具

---

[1] 郭青青：《美国中小学经济教育研究》，硕士学位论文，华东师范大学，2011年，第64页。

备了这些条件，经济素质教育才不是随心所欲地讲解，而是有着明确目标指引的正规教育；才不是对碎片化的经济知识浅尝辄止地学习，而是结合一般原理与地方特色的体系化教学活动。

第一，三维目标体系建构。《基础教育课程改革纲要（试行）》明确提出了知识与能力、过程与方法、情感态度与价值观这一教育三维目标体系。乡村学校经济素质教育亦不能例外。经济基础知识、经济学思维方法、经济价值观念等缺一不可。一是知识目标。主要了解以下四个维度的基本概念与常识性知识：货币与交易（如日常支付、开销、货币价值、银行卡、支票、银行账户等）；规划与理财（学生对个人收入和资金进行短期和长期的计划及管理等）；风险与回报（对获得的可能的资金收入或损失的理解力，以及认识到多种管理、平衡和抵御风险的方法及能力）；金融环境（认识到个人的经济权利和义务，以及金融合约的主要含义等）。[1] 二是在经济学思维能力方面。学生能够依据相关问题中所涉及的经济信息、背景环境信息去相对准确地评估经济问题，并做出较为科学的决策。三是经济价值观。如合理的金钱观；经济活动中公平公正、诚实守信的原则；绿色、可持续的经济发展观等。当然，不能将三维目标割裂开来，在经济知识学习的同时发展经济思维能力，培养良好的经济价值观。

第二，适切的课程内容建构。教材的开发是经济素质教育开展的凭借，乡村学校经济素质教育若想取得良好的效果，就必须有内容体系适切的教材。"适切"一词，在此处表达两个方面的含义：一是与中小学生认知水平相适切；二是与乡村学生的生活经验相适切。因此，教材内容要避免过重的理论性，与经济学专业学习区别开来，应具有浓厚的生活性，用贴近生活的案例承载经济知识。唯有如此，学生学习才会有基础、有兴趣，也才会取得较好的学习效果。

第三，有序的师资培训。乡村学校开展经济素质教育的另一障碍是师资问题。从整体上看，现有的中小学教师在经济素养上存在短板，即使是与经济素质教育最接近的政治（小学为社会）课教师，也因为自身

---

[1] 杨玉东、陆璟：《PISA 2012测试新领域"财经素养"的动向和启示》，《上海教育科研》2012年第10期。

教育经历的原因,而难以满足经济素质教育的需求。所以对现有师资进行有序培训,是解决这一问题的最直接的途径。首先,对经济素质教育专职教师的培训可以采用中短期系统培训加日常研习的方式,丰富其经济学知识,扎实其经济学理论功底,便于授课时可以"深得下去"。其次,对全体教师进行经济学知识普及,在继续教育中加设经济学通识课,提高其经济素养。学生经济素质的提高与各科知识的学习均有密切的联系,若能在专门开设经济素质教育之外,将学生经济素质教育融入各科的教学中,各科教师在涉及相关知识点时,予以提点和说明,更能达到"润物无声"的效果。当然,还有一点也是不能忽视的,即在未来乡村教师培养过程中,应加强经济学知识的教育。

第四,课程性质:必修课。从中国基础教育运行的实际情况来看,九年义务教育政策在未来几年里仍会继续推行,这意味着升学压力依然存在,更意味着有多数人在结束了九年义务教育之后将失去升入高中继续学习的机会。升学压力让中小学经济素质教育必须以必修课的形式存在,否则,势必被淹没在语数外等学科的"阴影"之下。另外,必修课必然需要考核,以考核合格作为毕业、升学的必备条件,实则为乡村中小学生经济素质教育质量保障提供了外在的牵引力。所以基于经济素质对于乡村社会成员个体发展与乡村社会整体发展的重要价值,加上中国基础教育的特殊情况,乡村中小学开展经济素质教育需以必修课的形式存在。

(二)选择恰当的教学形式

经济素质教育的生活实践指向性及中小学生认识与思维方面的特点,使得教育实践不能局限于课堂中照本宣科的方式。引导学生走向实践,在实践中内化书本中的知识、感受经济活动的规律、思考经济问题的化解之道,可能对乡村学生经济素质的提高有着更好的效果。

第一,注重理论学习与实践操作的结合。在传统的中小学课堂上,倾听教师讲解与分析是学生获取知识的主要方式,鲜有学生通过自己的实践、思考、操作去掌握知识的机会。但对于经济素质教育这门原本就偏向于实践、生活的课程,不可走入传统的俗套,否则,生动、生活且趣味十足的课程将变成枯燥的理论学习。例如,学生在课堂上学习了交易、理财等内容之后,可以利用假期组织一场"卖冰糕筹集经费,探望孤寡老人"（冰柜由学校解决）的爱心活动，并以这一活动的成功与否作为学期考核的重要部分。在活动中，学生需要独立完成一系列经济行为：批发冰糕（需和批发商洽谈，最终以售完付款的方式结束）；考查冰糕市场价格；定价；确定摊位地点；销售冰糕；记账；合理规划经费（根据计划探望的孤寡老人的人数）；购买慰问品，等等。在整个过程中，学生还会面对环境（顾客随手扔掉的包装纸），求助者（可以事先安排）等方面的问题。当活动完结之后，学生不但对所学经济学知识掌握得更加深刻，而且地点的选择、售价的标定、经费的规划等更培养了学生经济学思维方式。另外，售完付款的方式让学生内化了诚信原则；环境问题的妥善解决有利于帮助学生树立绿色经济的理念；对有需要者提供帮助，有利于净化学生的金钱观；扶危助困的经济行为，受到帮助的孤寡老人赞许的目光和言语会在学生心里埋下"个人成功需回报社会"的种子。

第二，加强学校教育与经济组织的合作。中小学的经济素养教育有赖于成熟的经济组织在资金和信息等方面的扶持，这样才能更好地发展。[1] 因此，乡村中小学在开展经济素质教育时可以与当地的经济组织（如企业、银行等）建立起有效的联系，增加学生亲临经济活动现场的机会，通过替代性地体验他人在经济活动中的表现，获得具有良好经济学素养的成人面对面的指导。同时，这种真实且具有一定压力的场域，更能激起学生学习积极性与面对挑战的勇气，自然也会取得良好的学习效果。例如可以开展"我是小小销售员""快乐的小经理"等学习活动。当然，除了引导学生走出去外，也可以邀请经济学专业人士深入学校开展主题讲座。这些人通常具备较为扎实的经济理论知识与丰富的实践经验，当他们以通俗的语言阐明经济理论并辅以生动的案例时，必然会取得更好的教育效果。

第三，结合经济常识，开展研究性学习。在课本规定的知识框架下，在教师的积极引导下，从学生的兴趣、爱好、特长出发，开展研究性学习活动，不但有利于经济素质教育目标的实现，而且可以通过学生学习潜能的发挥，激发出创造活力。在乡村中小学经济素质教育中，开展研

---

[1] 高佳：《美国中小学经济素养教育研究》，硕士学位论文，华东师范大学，2007年，第39页。

究性学习活动，其主题选择应坚持两个原则：其一，生活经验的相关性，若选择的研究性学习主题脱离了学生的生活经验，注定会增加解释的难度，更会弱化学生的参与热情。其二，热、新、小原则。热，最好引导学生选择当前经济生活中的热点问题；新，要引导学生选择新颖的课题；小，选题宜小不宜大，这样学生可以集中精力对问题进行深入研究，而且容易获得成功的体验。① 诸如"家庭消费结构调查""地沟油——为何上了餐桌""青山绿水哪里去了"等问题，对于乡村学生来说很熟悉，也容易被忽视，而这些问题的解决对其经济学知识、思维与价值观等诸方面均能产生积极的影响。

第三节 "校本化教学"应成为重要的实践形式

"如果我们明白了一定的植物、动物乃至人类都是与其环境相互作用千年、万年、亿年、亿万年的位育结果，我们就不会要求单方面适应，就不会武断地改造或者征服什么。"② 人的发展中有一个"适应"的问题，即"适应什么"及"如何适应"的问题。"适应什么"讨论的是适应的内容，有"新"和"旧"两个方面。对于乡村学生的发展而言，"新"通常是社会发展、社会交往增加所带来的东西，是乡村社会"从无到有"的东西，人们一般将其看作乡村社会发展的表征。乡村学生对"新"的追求是"放眼看世界"的胆气，但"求新"也有其弊端，它会诱导人对"旧有"的抛弃，陷入对"新"的不断追求中，反映在教育中就是不断"趋同"的趋势。"适应"之"旧"的方面，对乡村学生而言，即本地区历经千百年的努力，在特定的天地系统中形成的处理人与自然、人与自身、人与他人、人与神等关系时形成的相对稳定的知识系统，反映在乡村学生的发展及乡村教育中即是对乡土性的坚守。因此，乡村学生的发展既不能"唯新"，也不可"守旧"，而是要因时、因地地维持"新"与"旧"之间的平衡，这种平衡就是乡村社会文化生态之"位"的理想状态。从"此位"出发，对乡村学生实施与此"位"相适应之

---

① 王玉崑：《结合经济常识教学开展研究性学习》，《教育科学研究》2002 年第 10 期。
② 张诗亚：《回归位育——教育行思录》，西南师范大学出版社 2009 年版，第 18 页。

"育",才能实现"遂其生也"之目标,恰如四川安县桑枣中学叶志平校长所做的那样。

> 2008年5月12日,四川大地震发生时,绵阳市安县桑枣中学2300名师生在1分36秒内,全部从教室安全撤离到操场,毫发无损!55岁的校长叶志平从绵阳赶回后,看着师生们按平日演习一样有序列队,泪水盈目。是他,用三年时间四处化缘得来40万元,将一栋栋旧教学楼加固;是他,自2004年开始,每学期组织学生进行紧急疏散演习。他"一意孤行"地坚持做这两项工作,拒绝任何异议。震后,他被网友们昵称为"史上最牛校长"。对这个称呼,他一笑了之。他这样为自己下定义:"好人算不上,坏人不够格,但我是个有良心的人,我勇于承担责任。"①

据记者对叶志平校长的采访内容,进行"紧急疏散演习",一是受到在上海考察中对某学校"消防演练"的启发;二是出于对学校地理位置处在断裂带这一事实的认识及由此而产生的防范特定灾害的意识。叶志平校长的事例对乡村教育发展有着重大的启发意义:首先,乡村教育发展切不可照搬城市模式,不能追随城市教育发展的轨迹,对其中看似正确的东西也不能简单地复制,而是要在对自身的教育空间及此教育空间对教育提出的独特要求充分把握的基础上,因地制宜地开展有针对性的教育活动;其次,好的教育不能定义为忠实执行大纲、课程标准、教材所规定的内容,也不是赤裸裸地、功利性地应试以考取清华、北大为唯一目标,而是要促使在其运行的土地上生长出和谐健康的人。因此,乡村教育的开展必须扎实地推进"位育",必须从当下的文化生态出发,探索自身发展的合理方向与路径,教育实践的校本化探索便是一种尝试。

一 教学内容"地方化改造"以适应乡村社会的文化生态

乡村教育的校本化探索,首要一点即是教学内容的地方化改造,这

---

① 《对话安县桑枣中学校长:学校利益高于一切》,http://news.qq.com/a/20080530/002288.htm。

与一般意义上所谓的校本课程的开发与实施有极大的不同。第一,载体不同。地方传统文化校本课程的开发是教材重新编订的过程,是以课程编制专家、学校教师与乡土文化传承人等为主体,从地方传统文化中筛选出有代表性的"点",并将其分属到教材结构体例的不同门类下,从而形成的规范文本。乡村教育中教学内容的地方化改造则不同,它不是重新编订教材,使用国家课程即可,其真正的载体是深谙乡村社会文化生态的教师,他们具有良好的国家主流文化修为,并精通当地的传统文化,教学中依据自身对知识点的理解灵活地从地方传统文化或国家主流文化中选择恰当的支撑材料,这不但可以提高乡村学生对知识的接受能力,而且可以让他们在自然而非刻板、生动而非凝滞中接受当地文化生态的熏陶。第二,立场不同。地方传统文化校本课程的开发与实施,处在以国家主流文化为主体的课程体系之外,这给人最直接的观感是地方传统文化在与国家主流文化"争抢地盘",二者并立而缺少沟通与交流。对于乡村教育的校本化教学而言,则表现出明显的"融通"立场。就其载体而言,深谙乡村社会文化生态的教师,其自身就体现出地方传统文化与国家主流文化的融通潜质,教师的驾驭力更是直接地表现为自由选取文化资源促进乡村学生发展的能力。第三,所呈现的地方传统文化内容不同。以地方传统文化校本课程为载体而呈现的乡土文化是"颗粒状"的,仿似以大碗装盛的颗颗珍珠,每一颗都很耀眼却无法变成高贵的项链。而乡村教育的校本化改造,以教师为载体,让学生在接受教育的过程中可以感受、体会到文化的外显层面与缄默层面,只有这样,乡村学生接受的地方传统文化才不是"珍珠",而是"珍珠项链",将那些"珍珠"串起来的正是地方传统文化中缄默层面的内容。从当前的实际情况来看,正是"教育传承中缄默知识被忽略与漠视,及教育过程中的紊乱,才导致教育传承流于虚假的表演,导致传承效率的低下及传承效果的南辕北辙"[①],使地方传统文化教育传承陷入困局。

正因如此,从乡村社会文化生态出发,关注乡村学生的发展,真正实现"位育"的目标,不能止于"校本课程"的建构及实施,应该在乡

[①] 么加利:《缄默知识视域下少数民族文化的教育传承研究》,《内蒙古社会科学》(汉文版)2016年第4期。

村中小学教育"校本化"理念上，以教师为载体实施课程内容的地方化改造。改造的根本是将乡村元素融入各科教学，或者说，让乡村中小学各学科教学具备乡村特征。笔者访谈过一位在 G 县 D 学校支教的 L 老师，他教授的学科为四年级语文，透过访谈可以看出他对地方传统文化及其价值的认可与赞赏，而他自己在支教之余，也会走访一些村寨，搜集并整理出一些当地的文化资料，使用于自己的教学中，并以《幸福是什么》这篇课文的教学为例进行了说明。课文以三个小伙伴挖小水井的故事为起点，通过"仙女"之口提出"幸福是什么"的问题。对于这个问题，三个小伙伴选择了三个不同的方向去寻找答案，最终，找到了答案：幸福要靠劳动，要靠很好地尽自己的义务，做出对人们有益的事情。在教这篇课文时，他结合了当地《鱼姑娘的故事》：

> 从前，独龙江畔住着一个孤儿，他的生活十分贫苦，靠打猎、捕鱼为生。有一天，他在河里捕到一条半腐烂的鱼，就把它丢入水桶里，没有吃掉。此后，每当他打猎归来，就发现火塘边已经摆好了热腾腾的饭菜。孤儿感到很奇怪，决定把这件事情弄个明白。一天，他一走出家门，就急忙躲藏在屋外，悄悄地观察屋内的动静。正值中午时分，只见那条鱼扑通一声跳出水桶，脱去鱼皮挂在墙上，立刻变成一个漂亮的姑娘。孤儿高兴得心怦怦直跳，急匆匆地跑进屋内，把挂在墙边的鱼皮丢进火中烧毁，并请求姑娘与他结为夫妻。鱼姑娘答应了孤儿的要求，并变出了房屋、猪、羊、牛、鸡来，与孤儿一道辛勤劳作，过着美满的生活。有一天，孤儿上山打猎去了，家里突然来了一个女人，自称是孤儿的嫂嫂。她故意把鱼骨头藏在头发里，叫鱼姑娘为她梳头。鱼姑娘发现了鱼骨头，大吃一惊，害怕自己也会被人吃掉，便悄悄地跑到河边，跳入水中去了。等到孤儿回家，已不见鱼姑娘的踪影。他东寻西找，来到河边失声痛哭。这时，一只小青蛙跳到孤儿身边，问孤儿："朋友，你为何这样伤心啊？"孤儿把妻子丢失的情况一五一十地告诉了青蛙。青蛙问孤儿："你有豆子吗？"孤儿答道："有一点。"青蛙又说："那你把豆子炒了，拿来给我吃，我就能帮你找到你的妻子。但是有一点，当你见到鱼姑娘时，千万不能笑。"孤儿答应了。青蛙吃饱了炒豆子，就跳

入河中，不一会儿，就把河水都吸干了。这时，只见鱼姑娘正坐在河底织布呢。孤儿见到自己心爱的姑娘，忘记了青蛙的劝告，乐得哈哈大笑。孤儿这一笑，青蛙也忍不住笑了起来，把肚里的水都笑出来了。从此，孤儿再也见不到鱼姑娘了。孤儿哭啊哭，哭干了眼泪，人也渐渐消瘦下去。最后，孤儿变成了"斗拉木波"（一种常栖息于江边的白色的鸟），思念着失去的妻子。[1]

将这则故事与课文内容进行对比讲解，可以让学生对于"什么是幸福"的认知变得更为具体而生动：幸福依赖自己的努力，需要有一颗善良的心灵，还需要克服障碍去守住（孤儿辛勤地打猎、捕鱼，而后获得鱼姑娘的钦慕；三个小伙伴学做医生以救人、勤恳地做着对他人有益的工作、耕种土地养活多人；作为恶势力代表的"嫂嫂"的形象及孤儿找到鱼姑娘时大笑中的"得意忘形"等均是幸福的敌人）。幸福首先是自己的幸福，而后才是帮助他人的幸福体验（孤苦伶仃的孤儿所追求的美好生活与温暖家庭是向往个人幸福生活的最好例证；三个小伙伴在挖小水井滋养树木、小动物及他人中所获得的积极情感体验，则表达了帮助他人也是一种幸福的意思。这两种幸福以前者为基础，方可避免"毫不利己、专门利人"的空洞与乏力）。

另外，在课文《幸福是什么》中穿插入《鱼姑娘的故事》，因其取材于乡村学生的日常生活，学生对于这则故事便会更觉得有亲和力，经过老师的讲解便能够对幸福的含义有更深入的把握。对于如何获取幸福，这两则故事也给出了答案：一是勤劳；二是智慧。不论是辛勤劳作的孤儿还是不惧辛劳地织布与操持家务的鱼姑娘，抑或是努力学习知识以强大自己，都表达了通过汗水的付出在自己的领域里开出幸福之花的意思。"仙女"作为智慧的化身，并没有对三个小伙伴直言"幸福是什么"，而是鼓励他们自己去探索与发现，在这一过程中，他们收获的不仅是问题的答案，也是智慧，以智慧的方式生活。这些内容恰是这位 L 老师渴望通过自己的教学，让学生领悟的信息。

以教师对于乡村社会文化生态的理解为基础，将课堂教学内容与当

---

[1] 根据 L 老师提供的文本整理而成。

地文化生态中相对应的部分有机结合起来,共同滋养乡村学生的发展,必将会更有力,只因其实实在在的生活指向。如在小学四年级《品德与社会》(由 L 老师兼任)的教学中,从教材的单元主题、版块主题与具体内容三级标题体系上看,多数内容的教学均需要依赖生活、回归生活。例如,"做聪明的消费者"主题的主要内容包括:了解本地方的商业场所,知道各类商品购买的地方;调查、比较商品的不同价格,学习选购商品的知识;开始具有独立地购买简单生活用品和学习用品的能力;具备初步的消费者自我保护意识;知道家庭经济来源的多种形式,了解家庭生活的必要开支,学会勤俭节约。又如,"我的绿色日记"主题有以下内容:了解家乡生态环境中的一些问题,探究产生这些问题的原因及危害;知道人们的行为对环境所造成的影响;明白保护环境是每一个人的责任,初步树立环境保护意识;主动参与力所能及的环保活动。还有其他主题,如"有困难我不怕""我们的快乐大本营""公共生活讲道德""祖国真大"等均可以从乡村社会的文化生态中寻找资源,即使是那些看似更高深的价值观方面的内容,如"诚信是金"主题,也能够在当地的文化生态中找到支撑材料。

G 县 D 乡流传的《说谎的狗》这则故事道出了撒谎者的下场:

> 古时候,猪和狗生活在一起,而且能与人说话。猪很勤快,整天在地里劳动,用嘴巴翻动土块,耕作土地。狗很懒,它不但东游西荡,还嘲笑猪说:"你那么卖力气地干活,主人只给你吃苞谷皮和野菜。我呢,只为主人看守门户,却跟主人一道吃好东西。"猪一听,火了,它想,原来是这么回事儿,以后我不干活了,让主人自己干吧。于是,猪便跑到树荫下睡觉了。狗看见猪不干活了,就急忙跑去对主人说:"猪整天只想睡觉,什么活也不干。不信,你快去瞧。"主人一看,果然如此,就把猪杀了。可是,主人不久便发现狗经常撒谎,只贪图嘴巴上的便宜,就把狗的舌头割去了一半,狗就不会说话了。①

对于如何为人,告诫人要保持谦逊的品质,则由《老虎同火赛跑》

---

① 根据 L 老师提供的文本整理而成。

体现出来：

> 从前，山里有一只狂妄自大的老虎，它以为天底下再没有什么东西可以敌得过自己了。一天，它来到山坡上的一堆火苗旁，要同火赛跑。火同意了，可是，火却一动不动。老虎便问火："你怎么还不跑呢？"火说："我等大风，大风一吹，我们就开始赛跑。"老虎同意了，因为它不相信火会有什么本事，便吹吹胡须，显出一副满不在乎的样子，在草丛里躺下休息。忽然，山坡上刮来一阵大风，吹得山坡上的草丛像河里的波涛一样翻滚。这时，老虎抢先拔脚就跑，可是，火乘风势，一会儿就窜到老虎的前面，将老虎严严实实地包围起来。在熊熊的烈火中，老虎来不及叫唤一声，就被活活地烧焦了。①

在当地社会中还有很多类似的故事，只因为缺少升华的过程而淹没了其育人功能。另外，这些故事仅仅是乡村社会文化生态的冰山一角，还有像音乐、舞蹈、建筑、民间科技等内容也都可以"化"入中小学诸多学科的教学过程中，成为他们成长资源的重要组成部分。当然，要想"化"得进来、"化"得自然、"化"得顺利，使书内书外的内容融为一体，关键在于"化"的执行者——深谙当地文化生态、具备文化敏感性、有创造取向的教师。这种教师应具备什么样的素养，以笔者在考察中的一段感悟加以表达：

> 教育对于一个人影响的大小，不在于是在宽敞明亮的大楼里，还是在低矮阴暗的茅草屋里；不在于有多少先进的教学设备，还是仅仅依靠凹凸不平的黑板与几支粉笔；不在于上下学有豪车接送，还是每天必须步行几公里的山路。即使是再艰苦的环境，只要能够给那里的孩子们一双翅膀，他们也能振翅飞翔。老师就是能够给孩子们翅膀的人！因为教育归根结底是人与人之间的交往，是作为成熟社会成员的老师以自己的经历、知识、情感、意志品质等多重因素去影响一个未成年生命成长的过程。那么，对于乡村学生的发展而言，适时提出文

---

① 根据 L 老师提供的文本整理而成。

化生态适应性的要求，是基于其当下及未来良好生活状态的考量。从老师素养方面来看，文化生态适应性也不可避免地需要向教师提出诸多要求：掌握任教学校所在地区除国家通用语言之外最重要的一种交流语言，这使其可以便捷地融入当地的生活；了解教育对象的社会心理特征与其地方性特点，并且能够将这些前提性的理解带入日常的教育教学工作中；设计交叉文化课堂教学的能力，能够将课程内容与支撑课程内容的地方传统文化资源融汇在自己任教学科的教学实践中，让当地的文化生态成为乡村学生成长不可或缺的资源；树立坚定的"一体多元"的文化理念，理解在国家共同体、群体与个人等不同层次上的文化表现，继而把这些理念引入自己的教学活动中，将教育过程发展成文化承载者之间对话与交流的平台。

二 教学设计需适应乡村学生"场依存"的认知特点

美国心理学家威特金长期关注人的认知风格问题，并通过实验研究提出人的认知存在着"场依存"与"场独立"两种风格迥异的方式。"场独立性的人在信息加工中对内在的参照有较大的依赖倾向，他们的心理分化程度较高；而场依存性的人在加工信息时，对外在参照有较大的依赖倾向，他们的心理分化水平较低。"[1] 持有这两种不同认知风格的中小学生在学习过程中表现出明显的差异（见表5-1）。

表5-1　　场独立性者与场依存性者学习过程差异对比统计

	场独立性者	场依存性者
学科兴趣	自然科学	社会科学
自然科学成绩	好	差
社会科学成绩	差	好
学习策略	独立自觉学习 由内在动机支配	易受暗示，学习欠主动 由外在动机支配
教师教学风格偏好	结构不严密的教学	结构严密的教学

资料来源：《场独立性》，http://baike.so.com/doc/995105-1051932.html。

---

[1] 参见彭聃龄主编《普通心理学》（修订版），北京师范大学出版社2004年版，第439页。

表 5-1 中的内容清晰地反映出了场独立性者与场依存性者在认知上的显著差异，但这种差异所带来的并不是两种认知方式之间孰优孰劣的定位，而是促使人们更深入地认识这两种认知方式，知其"长"也识其"短"，从而使个人发展可以获得更有力的支持。人们认知方式的差异是显见的，而差异产生的根源是人生活的背景——文化生态的不同，自然环境、社会环境与精神生活等多方面因素的综合影响，让人们认知方式的差异也成为文化生态差异的重要表征。如生活在高山峡谷中的独龙少年与居住在城里的同龄人在对待自然环境的态度、认知水平与情感依恋水平及对待生产劳动、人际关系等方面的认知都会表现出极大的不同。具体地说，高黎贡山垂直分布的气候特征，使从小生活其中的乡村少年在某些方面的生活经验（比如说根据植物类型判断海拔高度等）比仅仅从书本上得知相关知识的城市学生要更为丰富与真切。一般地，乡村学生在认知上表现出明显的场依存性，他们在思维方面，"善于形象思维和动作思维，表现在大多数学生对体育、音乐以及操作性的课程很感兴趣，其思维的显著特征是伴随着知觉，多以表象的形式来反映事物，并且想象力丰富，易建立各种相应的动觉形象。在性格上多数学生表现出开朗、乐观、热情、坦诚、独立性强等特征，这种性格特点也会影响认知方式"[①]。

不可否认，乡村学生在认知方式上的场依存性与学校课程知识体系所具有的逻辑严密的场独立性之间存在不小的冲突：乡村中小学生在来到学校之前，已经在当地日常生活（生产劳动、节日庆典等）中习得了丰富的直接性（经验性）知识，而学校教育则主要以间接性知识为主。一方面是与生活紧密相连，另一方面是脱离实际生活，二者的冲突也给乡村中小学生接受学校教育设置了不小的认知障碍，这从很多乡村学生的学业成绩上就可以看出端倪。面对这样的局面，从学校教育的角度来看，需要对教育内容和教育方式进行全面的调整；从乡村中小学生发展的角度来看，则需要在其擅长的方面给予其最大程度的发展，在其不擅长的方面也可以使其获得不小的提升。因此，乡村教育的开展，首先需

[①] 娜木汗：《民族学校对学生认知特点及本土知识的应然选择》，《中央民族大学学报》（哲学社会科学版）2010 年第 2 期。

要弄清学生认知方式的特点,并在教学过程中真正做到"扬长补短",方可以为乡村学生的良好发展带来更多助益。具体而言,乡村教育实践需在两个方向上做出努力:教学设计应尽可能地适应乡村学生场依存性的认知特点;教学设计还应该适应乡村学生场独立性认知能力低的特点,并通过教学实践使之得以有效提高。

因此,乡村中小学诸学科教学设计应该做到:资源选择多本土化;教学活动适度生活化。对于教学资源本土化已在上一部分做出了论述,而教学活动的适度生活化则是要创造条件让乡村学生的成长不仅局限于教室或者学校围墙之内,让他们有更多的机会可以回到其熟悉的生活场景中去,教师或者学校教育活动的价值就在于让那些因为习惯而被忽视的教育意义得以梳理、整理并提升。下段文字即是笔者在G县D乡考察中与多人交流之后结合个人感想综合而成的关于独龙村寨中家庭道德与社会道德的概貌,这对当地人来说是极为重要的内容:

> 当地社会有一种尊重老年人的传统,孤寡老人也会受到大家的尊重,哪怕是衣衫褴褛的老人,任何人也不可以在他面前说脏话。一般来说,独龙族老人会和最小的孩子生活在一起,其他子女也会非常清楚地明白自己有着照看老人的责任,并付诸行动,无论是吃的还是穿的都会给予力所能及的照顾。在日常生活中,吃饭会让老人先吃,老人的床铺也一定会安排在火塘的上方。孙辈们不能顶撞"阿干"(爷爷、外公)、"阿称"(奶奶、外婆),不能在他们面前争吵、打闹、大声喊叫、放屁,更不能对他们撒谎,因为这些都是不能被接受的无礼行为。反之,长辈对小辈也是公平对待,无亲疏贵贱之分。给孩子买衣服一定是一人一件,吃东西也是人人有份。若家中有事需要商量,大家均围坐在火塘边,不论是老人、中青年人,还是年轻人都有发表自己意见的机会,人人平等。对于家中有客来访,独龙人认为"有饭不给客人吃、天黑不让客人留宿是极其丢人的事情",他们会杀鸡、宰小猪去款待客人,对于最尊贵的客人,则会杀牛并让全村人都来作陪。
>
> 在社会道德方面,当地依然保持着"路不拾遗、夜不闭户"的习俗。他们在捡到别人的东西时,不会想着占为己有,而是想办法

将其归还失主，哪怕是翻山过江也要还。在日常生活中，如果看见某个东西上压着石头，他们便不会去触碰。例如，独龙人在打柴时遇见压着石头的枯木，便不会捡起背回家，因为他们知道，压着石头就表明它已经有主了。对于种植的粮食作物，也没有运回家储藏的习惯，苞谷会存放在山上地边简易的"苞谷楼"里，芋头也会在地里过冬，随吃随取，极少出现偷盗现象。一家如果修房子，全村人都会不计报酬地过来帮忙，仅仅给些酒水喝就行。若是遇见婚丧嫁娶这类大事，全村人都会不请自来，而且带着食物。独龙人还有自觉维护本民族利益的美德，若有外族人欺负本族人，全体成员都要共同维护本族人的利益。[①]

这些对于当地学生而言太过于习以为常，若干年后，社会发展让这些风俗悄然发生了改变，甚至荡然无存，其背后的价值也自然烟消云散了。乡村教育理应发现、挖掘这些风俗并让其价值最大化，因为通过这样的教育让乡村中小学生具备家庭美德、社会公德比直接、粗暴的灌输有效得多。基于这样的原因，乡村教育在一些课程的教学设计上，可以将课堂设置在"火塘"边，也可以通过情景模拟活动（比如说主人招待客人等），或者是组织学生参与地方传统盛会等来促进乡村中小学生的发展。总之，针对乡村中小学生认知上的场依存性特征，让教学中多一些他们"生活场"中的内容，或者将一些教学活动直接安排在他们生活的"场"中，加大学校教育与"生活场"的关联，这样，乡村学生的学习可以充分发挥其生活经验上的优势，才有可能取得更好的学习效果。

上文所述的乡村中小学教学设计要适应学生认知方面的"场依存性"特征，给出的路径是本土教育资源的吸纳，以及学校教育向当地社会的"生活场"开放，这仅是学校教育对乡村中小学生认知特点适应的第一方面。学校教育还得适应乡村学生认知上"场独立性弱"的特征，并通过教学活动有效地提高他们认知的"场独立性"。因为乡村中小学生认知的"场独立性"较弱，使得他们的自然科学知识（数学、

---

① 据2015年1月28日考察日志整理。

物理、化学、地理等学科）的接受遇到不小的障碍。笔者曾经让一位 D 乡九年一贯制学校的中学生给她学习的科目从喜欢到不喜欢排序，她给出的结果是"政治、语文、历史、英语、数学、物理、化学"，恰说明了上面的问题。另外，这一问题在 G 县 2014 年中考成绩统计中得到更为明确的表现（见表 5-2）。

表 5-2　　　　　　　　G 县 2014 年中考成绩统计

		语文	数学	英语	政治	历史	地理	物理	化学	生物
实考人数（人）		370	370	370	370	370	370	370	370	370
平均分（分）		56.21	46.45	42.53	61.38	54.36	57.19	40.92	54.91	49.30
及格人数（人）		149	125	75	218	157	182	68	159	107
及格率（%）		40.3	33.8	20.3	58.9	42.4	49.2	18.4	42.9	28.9
分数段（人）	0—9	0	14	0	0	0	1	4	0	0
	10—19	0	45	4	3	9	22	43	15	13
	20—29	10	60	99	8	28	31	73	43	49
	30—39	19	53	116	24	64	40	75	50	67
	40—49	78	39	47	38	48	51	69	43	80
	50—59	114	34	29	79	64	43	38	60	54
	60—69	92	37	28	95	61	56	24	53	44
	70—79	48	31	21	91	58	47	30	44	29
	80—89	9	45	21	29	33	50	11	40	30
	90—99	0	12	5	3	5	29	3	22	4
	100	0	0	0	0	0	0	0	0	0

资料来源：G 县教育局统计数据。

表 5-2 中的数据可以反映出，除了英语外，学生们在数学、物理、化学等学科上的表现要明显弱于语文、政治和历史，由此反思乡村中小学这些理科类课程的教学，应如何适应学生认知"场独立性"弱的特

征呢？

首先，解决理科教学语言使用中的混乱局面。为了便于学生对教学内容的理解，许多乡村学校的理科教师（特别是低年级教师）的做法是先将课本中的普通话表达转换成地方语言，再传达给学生。这里的问题有二：其一是教师对于两种语言的掌握水平会直接影响转译前后表达内容的一致性；其二是教材中的许多表达，比如牛顿（N）、压强、摩擦力等概念很难在地方语言中找到对应的词汇。为规避教师语言能力、课本中的书面语与学生所习得的地方语言之间的矛盾，乡村中小学的理科教学应坚持使用国家通用语言。在开始阶段虽然会带来学生理解上的困难，但只要渡过这个艰难期，学生的理科学习状况必然会取得不小的改观。

其次，为了让学生更快地适应普通话理科教学，教师必须在"慢"与"易"两个字上下足功夫。在开始阶段，教师若是按照课程标准规定的进度授课，必然会让接受力相对不足的学生从一开始便陷入"听不懂—没兴趣—消极学习—听不懂"的恶性循环中。所以，从学生的实际情况出发，特别是在开始阶段减缓授课进度，给学生语言适应、反思理解的充分时间，让其得以在点点滴滴的成功中积累理科学习的兴趣。"易"则要求教学中适当减少理论知识的比例，将高难度的知识点"化难为易"，培养乡村中小学生理科学习的自信心。

再次，重实践性与动手操作。对于乡村中小学生而言，理科教学不应以照本宣科为主要的教学方式，因为理解逻辑性相对严密的语言对于他们来说难度更大，而应该重实践、重操作，构建他们获取知识所必要的"情景"或"场"，发挥他们"场依存性"的想象、合作等方面的优势，在经历与体验中掌握知识。当然，学生在实践中还需要教师适时地提点，使其可以超越对"场"的依恋，提高知识接受的效率。而这是典型的以"强项"发展"弱项"的思路。

三 "校外教育力"育人功能的发挥

乡村中小学探索校本化教学的主旨是让当地的文化生态成为学生发展的资源，继而使其获得"合文化生态"的发展。在这一目标的指引下，不论是以任课教师为主体展开的教学内容地方化改造、课程教学设计符合乡村中小学生的认知特点（场依存性强与场独立性弱），还是增进"校内—校外"教育力的互补都是乡村教育校本化的有益思路。

"校内—校外"教育力的互补是让乡村中小学生的发展可以打破教室、围墙的阻隔，积极融入当地的文化生态，广泛吸收各方资源与教育影响，成就其合目的性的发展。为达到这一目的，首先应肯定校外教育力的价值。对于乡村学生而言，他们除了在学校接受系统的教育之外，来自家庭火塘边的教育、来自节日与仪式的教育、来自教堂（寺庙）的教育及来自电视等媒体的教育，在价值上也应该受到肯定。第一，这些教育形式带来教育场域的急剧扩大，除学校之外，还有家庭、社区、教堂（寺庙）及新媒体；第二，这些教育形式能从文化生态的角度给予学校教育极好的补充；第三，这些教育形式所包含的信息量大且有趣生动，学生乐于参与其中。以笔者在 G 县 D 乡的考察为例。

火塘是独龙族人最重要的人际交流场所。独龙人家的火塘，虽尺寸各异，但结构大致相同，一般要占到主房几乎 2/3 的面积。火塘周围就成为全家人起居的主要场所，他们户内生活的大多数时间也都是在火塘边度过的。火塘基本的功能是炊事、待客、取暖、照明以及进行宗教活动，但它同时也是独龙人很重要的交际场所。围绕在火塘边，儿童可以从父辈那里继承本地的传统文化，包括生产与生活常识、风俗习惯、道德规范及如何与人相处等。火塘还是一个讲秩序、讲规则的地方，在这个空间里人们能够清楚自己的身份及与他人之间的关系。

当然，随着时代的发展，火塘在独龙人年轻一代心中的地位不断下降，他们也很少有人乐意围坐在火塘边听长者们讲述地方的历史、传说、故事，相较而言，打扑克或看电视则有更大的吸引力。当然，不管时代如何变化，火塘曾经发挥的育人功能是确定的，未来也一定需要类似于火塘这样的教育形式（村口小卖部前的空地）继续发挥"合格乡村社会成员"的培养功能。与此类似的还有地方传统节日，比如说，D 乡的卡雀哇节。张桥贵先生在十几年前的调查中说，D 乡孔当以上的村民有过卡雀哇节的习俗，孔当以下的从来没有过卡雀哇节的习惯，在孔当行政村的 11 个自然村中，也只有小瓦当自然村和丙当自然村以前曾过卡雀哇这个节日。从孔当往上到龙元一带在"破四旧"以前普遍有过这个节的习惯，后因受到冲击，大部分尚未恢复过这个节日。① 但随着人们认识的发展，发现粗暴地将卡雀哇节归为迷信活动是极不恰当的，相反，D 乡的卡雀哇节在 2006 年 5 月 20 日被收入第一批国家级非物质文化遗产名录里，在各方的共同努力下，村民们重新过起了"卡雀哇"。对于这个节日，确实应该像独龙古调所唱的那样：

> 这是独龙人的习惯，
> 是祖祖辈辈传下来的习俗，
> 设祭台，祭格孟和拉，
> 在祭台处聚会过年，
> 这是古代就传下来的习惯，
> 要让这习惯延续下去……

通过对卡雀哇节理解程度的加深，可以发现热闹非凡的庆祝活动或娱乐活动，也是通过祭祀祈求神灵护佑当地人健康地生活。在独龙江峡谷中求生存的独龙人经常会面临自然的险境，对神灵、对自然有着天然的敬畏之心。当地的中小学生通过参与这种活动，体会到作为独龙人的独特性与荣耀，维系他们作为独龙人的自觉、自信与认同。在参与中，他们能够体会到个人生命与乡土社会的融通，激发出将个人发展与地方社会发展融为一体的意识，继而随着个体能力的增长自觉地担负起社会发展进步的责任。

在宗教信仰方面，除了原始宗教外，独龙人信仰基督教者甚多。通过调查发现，他们之所以信基督教，首先是因为当地饮酒之风极盛，且多有酗酒致死、露宿冻死、斗殴致死的案例，但在信仰基督教之后，人们不喝酒、不抽烟。其次是因为当地人在信仰基督教之后，信徒之间结下了深厚的兄弟姐妹之情，这不但有利于家庭的和睦，而且能使社会和谐。笔者对 L 某（男，四十多岁）的访谈可证实上述内容：

> 信了基督教之后，我就不抽烟了，也不喝酒了，这可以节省家

---

① 张桥贵：《独龙族文化史》，云南民族出版社 2000 年版，第 66 页。

庭很大的一笔开销。而且，我的身体也变得更好了。以前背三四十斤东西上山十分困难，现在背一百多斤感到比较轻松。其次，信教之后，约束了自己的行为。以前喝了酒，经常乱说话、骂人，弄得邻里关系很紧张。现在不喝酒了，当然也不会随便骂人了。对于村规民约也能够自觉遵守。最后，对子女的教育也更好了。要求子女做到的，自己首先做到了。他们跟着学，更听话了。

对于许多 D 乡的乡村学生而言，其生活世界中无法规避的一个话题即是宗教信仰，虽然这一话题与体制内的教育系统之间存在着基本立场上的不和谐，但是，从中国"宗教信仰自由"这一基本点出发，认可他们参与宗教活动，是对个体信仰自由的尊重，也是对当地文化生态或生活方式的尊重。当然，当地中小学生在其日常生活中参与宗教活动，在塑造个人良好品行方面与学校教育的要求是同构的，可以成为学校教育的有益补充。更有甚者，也许会取得学校教育不易取得的效果。以当地人的基督教信仰为例。首先，它可以导人向善。基督教倡导天下人都是兄弟，不去嫉妒别人，要以宽容对待他人。而当自己做错事的时候，真心到教堂忏悔，检讨自己的错误。其次，它可以教人守规则，形成和谐的人际关系。

上述诸方面的内容多是"内向的"，即从地方传统社会内部去挖掘可以促进乡村中小学生发展的教育力。但是，仅有这些是不全面的，也是不足以应付当下的乡村社会生活的，更不足以满足乡村中小学生未来生活的需要。促进乡村学生发展的"校外教育力"还应该包括"外向的"部分。因为国家主流文化已然通过各种渠道走入乡村社会成员的日常生活中，化为当地地区文化生态不能隔离的一个重要组成部分。乡村中小学生更应以多种形式了解、接受、内化国家主流文化，让自己的发展在传统之外加入时代性内容。对于笔者调查的 D 乡青少年来说，接受外面信息的机会也越来越多，诸如报纸、广播、电视、网络等，接受而不是拒绝这些传播渠道，可以使他们重构关于个人生活的想象。这些媒体为他们带来了新鲜、精彩的文化生活，其中所展现的完全不同但极具吸引力的生活方式唤起了他们"变革"及"看看外面世界"的意愿。作为有担当的乡村学生，只有当其得以"走出来"，以一个更高的视野审视乡土社会的现状，才能把握家乡资源的"充沛"与发展"不足"的矛盾冲突之所在，也才能思考如何破解这一矛盾。这不仅是个人成就一番事业的机会，也是乡土社会发展的核心动力。

当然，对于乡村学生而言，需要彰显的校外教育力还包括很多方面，此处不再枚举，但其价值是毋庸置疑的。若要将其育人价值最大化，需要对"校外"与"校内"的教育力进行整合，形成"校内—校外"功能互补的教育力结构，共同作用于乡村学生"合文化生态"的发展。

第六章

乡村中小学生合文化生态性发展的策略

文化生态视角下的乡村学生"合文化生态"发展的教育机理，规划了从理论到实践的行动路线，而发展目标的最终实现，还需要具体策略的推进。本书中提出的推进策略主要包括四个方面，即建构适切的公共教育空间策略、破墙策略、实践性教学策略、教育激励策略。公共教育空间策略与破墙策略主要针对课程教学之外，期望校园环境及校内外教育力共同作用于学生成长；实践性教学策略与教育激励策略则主要针对课程教学之内，目的是让教学建立在学生的实际情况与生活经验基础之上。

第一节　建构适切的公共教育空间

只要生物能忍受，它就努力为它自己利用周围的力量。它利用光线、空气、水分和土壤。所谓利用它们，就是说把它们变成保存它自己的手段。只要生物不断地生长，它在利用环境时所花费的力量得大于失：它生长着。在这个意义上理解"控制"这个词，我们可以说，生物能为它自己的继续活动而征服并控制各种力量，如果不控制这些力量，就会耗尽自己。生活就是通过对环境的行动的自我更新过程。[①]

---

① [美]约翰·杜威：《民主主义与教育》，王承绪译，人民教育出版社2001年版，第6页。

这是杜威先生在《民主主义与教育》开篇中所说的一段话，借用一般生物的生存与生长来表达人的生存与发展：如何才能生活下去的问题。一般生物的生存依赖阳光、空气与水分，人也不例外。除此之外，人的生活还需要习惯、制度与信仰。作为社会的新生代，他们是未成熟的、亟待帮助的，需要通过教育使其掌握社会生活所必备的本领。然而，这些内容的传递不能仅依靠课堂中的说教，它们也以生动的形象存在于生活中，因此，让学生的学校生活从一开始便具备公共生活的内涵，对其发展定会有诸多助益。

乡村学生的未来生活面对着乡土社会与国家主流社会双重融入的任务。而现实中乡村地区生存环境的变化及国家主流社会融入的障碍，使得乡村教育务必改变封闭与僵化的组织形态、单向与线性的活动形态、学生被动与服从的生存方式，重构学校的公共生活空间，乡村学生可以充分进入，接受公共价值的陶冶。2010 年 11 月 12 日，"云南楚雄学生宿舍惨案"① 等类似案件的发生，更是表达了学校公共教育空间建立的必要性。

一 打造与文化生态相和谐的"学习场"

乡村社会的文化生态描摹了一个群体生活的样式，文化生态的融入需求则表达了乡村学生为获得良好的生活状态所必须努力的方向：生活能力虽内含着一般性的内容，但仍有相当一部分是地方性知识。按照陶行知先生的认知，为了生活的教育需要的是"活的教育"，而"活的教育"之首要一点就是"拿活的东西去教活的学生"。

> 我们比如拿一件花草来教授儿童，将这些花草解剖开，研究其中的奥妙，看它是如何构造的。小孩子对于这件事，觉得是很有趣

---

① 2010 年 12 月 11 日上午 7 时许，云南楚雄一所学校发生一起重大惨案，震惊全社会。云南楚雄紫溪中学学生宿舍 3 栋 401 室的学生李国阳刺了舍友徐振宇 19 刀，汪磊 25 刀。在紫溪中学杀人一案中，牵涉其中的几名当事人，都只有十几岁大，还在念书上学的年龄，可他们却表现得比成年人更凶猛，这着实令人意外。

味的。我们能以这种东西去教他，不但能引起他活泼的精神，并且还可以引起他的快乐。我们还可以拿活的环境去教育他，比方沙漠本是干燥的，我们可以设法使它出水；大海有时候变成陆地；太平洋里航船到美洲不方便，于是就有人开了巴拿马运河；火车行山路不便，就会把山打个洞。这就是拿活的环境做教育上材料的。文化进步是没有止境的；世界环境和物质的变化，也是没有一定的。活的教育，就是需要与时俱进。①

想让学生了解草，就让他们近距离地观察草、解剖草；想让乡村中小学生获得"合文化生态"的发展，就必须让他们在日常学习时都能够浸润在文化生态中。正是从这一点出发，才明确了乡村中小学教育空间设计的基本要求，即与文化生态的和谐。具体而言，学校教育空间的布置包含两个维度：其一是物理环境；其二是文化氛围。

学校的物理环境包括三个方面，即校园植被、校舍设施与校园布置。

根据环境科学测算，每个学生需要拥有20平方米的树木，或者10平方米的草地，以保证其在学习中有足够的新鲜空气，保持小生境中氧气与二氧化碳的循环与平衡。因此，学校应有与师生人数相应的绿化面积。植物不仅能释放氧气，还能净化空气，降低飘尘，一些植物的分泌物还能杀灭细菌，有益于人体的健康。②

学校物理环境的第一个方面是校园植被。许多乡村学校地处青山环抱与绿树掩映之中，但校园里却是光秃秃的，显得极为不和谐。当然，学校的绿化是为了给学生的学习生活提供一个清新的环境，而学校的绿化过程也应该让学生的积极性与创造性得到发挥，这不仅有利于他们绿色环保意识的觉醒与群体性生活能力的养成，而且有利于其主体意识与责任意识的培养，就类似下面活动的开展。

---

① 陶行知：《中国教育的觉醒》，群言出版社2013年版，第84页。
② 吴鼎福、诸文蔚：《教育生态学》，江苏教育出版社1990年版，第21页。

我为学校添绿色[①]

研究性学习目的：在知识方面，使学生可以了解学校植被现状，认识当地分布的植物类型及常见树木的名称及特性；在能力方面，初步掌握调查与规划校园植被的方法；在价值观层面，使学生可以通过研究性学习体会到植被的重要意义，确立保护生态环境的意识。

研究性学习过程：

第一步：认识校园中及生活中的植被。带领学生去认识校园及生活中常见的植物，通过询问、文献查阅、网络等方法，了解这些植物的名称与生长习性。继而引导他们认识已经接触到的植物的分类木本与草本，木本又包括乔木（常绿乔木与落叶乔木）与灌木（常绿灌木与落叶灌木）等。在此基础上启发学生计算自己在校园里发现的各种植物所占的比率。

第二步：粗略计算校园的植被覆盖率。植被覆盖率的计算，对于老师和学生来说都是个比较陌生的问题。因此，为了较为准确地计算出学校的植被覆盖率，需要邀请专业技术人员予以讲解和指导。继而将学生分组，分别测量教学楼前后、宿舍前后、操场周边、教师生活区周边等植被覆盖的面积，以计算出学校的植被覆盖率（因为校内绿化问题一直没有引起重视，所以计算出来的植被覆盖率一定远低于世界森林的平均覆盖率31.7%）。

第三步：对比校园植被覆盖率高低的影响。引导学生通过查阅书籍、网络检索、询问、讨论交流等方式去发现校园植被的重要价值，同时，根据学校内不同区域植被的功能及生长情况，指出校园植被分布需要改善的地方。

第四步：设计校园的绿化方案。针对校园内植被分布不合理问题，及尚未种植的空地，进行合理规划，画出设计图，并阐释自己的设计理由。在学生设计完成之后，组织学生代表和老师代表进行评比，将最优方案推荐给学校。

[①] 该研究性学习活动是笔者于2015年1月在G县考察中，B学校H副校长向我说的一个设想，尚未实施。虽然设计还不完善，但很有意义。

第五步:实施绿化方案。

通过类似活动的开展,不但可以让校园绿化更上一个台阶,使学生的学习和生活有一个青翠且充满生命活力的空间,而且他们也会在亲身体验中将"与自然和谐相处"的理念内化到自己的心底。同时,在这样的集体性活动中,提高了乡村中小学生的公共事务参与意识和团队协作能力。

在学校物理环境的第二个方面是校舍设施。学校建筑也是重要的教育元素,因为这种造型艺术在物质载体之外,还是一种理想、精神及文化的象征。学校建筑的教育作用反映在智育上,是提供幽静的学习环境:冷色比暖色有利于冷静的思考,尤其是图书馆与教室等活动空间,适宜以冷色为主。校园的建筑必须宁静、方便学习,具有深邃感,体现学科中心、学生主体以及学科、专业之间的联系。反映在德育上,它能陶冶身心、涵泳性格。因此,校舍建筑要多样而统一,均衡而协调。多样使人活泼,统一使人安稳;协调使人舒适,均衡使人敦实。同时,建筑的色彩可以影响人的喜怒哀乐。儿童比较活泼,明快的色彩比较容易引起他们心灵的反响和共鸣。所以白色和灰色的校舍,不如淡蓝、淡绿、淡黄的色彩效果好。青年人感情重于理智,富有朝气,容易对强烈、明朗的色彩产生反应。如果涂上灰色,便有暮气沉沉的感觉。[①] 因此,学校的校舍建筑从形制和色彩两个方面会给生活其中的学生的学习心理以重大影响,这在乡村中小学的校舍建筑中体现得更为明显,因为很多乡村地区的建筑均有自己的地方特色。以笔者考察的 G 县 D 乡为例予以说明。

从 D 乡政府所在地孔当驱车沿独龙江逆流而行,经过龙元村、迪政当村、雄当村,最后以步行的方式到达木当。沿途看见的住宅建筑,虽呈现出越往北越简陋的趋势,但大致的建筑风格是一致的。在木当,几乎所有的住宅都是全木结构。在笔者到达该地时,恰逢一户正在修建新房。通过村民的介绍(另一稍年轻者翻译),我们大致了解了木质房的建筑过程:在建之前,选用石块或者木桩作为房

---

① 吴鼎福、诸文蔚:《教育生态学》,江苏教育出版社1990年版,第21页。

屋的屋基，然后在屋基上横搭四根粗大的木料，使之保持水平，总体上成为一个长方形；将这四根粗大的木料固定好之后，在每边上搭两根木料做起点，然后用木板一层一层相互交叉向上叠垒，需要注意的是，要把木板的交叉处砍成"工"的形状，以使木板可以相互锁死；在四周墙板垒好后，用木料和竹片编制成中间高、两边低的屋顶，并在上面盖上厚厚的茅草以竹绳扎结牢固，即可。在雄当，新修建的房屋虽然采用了钢筋混凝土作为屋基、以购买的瓦片做屋顶，但房屋的框架依然是木料，只是木板已经变成四方木，在房屋修建完成之后，在屋墙上以涂料等作为装饰。[①]

这样的建筑风格构成了当地青少年日常生活的场域，使之倍感舒适与亲切。另外，从色调上说，无论是传统的修建方式，还是经过改良之后的修建方式，其主色调均为淡黄色（新木料的原色、装饰材料的颜色）。当地青少年走进学校（G县D乡九年一贯制学校，见图6-1），也一定会在陌生中感到熟悉和亲切。因为学校校舍虽是三层楼建筑，但风格上沿用了当地村寨的建筑特色，在色调上也采用了黄、橙这两种暖色，即使是矗立在教学楼前的篮球架也采用了相同的颜色。在教学楼的局部装饰上，更是独具匠心地采用了独龙毯的图案。这样的设计使得学校从外观上融入了当地的乡村世界，学生进入学校并不是走进一个完全不同的世界，而是自己日常生活世界的延续。这样的设计是对乡村社会文化独特性的尊重，在这样环境里求学的学生的学习心态也能多一分宁静与平和。笔者曾就这一问题访谈了该学校八年级的X学生。她说：

> 我去过县里的中学。虽然说，我们学校没有他们的大，运动场也不如他们的，但我依然觉得县城里的学校没有我们学校好看。

虽然只是短短的一句话，还是表达出了对自己学校建筑的认可。学校的校舍不能仅是钢筋与混凝土浇筑出来的冷冰冰且毫无情感的物质层面的存在，因为它是青少年学习活动开展的背景场域，人们在自己不喜

---

① G县考察日志。

图 6-1　G 县 D 学校的教学楼

欢的空间里学习，学习兴趣也会受到负面影响。乡村学生的学习心理具有鲜明的特色，即极强的"场依存性"。在这样的背景下，将乡村中小学校舍按照当地的建筑风格进行设计，使"学习场"与"生活场"融为一体，不但增加了学校建筑的地方传统文化意蕴，而且能够为学生创造出一个舒适的学习环境。

学校物理环境的第三个方面是校园布置。从与文化生态和谐的角度出发，乡村中小学校园的布置必须坚持的一个原则是：现代性与乡土性兼顾。下文以 G 县 S 小学的校园布置为例阐明这个方面的内容。

走进 S 小学的大门，是一个狭长的通道，通道两边的墙壁上是精心布置的图文宣传画与信息宣传栏。在右边的墙壁上首先映入眼帘的是国家的教育方针（坚持教育为社会主义现代化建设服务，把立德、树人作为教育的根本任务，全面实施素质教育，培养德智体美全面发展的社会主义事业的建设者和接班人，努力办好人民满意的教育）。与之紧挨着的是爱护环境的宣传画，画上配文字：瓜子皮

第六章 乡村中小学生合文化生态性发展的策略 / 181

不大,请你别乱扔;一□□□□(字迹有些斑驳,难以辨认),只需一弯腰;其□□□□,就在点滴中。下面是具有明确德育功能的宣传画:小学生日常行为规范(尊敬父母,关心父母身体健康,主动为家庭做力所能及的事。听从父母和长辈的教导,外出和回到家里主动打招呼。尊敬老师,见面行礼,主动问好,接受老师的教导,主动与老师交流)、犯了过错(错误谁都犯,坚持是笨蛋;明白此道理,无须多分辨;坦白用改正,诚实金不换)、节水节电(节约用水电,时时记心间;电器自来水,不用及时关;方法有很多,留意在身边)、借东西(向人借东西,客气礼在前;使用需小心,用后及时还;损坏要赔偿,自觉不隐瞒)、乘车船(自觉购车票,停稳排队上;头手别外伸,物品放妥当;□□勿乱扔,文明讲礼让)、佩戴红领巾(领巾胸前飘,自豪心中漾;上学搞活动,佩戴不可忘;整洁不破损,不戴叠齐放)、同学之间(朝夕共相处,同学有情谊;彼此互爱助,学习齐努力;嫉妒与殴骂,自觉应抛弃)、升旗(心中怀崇敬,肃立旗杆底;礼随旗在升,歌伴乐声起;眼望红旗飘,祖国在心里)。进门的左手边是一块大白板,上面写着G县S小学"六优"(晨读、早操、纪律、卫生、爱物、团结)、"四少"(迟到、早退、请假、旷课)评比表。紧挨着白板的是G县S小学营养改善计划资金使用情况公示栏,并张贴了2014年7月起每月的收支情况。再往前是国家"两免一补"政策的统计表及三字经、弟子规的宣传栏。

  通过这个细长的通道,进入学校的篮球场。篮球场的左边是长长的一排橱窗,橱窗里展示着学生在学校生活中拍下的精彩瞬间,有体育活动(跳远、滚铁环、拔河、打篮球、打乒乓球等)、编织独龙毯、民族舞比赛、绘画、剪纸、下棋、做手工、各种兴趣小组活动、早操、就餐、升旗仪式、红领巾广播、队会公开课、消防应急演练、演讲比赛、歌咏比赛等。除此之外,还有教师的家访活动、教学讨论会等活动的留影。在橱窗最里面的位置,张贴着一张海报,上面写着S小学的办学理念(以人为本,着眼未来,让每一位□□□潜能得到充分发挥,让每一个学生□□□得到自由张扬)、办学思路(以德立校、依法治校、民主管理、科研兴校)、办学目标(让社会满意、家长满意,学生留恋、同行尊重、领导信任)、校训

（文明、团结、勤奋、创新）、校风（尊师、爱校、活泼、简朴）。橱窗的对面是一排黑板报。第一块黑板上张贴着学生迎接元旦的绘画作品；第二块黑板上绘着爱科学的创意绘画；后面的近十块黑板上张贴着各年级、各方面表现出色学生的照片。篮球场的另外两面是教学楼与办公楼。①

S 小学的校园布置还有许多细节没有写下来，但上面这段文字可以让人在头脑中想象出该学校的概貌。一方面，从校园布置的情况来看，给人最直观的感受是，这个学校与其他学校并无明显的不同。立身于这所乡村小学，地方特色仿佛并无从体现。那么，从上文中第一条原则，即从乡村性与现代性兼容这一点上论，乡村性方面表达得不够。而从乡村中小学生"合文化生态的发展"来说，经由地方传统文化的内化而承袭乡村性是其融入当地社会生活的必要条件。那么，作为学生（寄宿制比例已经很高）最重要成长空间的校园在布置上也应该充分考虑到这一方面的需求，即将当地传统文化中极具代表性的内容融入校园布置中（诸如，在保护环境、讲求诚信等宣传画上可以配上对应的民间谚语；合理规划校园，在一些方面加上极具地方特色的装饰；学校内饰的色彩、整体风格设定应考虑当地人的喜好；合理安排宣传多彩地方性文化宣传栏，让那些被乡村社会成员所忽视的精彩乡土文化得到张扬等），用具体、可见的物化形态去体现地方传统文化的精髓，这也在一定程度上可以起到肯定地方性文化价值的作用，学生也会清楚地意识到自己所习染的地方性文化是有意义的、被尊重的，这会让许多原本有自卑情绪的学生走向自信，继而以开放的心态接纳这个社会、走进这个社会。

另一方面，在 G 县 S 小学的校园布置上，国家主流价值观念及中华民族传统文化的地位极为突出，无论是国家教育方针的宣传，还是学校自身定位、发展规划及教风与学风的表达；无论是宣传画中对环境保护、行为规范的提倡，还是对诚实、守信等价值观念的推崇，都与中国社会主义主流价值观念相匹配。无论是《三字经》中"玉不琢，不成器；人不学，不知义"的画境，还是对《弟子规》中"扬人恶，即是恶；疾之

---

① 整理自 G 县考察日志。

甚，祸且作"的阐释，均表达了对作为整个中华民族文化之根的传统文化之当代价值的肯定。从这个角度来看，学校布置旗帜鲜明地表达了一个核心意蕴，即每一个乡村少年，不管其有没有少数民族身份，都是中华民族共同体的一分子，他的成长都离不开国家主流文化与中华传统文化的供养。他们必须通过对国家主流文化及价值观念的学习，通过对国家主流社会行为规范的学习，使自己可以无障碍地融入国家这个整体，并通过对中华民族传统文化的学习，让他们感受到中华民族的源远流长与中华民族传统文化的博大精深，增强他们作为中华民族一分子的自豪感。这也是乡村社会文化生态的实然面貌使然。

正因为乡村学生的发展中需要乡村性与现代性两个方面的滋养，乡村中小学在校园布置上也要因应这一要求，使得学生日常的学习与生活可以浸润其中，以"无声之教"达到"言语之教"所渴望的效果。

这样的学校物理环境对于乡村学生的发展来说，必然会起到很好的方向导引与教育激励作用。这样的物理环境还体现了地方传统文化与国家主流文化和谐的理念，而这原本就是乡村中小学本应建立的文化氛围的一部分——以外显的方式呈现出文化生态软环境。这是一种精神力量，能够对这个氛围里的人产生积极、向上的影响。

乡村中小学的这种文化氛围的形成，在中华文化共同体的语境下，需要在多个方面做出努力。第一，在通过学校的板报、宣传栏与广播等多种通道宣传中华文化共同体观念的同时，也要通过这些途径介绍地方传统文化的经典，使那些被漠视或忽视的文化现象得到关注；宣传乡村传统文化大事件，比如对D乡卡雀哇节跟进报道、宣传等；宣传国家的乡村政策与乡村振兴战略，使乡村中小学生从小便可以感知到社会主义大家庭的温暖；宣传国家及各级政府在地方传统文化保护中的行动与成果。第二，以丰富多彩的文化活动为载体，活化地方文化。乡村中小学可以不定期举办诸如"民间故事大会""民间歌咏比赛""民间舞蹈比赛""民间器乐大赛"等活动，使乡村学生以更积极的姿态回归到绚丽的乡土文化之中，也使得地方传统文化在中小学校园中得以推广。第三，以类似"英语角"的形式，提升乡村学生的地方语言使用率。

综上所述，乡村中小学可以从校园植被、校舍建筑、校园布置等学校物理环境的三个方面及对学校文化氛围的打造，重构学校的教育空间。这样的教育空间是传统的,也是现代的;是"内向"的,也是开放的;是尊重个体的,也是公共的;是从乡村社会文化生态出发的,也是从乡村中小学生未来良好生活状态出发的。这样的学校教育空间才是与当地的文化生态融为一体的,"教育即生活"与"学校即社会"理想的达成才有了基础性的前提,而最终要实现的是:学校和教师对于学生的适应;依靠儿童身上积极的东西,把它作为客观的现实来接受;学生作为中华文化共同体或地方传统文化的代表实现文化自觉的可能性;通过采用跨文化沟通的技术,使个人投身于现代文明进程中,投身于国家共同体的文化空间中。①

二 建设具有"地方性"的学校组织制度

笔者所调研的一些乡村中小学的管理现状,表现出明显的标准化、规范化趋势。如 G 县 B 中学在 2012 年的教育督导评估材料中对学校多年来制度建设的成果做了总结:

第一,认真落实、执行《中学生守则》《中学生日常行为规范》,制定并实施了《中学生规章制度》《中学生一日常规》,并且让每个班级都上墙,作为班级文化建设的一个重要内容。

第二,与班主任签订《聘任协议书》《教育责任目标管理协议书》,明确了所有科任教师的奋斗目标。

第三,制定并通过了《B 中学绩效工资考核方案》《B 中学班主任目标管理效益考核方案》《教学质量奖惩办法》,使工作绩效与"履职、晋级、评聘、评优"相挂钩。

第四,成立了德育管理机构、安全管理小组并制定了相应的制度和工作职责。

第五,成立了家长委员会,要求社会对学校工作给予广泛监督和支持。

第六,通过多渠道、多方式加强德育教育和安全教育,多年来学校无任何安全责任事故发生。

---

① [俄] O. B. 古卡连科:《多元文化教育的理论与实践》,褚惠芳等译,人民教育出版社 2012 年版,第 141—142 页。

第七,坚持把"抓科研兴校、强教师素质"作为提高我校教育教学质量的根本出发点,坚持把"以育人为根本,以教学为中心,以教研为先导,以质量为生命"作为工作重点,不断深化教育教学改革和教学研究工作。

第八,全面贯彻落实教学常规管理,争取向课堂要效益、要质量:

a. 进一步严格实施课堂教学签到制度,实行教师课堂教学管理登记制度,严格规范课堂教学行为,突出质量、效益。

b. 认真落实考勤、请假制度,对各处室、勤务人员实行严格的查岗制,实行4天坐班制度(周一至周五,周二除外),规范坐班时间(正常上班时间:早8:30—10:00　下午14:30—16:30),严肃上班纪律、突出上班效益。

c. 进一步做好教师代时代课工作,若教师出差和请假,教务处在得到校长室通知后,立即安排好教师代时代课工作,无故不服从学校安排者以旷工论处(代课安排原则:教务处征求班主任的意见由该班其他科任教师代课,课程全部冲突时由班主任代课)。

第九,加强、深化教学研究工作,使教研工作达到"教师教起来、学生学起来":

a. 落实公开示范课(每个教研组每周必须有一个教师主讲)。做好课前说课、无课教师集体听课、课后评课一系列教学研究活动。

b. 三年教龄内的教师和教研组长,全学期听课不少于20节,一般教师听课总数不少于15节,学校负责教学的行政人员,每学期听课不少于10节。[①]

从这份材料中可知,该学校在制度建设上已经相当完善。对学生的管理,从日常行为规范起,到学校多时段的常规管理,再到品质教育与安全教育的规范,可以说是事无巨细。对科任老师的管理,从绩效工资考核到教学质量评比;从教学质量监测到教研工作参与度;从请假制度到作息时间的规定等,全部都制定了量化的指标体系。对班主任的管理,

---

① G县B中学2012年教育督导评估材料。

从"聘任协议书"与"教育责任目标管理协议书"的签订到"班主任目标管理效益考核方案"的制定;从教学工作管理到班级日常工作等,对班主任的工作内容、目标及重点均做出了细致的规定。

乡村中小学对于这种标准化、规范化教育的努力,有着切实的现实诉求,即改变长期的所谓"低教育质量"的现状。换句话说,就是提高乡村学生的学习成绩,使他们中更多的人有机会接受更高的教育。不可否认,这种思路过于理性,也过于功利。一方面,中国当前的教育现状是,毕竟有很多人在接受完中小学教育之后便告别了学校,走向社会,这部分学生在这种教育体系中明显处于不受关注的地位。那么,他们的未来生活状态不需要教育者的认真考量吗?当然不是。另一方面,那些所谓的好成绩者,他们的状态又是如何呢?是不是享受到了学习的乐趣?就此,笔者曾访谈G县B中学的一位学生。她说:

> 在课堂上,我能够得到老师较多的关注!老师经常让我回答问题,这让我觉得很自豪。但是,在每次考试之前,我都非常紧张,总是担心自己发挥不好。如果自己考不出好成绩,被老师批评、家长打骂就不能避免了。而且,在每一次大考之后,班里都会根据成绩调换位置。如果考不好,给调到那些平时不学习的同学边上,那我就危险了。

在理性至上的标准化教育中,即使是所谓的好学生也生活在诸多管理制度的压力之下,这种在明确目的性驱使下的教育也越来越与生活无关,越来越与自由精神无关。而良好的教育则渴望"生活"与"自由"之间的平衡:一方面,"自我无法回避历史的限制、文化的塑造和社会的规范,人们也无法摆脱风俗、制度与习惯的影响";另一方面,"自我实现永远希望着自由,它涉及个人抵制外部的强制和异化,脱离内部的自欺和自愚,试图寻找个人真正的存在感,从而发现真正希望的自我设计"。当然,也只有"自由地实践导向对多样生活方式的宽容和鼓励,个性也才能获得自主的发展,才能把那些敏锐的思想、卓越的能力、高尚的德性、丰富的情感培养起来"[①]。正因如此,乡村中小学教育应该向生

---

① 金生鈜:《规训与教化》,教育科学出版社2004年版,第167—170页。

活回归、向文化生态回归，以尊重地方传统文化的教育力与教育影响，在规范化教育之外，着力开启地方特色鲜明的、人性化教育之风。

乡村中小学组织形态的人性化主要表现在两个方面：其一，学校的制度建设要在"通例"之外增加地方化需求方面的考量；其二，学校的制度建设是学生健康发展的出发点，其终点是让学习成为学生自己的事情，而非一直在外力导引下学习。

先说增加地方化需求方面。乡村中小学在组织制度上的地方化特征，从教师方面的政策上说，除了以一些规章制度促其敬业、乐业之外，还需要格外重视老师的生活、安居方面。只有老师生活得丰富、精彩，无后顾之忧，才能安心工作。对于乡村社会，不容忽视的一个问题就是"留不住老师"。这从上文无论是对D学校及B中学领导、教育局负责人，还是学生的访谈记录中，都可以得出这个结论，"愿意来"但"留不住"是G县教师队伍建设最突出的问题。但是教师却是学生成长最为重要的资源，缺少教师或者经常更换任课老师对乡村中小学生发展的影响是致命的。面对这一现状，乡村中小学应该思考教学工作内外两方面的办法，尽可能地维持教师队伍的稳定，将一些有效的办法适度地制度化，作为学校教学工作常规制度的补充。笔者认为，这些制度可以从三个维度去考量。第一，给予学校教师更多的人文关怀。对于外来的新任教师，首先，学校应给予更多的关心。在生活衣食住行等各个方面均予以悉心关照，为其排解乡村社会日常生活中的各种问题；在工作上，积极疏导乡村中小学繁杂任务所带来的困惑，加强新、老教师间的交流，为其营造轻松愉悦的教学环境，在评价时也应以鼓励与肯定为主，让快乐成为其日常教育工作的主旋律。其次，关注经济困难的职工教师。由于乡村中小学地理位置的关系及历史原因，许多中年教师（多为男性）的配偶没有工作，以务农为主。这一年龄阶段的教师多属于"上有老、下有小"、负担最重的时期，仅靠一份工资收入肯定是难以维持生活的。所以，一些教师要么是"农门半跳"（工作之外，还要作为家中的主劳力从事繁重的农业生产），要么是开辟副业以补贴家用。对于这一群体，学校需要尽力予以经济上的帮扶。笔者在考察中也发现处理得很好的案例。某中学对学校在职职工家庭的困难水平进行较为客观的排序，依困难程度将其无业配偶安排在学校内部如食堂、清洁校园、收发室、小卖部等，做一些力所能及的工作，给予一定的报酬，这在一定程度上可以缓解这些家庭的经济困难。最后，对于遭遇突发事件的教师，学校也应给予力所能及的帮助。

第二，密切中小学教师与乡村社会的关系。乡村中小学教师必须"融入"乡村社会，建立对乡村社会的情感依恋：在深入认识的基础上把握乡村社会与乡村教育的独特性，继而挖掘与坚守这种独特性；从人情伦理的角度出发，将促成乡村中小学生的健康成长作为自己肩负的社会责任。为实现这一目标，必须创造机会让中小学教师走进乡村社会。很多教师虽工作在乡村学校，但与乡村社会的关系却处于"漂浮"状态，游离于乡村社会的边缘，以外来人的眼光、以稍显鄙夷的态度看待乡村社会的很多事物，先入为主的偏见遮蔽了认识真实乡村社会的可能性，也就不可能建立起乡村情感与乡村社会责任感。所以，走进乡村不仅是"身在"，更是"心在"。用心体会乡村的山水风物，感受那份祥和与宁静；以家访为契机，与乡村社会成员交朋友，走进他们的生活，感受那份淳朴和善良；参与当地的文娱活动，分享那份简单的喜悦，收获作为乡村人的存在感等。

第三，促成乡村中小学教师的职业成功。首先，协助教师完成个体发展规划。中小学师资全科培养模式的兴起，使得许多新教师在走上工作岗位时具备比较全面的胜任力，从乡村中小学的角度来看，"万金油"类型的教师自然是极受欢迎的。但是，从教师个人的角度来看，一些时候可能被安排教授自己并不是十分喜欢的学科，学校需求与个人兴趣之间便有了矛盾和冲突。因此，学校在给教师分配教学任务时，要在充分了解其爱好、兴趣、特长的基础上尽可能地给予合理安排，使其可以自发、主动地投入本职工作，发挥个人的最大潜能。其次，良性激励机制的建立。教师工作中的努力、成绩需要受到肯定评价，这种强化可以提升他们自我效能感，继而激起个体主观能动性的充分发挥。而个体聪明才智的发挥、整体积极向上氛围的形成，又保证了优秀人才脱颖而出。再次，提供优质的培训、学习机会。在课程改革不断深化、教学改革蓬勃兴起的当下，乡村中小学教师需要不断更新自己的知识体系、拓展专业视野、更新教育观念才足以应对不断变化的教育现实。另外，随着新教学技术的广泛应用，乡村中小学教师也应从学校的实际条件出发，加强学习，以改进教学工作。最后，促成教师学习共同体的形成，并为其提供人力、资源、经费、设备等方面的大力支持。

上文从人性化的角度论述了教师方面有待完善的制度。通过这些调整，乡村中小学教师队伍会更为稳定，在工作中会更敬业，学生的发展也有了最为重要的保证。当然，从乡村学生的发展来看，一些规章制度也应该人性化，促进学生从"要我学"到"我要学"的态度转变。因为，"为了一切学生""一切为了学生""为了学生的一切"是教育不懈的追求。那么，从当地文化生态、学校及学生的实际出发，建立更有利于他们发展的制度体系，应该是学校不可推卸的责任。先以"放假制度"为例。

从笔者在 G 县的考察情况来看，经过轰轰烈烈的"撤点并校"之后，原本设在村里的小学或教学点已所剩无几。在这场大规模的"教育资源集中运动"中，许多原本可以在村里完成小学学业的学生，不得不到乡镇府所在地接受教育。抛开年幼的学生在学校生活中会碰到许多的问题不论，就其在成长过程中父母陪伴的不足，家校距离很远、交通条件差所造成的往返不便，使得 G 县 B 小学对学校正常的双休制度做出了调整，即周五上午便不再上课，让家长提前一天到校接小孩，这也让学生有了多一点享受父母陪伴的机会。这样的调整让学生有更多的时间在家、在社区，感受地方传统文化，培养对乡土文化的兴趣，链接与乡土文化的情感，这对于他们的发展是极为重要的。

另外，在常规放假时间之外，若遇到当地重大的节庆活动，学校也应通过一定的程序，设置假期，使学生可以回归到乡村社会生活中去，回归到节日的仪式中去。也正是在这样的仪式中，父辈们才能够在为了生计而平日奔忙中暂时闲下来，给孩子们讲述当地的古老传说、神话及英雄与神的故事，讲传统的禁忌与生活中的规矩，这些看似质朴、实则充满智慧的讲述，会对孩子们的为人处世产生重大影响。在这样的节日中，学生也不仅仅是听众的角色，他们还会切实地参与其中。比如说地方传统节日中不可缺少的歌舞活动，不论舞姿与歌喉漂亮与否，都可以参与进去，感受那一份心情的愉悦，感受乡村社会大家庭的亲和，感受作为乡村人的自豪。比如说独龙江乡的卡雀哇节、丽江的"二·八"节、广西的"三月三歌会"等。从总体上说，每个乡村社会都可能会有地方特色鲜明的文娱活动，乡村中小学生通过参与这些活动，不但可以收获关于地方历史、风俗习惯、伦理道德的熏陶，还能汲取其中所隐藏的生活智慧。

再说学校的"**教学常规管理**"方面。学校管理的规范化、标准化以乡村学生更好地发展为出发点。但不可否认,欲实现学生更好地发展,首先需要充分了解他们在学习上的特点,比如说认知方式上的特点等。通过前文的论述可知,乡村学生在认知上存在明显的"场依存性",那么,班级授课这种方式在很多时候便成为他们掌握某些知识的障碍。学校从效率、安全的角度出发,尽量减少"现场教学"的机会,这对乡村中小学生的发展来说,便是重大的损失。因此,如何协调,使两种形式的教学都能够助力于学生的发展是关于乡村教育主题的科研活动中应着重关注的课题。在这一方面,台湾的一所体制外中学——全人中学的实践可以提供有益的借鉴。

> 这是一所为11—18岁青少年而办的学校。学校重视五个理念:人类过去知识的通识理解、人格特质的自我实现、审美趣味的养成、创造能力的释放、批判能力的培养。每个孩子不同的观念在此都能被尊重、包容与启发,大人与小孩的关系是朋友,互相聆听与辩证。让孩子们不仅在心智上成熟,也在人格上得到正向发展,大人们会给予耐心的期待,让孩子们逐渐成熟。所以,孩子快乐而有自信,不需太多的教训与管理。最后,他们拥有的能力是真实的,而不是被训练出来的。多年来,我目睹了这里的孩子如何经历挫败、惶恐、勇敢、自律、坚持,最后他们带着希望和能力走向属于自己的人生。[①]

台湾全人中学的案例揭示了学校教育(乡村中小学教育)的核心,即促进学生的发展,而学校的一切组织形态(规章制度)都是促进学生发展的手段。然而,学生发展呈现出明显的个体差异与群体差异的特征,那么,学校的组织形态必须能够适应这种差异、尊重这种差异,否则便会成为阻滞乡村学生发展的障碍。当乡村学生的学习特征、文化背景、认知习惯等在学校教育中受到重视,并成为学校建立教育组织制度考虑的重要因素时,这样的教育一定是合适的教育。在这种教育中学习的学生才有可能保持被激起的状态。

---

① 李崇建、甘耀明:《没有围墙的学校——体制外的学习天空》,首都师范大学出版社2010年版,第5页。

三　构建"适宜的"学习与生活交往形态

乡村学校公共教育空间的建立，还需要改变单向、线性、静态的活动形态，要以丰富、多向、交互的活动构成乡村中小学生在学校的教育与生活空间，才更有利于他们的发展。

首先，乡村学生学校生活中孤独感及排除。在声浪巨大的"撤点并校"大潮中，很多办在村里的学校或者教学点都成了撤并的对象，那些原本可以在村里读书的儿童不得不到离家很远的乡镇学校读书，又因交通不便而只能寄宿在学校。这时，学校就成为一个儿童群体共同学习、生活的场域，在这样一个公共空间里生活，若能在学生之间建立起温暖的生活交往关系、建立起深刻的情感纽带，不论是对学校管理，还是对学生集体观念的形成与沟通交往能力的提升都具有不可估量的价值。

但是，笔者通过对 G 县义务教育寄宿学校的考察发现，其中存在着很多问题。以 G 县 B 中学为例。全校共有教职工 58 人，其中专任教师 43 人，后勤人员 15 人。后勤人员中除去校车司机、食堂员工，负责学生生活的老师外所剩无几，但这些人需要负责管理全校 500 多名学生，工作压力之大，可以想象。正如笔者在该中学偶遇的一位 L 老师所说："学校的宿舍楼建得很不合理，人手也不够，到晚上休息时间，一个楼层、一个楼层地巡视，以防止出现问题，等到学生们都睡了，自己也累到不行了。"此外，在食堂里工作的一位阿姨也说出了值得关注的现象："以前，学生喜欢运动，打篮球、踢足球，现在，如果班主任老师找不到学生，那去网吧、游戏厅一定能找到。"学生集中起来，服务与管理跟不上，会惹出很多麻烦。还有就是寄宿制学校的很多学生在学习生活中的孤独感，或者说恋家情结极为严重。正如读小学四年级的 M 学生所言：

> 我们学校是每两个星期放三天半假。在学校的时候，会想家，我夜里偷偷哭过好几次。没上课的时候，除了和同学下棋之外，也没有其他活动，感觉很无聊的。晚上睡觉是很多人睡一间屋里，拥挤得很，冻醒是常有的事儿。还有一次我被冻发烧了，是老师开车把我送到医院的。

在寄宿学校里,学生的孤独感是真实存在的。甘启颖在对云南省文山壮族苗族自治州马关县、广南县、富宁县的5所农村寄宿制小学的学生孤独感的调查分析中也得出了相同的答案.

表6-1　农村寄宿制小学与非寄宿制小学孤独感得分比较

学校	Mean	T	P
农村寄宿制小学学生	36.50	18.02	.000
农村非寄宿制小学学生	26.85		

资料来源：甘启颖《边疆民族地区农村寄宿制小学生孤独感特点与教育建议》,《湖南广播电视大学学报》2014年第11期。

面对这一问题,乡村学校需努力排除学生心中的孤独感,利用多彩、丰富的活动在学生及师生之间建立起积极、正向的交往关系。第一,合理组织文娱活动,丰富学生的课余生活。比如请学校老师或校外的专业人员到校组织开设课外兴趣小组,让学生在课余时间可以学习传统舞蹈、民间乐器、书法、绘画、足球、篮球、乒乓球、民间体育等,既可以丰富学生的课余生活,也可以提高他们的素养,更可以促进学生及老师之间的交流。第二,组织学生进行户外拓展活动。让学生走出校园,感受家乡的自然风光,亲和大自然,可以帮助他们释放其天性中的热情与开放,并在活动中与同学结下深厚的友谊。第三,乡村学校可以适时开展传统舞蹈大赛、民间竞技体育比赛、民间歌曲大会等,给学生提供一个相互交流、学习、提高的平台,一个充分展示自己的舞台。这样的活动可以拉近老师、学生之间的距离,更能够在相互切磋中增进彼此的了解,让学校生活变得更和谐。第四,选聘优秀的生活教师,给予寄宿学生以较多的亲情补偿。学生在学校也可感受到来自生活教师无微不至的关怀与照顾,可以减轻对家的思念。同时,通过与生活教师的沟通,化解学习生活中的苦闷情绪,使个体能始终保持健康、积极的状态。第五,发挥班主任及任课老师的情感替代作用。学生心中的"向师性"及传统"师如父"的观念,也让老师在传授知识的同时,可以发挥"代理监护人"的作用。第六,鼓励高年级学生主动照顾低年级学生,担负起"大哥哥、大姐姐"的责任,让乡村中小学的校园充满着浓浓温情。

其次，改善师生之间的交往方式。当下的农村中小学从教室的布局上看，给教师的教学管理提供了便利。在动辄四五十人的班级里，这种横竖皆成行的"秧田式"的布局让立于讲台上的教师能够全面地照管到班里的每一位学生。当然，这是受中国的国情——"大生师比"决定的，也是受工业化生产中效率至上理念的影响。如教育家夸美纽斯所言："一个面包师搓一次生面，热一次火灶，就可以做出很多面包，一个砖匠一次可以烧很多砖，一个印刷匠用一套活字可以印成千上万的书籍。所以，一个教师一次也能教一大群学生，毫无不便捷之处。"另外，他还说："一个教师同时教几百个学生不仅是可能的，而且是紧要的：因为对教师、对学生，这都是一种最有利的制度。"[①] 这种制度在迅速普及知识，提高人口素质上的确取得了不错的效果。但这种制度也并非没有弊端，其中最重要的一点就是教师和学生之间被讲台无情地分割开了，缺少交流与对话的师生关系，逐渐形成了教师的权威性与学生的被动性。即使课堂教学中师生间有一定的交往，那也是建立在大多数学生被排除在互动机会之外的基础之上的。就那仅有的交往来说，也是由教师一极主导的，是"虚假"且带有"表演"性质的交往。以笔者在 G 县考察中所观摩的一节小学六年级数学课（分数除以分数片段）为例。

一 导入

1. 口算计算以下各题。

$2/3 \div 2$　$1/4 \div 4$　$5/12 \div 10$　$3/10 \div 6$　$9 \div 3/10$　$4 \div 4/5$　$2 \div 3/14$

2. 我们今天要上的内容是"分数除以分数"。

二 教学新知

1. 出示例 4

提问：这是已知什么，要求什么？用什么方法计算？

追问：为什么用除法计算？怎样列式？（板书：$9/10 \div 3/10 =$ 　）

[①] [捷] 扬·阿姆斯·夸美纽斯：《大教学论》，傅任敢译，教育科学出版社 1999 年版，第 124 页。

2. 引导探索：分数除以整数怎么算呢？

（1）请大家画图探索一下 9/10÷3/10 得多少？

（2）指名到黑板上画一画。

（3）讨论：分数除以整数，能不能用被除数乘除数的倒数来计算呢？

板书：9/10×10/3

请大家计算一下它的积，看得数与我们画图的结果是不是一样？

得数相同，你能猜想到什么？

板书：9/10÷3/10 = 9/10×10/3

3. 验证猜想

完成练一练第1题：先在长方形中涂色表示 3/5，看看 3/5 里有几个 1/5，有几个 3/10，再计算。

3/5÷1/5 = 3/5×（ ）/（ ）　　3/5÷3/10 = 3/5×（ ）/（ ）

你发现了什么？

4. 概括方法

联系前面学习的分数除以整数和整数除以分数的计算，你能说出分数除以分数的计算方法吗？

通过这节课的教学，可以清楚地感知到教师在教学过程中的绝对主导地位，是教师的思路导引着这节数学课的推进。在授课过程中，教师也间或有提问，或者说让学生讨论，但是，效果却不尽如人意：要么是提出问题后，只留给学生过短的思考与讨论时间，便说出答案；要么是提出的问题中直接暗含了答案，形成"师问生答"的热闹场面；要么是问题以简单的"是"与"否"便可以回答，而不能引导学生思考。

学生在这样的课堂中成长，只能形成依附权威的性格。若要改变这样的现状，乡村中小学（特别是小规模学校）在办学条件逐渐改善的前提下，可以进行多种形式的探索。比如说，可以采用环形摆放课桌椅，教师放下自己高高在上的威严，走近学生，走出灌输式教育的惯性，通过真正意义上的提问式教育培养学生独立思考、合作学习的能力。小，可以成为乡村教育高质量发展中的最大优势。在这个过程中，"教师不再仅仅是授业者，在与学生的对话中，教师本身也得到教益，学生在被教的同时反过来也在教育老师，他们合作起来共同成长。在这一过程中，建立在权威基础上的论点不再有效，为了起作用，权威必须支持自由，而不是反对自由。在这里，没有人去教其他人，也没有一个人是自学而成的"[1]。师生之间，通过对某个主题的探讨与交流，能够建立起一种共享的话语体系，学生在这样轻松、自由的语境中自然能够获得更好地发展。

当然，随着乡村中小学信息技术的发展，还可以引入导学制、微课、翻转课堂等形式。导学制是对传统灌输式课堂的颠覆，改变教师慷慨激昂、学生东张西望的课堂表现，以"研究性学习"促使学生学习变身为"自求自得"的过程。其基本的过程可分为四个环节。第一环节："启"。花 5 分钟左右的时间，由老师向学生提出问题，启发，布置任务。在这一环节，教师通过"启"激发学生自主学习的动机，提出明确的自学要求：对学什么内容，用多长时间，达到什么目标，做哪些题目都有明确的要求。第二环节："读"。花 20 分钟左右的时间，由学生带着问题进行"研究性学习"，看书。这是关键性环节。第三环节："练"。花 15 分钟左右的时间，由学生边看书边做练习。在"当堂练习"环节：练习像考试那样，让学生独立地、快节奏地按时完成，教师注意检查纠正学生练习过程中的不良习惯。第四环节："测"与"结"。花 5 分钟左右的时间，由老师对学生练习予以测评，并进行总结。在"讲解"环节，老师的"讲"绝不是依据教材照本宣科，而是教学生自主学习后不清楚的地方，画龙点睛。[2] 相较于导学制，翻转课堂也有类似的功能。翻转课堂是将教学过程的主动权从老师转交给学生，老师和学生一起使用宝贵的课堂时间去解决本地及其他现实世界中的问题。翻转课堂最大的优势，是将学习从课堂延伸到课外：问题及问题解决所需要的信息，教师不必在课堂上讲解，而是让学生自己通过查阅书籍、网络、询问等方式在课前主动获取；在课后，学生自己规划学习节奏、方式等，教师则通过协助、帮助的方式实现学习的个性化。至于微课，则是一种通过多媒体信息技术补充传统教学资源的课堂教学视频，将教学设计、课外资源、补充练习、

---

[1] ［巴］保罗·弗莱雷：《被压迫者的教育学》，顾建新译，华东师范大学出版社 2001 年版，第 31 页。

[2] 《导学制教学》，http://www.houxue.com/kecheng/48053/。

学习反馈等内容制成视频，构成一种主题式教学的资源应用"小环境"。

通过这些教学实践，建立起相互尊重、相互理解、共同进步的师生关系，将课内、课外的师生及学生之间的交往建立在共享话语权的语境之上，这也有利于乡村学生之间学习共同体的建立。

综上所述，通过学校物理空间与文化氛围的打造，乡村学校建立起与文化生态相协调的教育空间；通过地方化制度建设，使学校的组织形态实现规范化与人性化的协调；通过学校生活交往的拓展，及师生教学交往关系的变革，使乡村中小学的活动形态变得丰富多样。这样的教育空间、组织制度与活动形态"共构"成乡村中小学生在学校学习生活的公共空间，在这个公共空间中，每个学生都会感受到自己是被尊重的，本地方传统文化的价值也可以体现出来。这自然会唤起他们融入公共生活的努力，在知识学习的同时掌握公共生活的技巧，为其日后良好的生活状态打下基础。

第二节　破墙策略

在陶行知先生的教育思想中，极其重要的一条原则是"做学教合一"。陶先生专门著文对其含义进行了阐释：

> "做学教合一"应集中在一个"做"字上面，这是当然的。因为"做学教合一"的理论，也是集中在"做"之一字。"做"字有个新而特别的定义，这定义，就是"在劳力上劳心"。单纯的劳力，只是蛮干，不能算"做"；单纯的劳心，只是空想，也不能算"做"。真正的"做"，只是"在劳力上劳心"。我们主张"做学教"是一件事的三个方面：对事说是"做"；对自己的进步或退步说是"学"；对别人的影响说是"教"。做要用手，即学要用手，教要用手；做要用耳，即学要用耳，教要用耳；做要用眼，即学要用眼，教要用眼。我们既以"做"为中心，那么"做"要用锄头，即学要用锄头，教要用锄头。"做学教合一"，有一个公共的中心，这个"中心"就是"事"，就是实际生活。怎样是实际生活？说得明白点，就是日常生活。积日为年，积年为终身，实际生活，便是人生的一切。分析开来，战胜实际困难，解决实际的问题，生实际之利，格实际之物，

爱实际之人，求实际的衣食住行，回溯实际的既往，改造实际的现在，探测实际的未来。这些事总结起来，虽不敢说概括全部人生，但人生除了这些事还有什么？在做这件事上去学、去教，虽不敢说有十分收成，但是教成的与学成的，必是真本领。实行这种教育——做学教合一——的学校或社会，虽不敢必其进步一日千里，但是脚踏实地地帮助人类天演历程，向上前进运行，绝不至落空，那是可以断言的。①

陶行知"做学教合一"的教育思想传达了以下几层意思：第一，"做"是"学"和"教"的基础，即在"做"中"学"，在"做"中"教"。"做"便成为"教"与"学"的方式，即选择有意义、有价值的"事儿"去"做"。第二，"教"和"学"的"相长"。以"做"这种活动为支撑，"教"和"学"的双方在合作中都可以获得进步与发展。第三，以"做"为基础，就意味着"教"与"学"的活动便不能限于班级或者校园，采取"破墙"策略，让"教"与"学"回归生活是必由之路。

乡村青少年疏离乡村社会文化生态的发展给自己的生活（在乡村社会或者在主流社会）带来的负面影响的案例是值得反思的。通过生活的回归，让乡村中小学生可以在网格化的社会构成中清楚地确定自己的位置；通过生活的回归，让乡村学生通过国家主流文化与地方传统文化的学习获取未来良好生活状态所必须具备的基本知识与技能；通过生活的回归，让乡村学生意识到自己担负的乡村社会发展的责任，继而化之为努力学习的动力，使自己获得"合目的性的发展"。

一　恰当选择社会生活"热点问题"开展研究性学习

乡村中小学教育实践，在很多时候可以被冠以布迪厄"符号暴力"的概念，它在本质上表达了师生在教学过程中的关系，即教师的"教"凌驾于学生的"学"之上的行动逻辑。"以教为中心思考和制定的课程改革和教学改进方案，始终没有触及决定学校生活中学习问题的实践共同体的境脉"，这是许多乡村中小学课程与教学改革效果欠佳或短寿的根源，因为它

---

① 陶行知：《中国教育的觉醒》，群言出版社2013年版，第201—204页。

没有能"把握住学习者所置身的社会实践和文化对知识生产、身份认同和文化传承的决定性影响",更不可能"成为学习者的真实的实践,没有对学生迈向成人的发展过程中身份轨迹的变化产生有效的影响"[1]。

这样的教育实践有其不足之处。乡村教育是国家体制内教育的一部分,培养乡村中小学生的国家认同、中华民族认同是它先天的责任和义务。但是,从官方文本到在地化实践,都从没有否认过地方传统文化的育人价值,而且地方传统文化本身就是中华文化共同体的有机构成。但在乡村教育实践中,在升学压力、实践者的"忠实取向"的共同作用下,地方传统文化的传承空间被明显压缩,这是乡村青少年成长过程中的资源损失。因此,在教育过程中如何沟通国家课程与地方性知识的关系?如何建立课堂教学与学生生活经验的关联?如何突破执行中的"忠实取向"?对些可以做一些有益的探索。

据在 G 县 D 学校支教的 L 老师介绍,他来到这个地方,也为精彩的地方传统文化所吸引,利用活动课的时间,组织自己任教的八年级学生开展以"渐行渐远的卡雀哇"为主题的研究性学习活动。表 6-2 根据 L 老师的讲述整理而成。

表 6-2　　　　　　　　　　渐行渐远的卡雀哇

步骤	学生活动	教师活动
动员和培训阶段(了解研究性学习、掌握研究性学习的研究方法)	1. 了解本次研究性学习主题 2. 了解并掌握本次研究性学习活动顺利开展所必须依赖的研究方法 3. 学习他人研究性学习的成功案例,并探讨别人成功背后的秘密	1. 呈现一些关于卡雀哇节的照片,激发学生学习的兴趣 2. 组织学生探讨该研究性学习的主题,分享感受 3. 说明此次研究性学习活动的基本步骤,并对拟采用的研究方法及使用中的注意事项进行详细的讲解,以保证学生在具体操作中不至于出错

---

[1] 赵健:《学习共同体——关于学习的社会文化分析》,华东师范大学出版社 2006 年版,第 60 页。

续表

	步骤	学生活动	教师活动
准备阶段	提出并解析研究的主题,归纳出子课题	通过对卡雀哇节相关知识的讨论,确定学生的兴趣点,并把它们定为研究的子课题: 1. 卡雀哇节的历史由来 2. 卡雀哇节的流程 3. 卡雀哇节衰落的原因 4. 现在与传统卡雀哇节的异同	1. 组织并引导学生讨论 2. 与学生一起筛选、确定子课题
	确定各个子课题的课题组的成员	1. 学生根据个人的喜好与专长选择想要参加的子课题 2. 形成课题小组,选定组长 3. 明确组内成员分工,如资料查阅、实地考察、访谈等	1. 引导学生合理分组,结合自己对学生的认识适当地进行微调,使各组的实力均衡 2. 组织并指导学生的小组讨论及分工
	形成各个子课题组的行动方案	各小组根据自己的研究课题,通过组内讨论,形成行动方案(规划行动时间表;细化研究内容;制作调查表等)	1. 提供研究性学习的行动方案模板,让学生可以仿效 2. 提供研究性学习调查表的模板
	各个课题组之间交流行动方案并最终确定	1. 各小组向全班同学介绍自己的行动方案 2. 给其他小组的行动方案找问题、提建议 3. 各小组结合自己的认识与他人的意见,确定自己的最终行动方案	1. 组织全班学生聆听各课题组所汇报的行动方案 2. 在组织学生讨论中,适时给予引导,并提出自己的意见

续表

步骤	学生活动	教师活动
实施阶段	1. 资料收集活动 收集关于卡雀哇节的相关文献资料（通过网络、期刊文章、书籍等） 2. 实地调查活动 参与D乡政府组织的一系列卡雀哇节庆祝活动，并做详细的记录 3. 访谈活动 访谈深谙独龙文化的传承人，让他们分享卡雀哇节的基本流程，并通过他们的表演和阐释，了解仪式的意义；访谈文化事业单位的相关人士，了解他们对卡雀哇节的认识、对于传统与现代在仪式上差别的把握，及这种差别的本质	1. 给学生的资料收集提供各种便利 2. 组织学生参加乡政府组织的卡雀哇节庆活动，并安排专门的老师负责学生的安全等 3. 帮助学生联系独龙文化的传承人与文化局的专家
总结与反思阶段	1. 各课题小组汇报自己的研究成果 2. 各小组参照组间评价修改、完善自己的研究成果 3. 全班学生一起讨论、交流在研究性学习过程中的收获	1. 根据整个课题研究开展的情况，给学生一个中肯的评价 2. 就研究中出现的问题予以着重分析 3. 对研究结果进行总结和提升

笔者在G县的考察中发现，类似的研究性学习活动在其他学校也多有开展，G县G学校的Y老师说，他曾经组织自己班里的汉族学生到B镇秋那桶村了解当地村寨的风俗习惯。下文是Y老师提供的社会实践活动报告节选及一名参与调查学生的心得体会。

我们的风俗习惯[①]

第一，饮食。饮食类别较多，日常生活中常吃的食物包括两大类：其一是玉米糁稀饭；其二是玉米糁、用荞米或大米蒸或者焖出来的干饭。当地饮食中最大的风味食物是肉拌饭，由肉、核桃仁、玉米糁、荞米糁、大米、盐等东西相拌而成。在做饭工具上，有铁腰锅、铁锅、铝锅、钢精锅，有电饭煲、电炒锅，还有高压锅、烤箱。第二，服饰。除去一般的衣物之外，在节日中，他们穿着的地方特色服饰是用绵羊毛织成布后做的衣服，有短袖褂子，下穿长衫，腹前一块围腰，穿一条裤子，结一条腰带，头上有包头。第三，婚恋习俗。以自由恋爱为主。在农闲、节庆的夜晚，男女青年选择在风景秀丽的林间、山坡或枝叶茂盛的树下约会。在约会时，尽情地对唱情歌。以前，本地姑娘不远嫁，也不与外族通婚，但随着交通的便捷与教育的普及，这种情况改变了。第四，娱乐。娱乐主要以唱山歌为主，有猎人调、结婚调、生产调、丧葬调等。吟唱时是两边对唱，歌词讲求对仗、对偶。唱歌时喜欢喝酒，无酒则不唱。第五，节日。节日有春节、鲜花节等。春节时，老人在火塘边吟唱古歌，饮酒助兴。年轻人则射弩、摔跤、打秋千等，共同在场地上翩翩起舞，边跳边唱。鲜花节是每年农历三月十五，杜鹃花开放时欢度"仙女节"，等等。

参与调查秋那桶村寨风俗习惯的汉族学生可以说是有巨大的收获，通过"体验—思考"而获得的认识比老师如何一再强调的"民族平等、文化共生"都有用得多。当他们深入当地人生活的天地系统时，才能体会到他们那些风俗习惯不是为了标新立异，而是真正地阐释了人与自然生态相和谐之道。当他们再次回想曾经体验的文化习俗时，再也不会是一种猎奇的眼光，而是从心底生出的尊重。就如参与调查的学生所言：

老师开始说要组织这样一个社会实践活动，我也是抱着好玩的

[①] 由 G 县 G 中学 Y 老师提供。

心态。早就听说过秋那桶村的风景很好看,又有同学一起去,一定会玩得很开心。对于秋那桶人的风俗习惯倒不是真正感兴趣,因为在我的印象中那里就是个很穷、很落后的地方。当我们一行人到了村里面,看到了美丽的景色,也看到了当地人自由自在的生活,好像很满意的样子。通过对他们的观察、与他们交谈,了解了他们风俗习惯的很多方面,结合老师给我们讲解的背后的原因,才知道原来他们那样生活都是有道理的,不是我们认为的落后。比如说,他们喜欢穿羊毛制成的衣服,是因为那里的海拔高、天气冷,所以需要保暖。①

乡村中小学通过组织这样的社会实践活动,让学生有机会深入了解在特定地方生活的人们身上所承载的文化,去思考其存在的合理性,并从心里表达出对"他者"及其所承载文化的独特价值的接纳,这是乡村学校文化教育的应然追求,也是"美美与共、天下大同"理想实现的可能路径。这种社会实践活动的意义还体现在以下方面:首先,有助于乡村学生树立包容的文化心态,对于"他者"能够表现出足够的尊重,这是彼此之间合作、共进的先决条件;其次,有助于乡村学生树立乡土自信,通过对他人风俗习惯合理性的接受,可以反观常常被忽视、可能被自己轻视的本地区文化的合理性,发现其价值,继而,从对本地区传统文化自信升华为乡土社会成员的自豪感,收获对乡村社会的向心力;最后,对地方传统文化自信与其他文化的尊重,可以让乡村学生收获来自多种文化的生活智慧,助力其当下及未来良好生活状态的获得,"因为任何文化制度,任何语言系统,都不能够穷尽真理,都不能够直面上帝"②。

通过恰当选题、合理组织的研究性学习活动,可以让学生对日常生活中因习惯而被忽略、因轻视而被抛弃的地方传统文化有一个从知识、情感到价值观念全环节的认识,这不仅会增强学生亲近自己所属乡土社会的向心力,而且会使其清楚地意识到作为乡村社会一分子的确定性与

---

① 由 G 县 G 中学 Y 老师提供。
② 参见 [美] 克利福德·格尔茨《地方知识——阐释人类学论文集》,杨德睿译,商务印书馆 2014 年版,"代译序"第 16 页。

自豪感。通过研究性学习，让乡村学生走出校园，走进乡村社会生活，以一个研究者审慎的态度观察、思考乡村社会中所发生的翻天覆地的变化：张扬其中的合理性，以积极的态度迎接国家主流文化价值观的影响，确认乡村社会是国家整体的一个重要组成部分、个体除了乡村社会成员之外还兼有国家公民的角色，积极地融入并乐观地看待乡村社会的发展变化；积蓄抗逆其中不合理方面的勇气，在一般性之外更要有一种独特的乡村视野，让乡村社会的发展不脱离地方传统文化的观照，不摆脱乡村地区自然生态的规约，让绿色发展、天地人文和谐的发展成为乡村社会的主旋律。

二　促成"家—校—社区"三重教育力的联合

乡村中小学不能成为悬置于乡村社会之上的"孤岛"，从办学理念到实践环节全方位地融入乡村社会的文化生态才是正途。这是对"读书—升学—走出农村"极为功利且短视的价值观念的匡正：即使是那部分可以走出农村生活的学生，在一味升学取向的导引下，对生活背景中文化生态的忽略，在其将来的城市生活中也会产生极大的负面影响，他们还需要一个重新习得的过程；对于那些未来需要在当地谋生活的学生来说，也会因为地方传统文化、国家主流文化熏染的不足而变成"不懂规矩"的人。

在乡村中小学的教育实践中，这种"升学取向"大行其道。在文明的强势话语下，乡村教育往往有意无意地否定地方传统文化，忽视当地社会的人生观、宗教信仰、文化理念和文化传承，这些否定和忽视往往构成了乡村教育发展的重大障碍。"在城市本位导向下的农村教育，一旦学生未能继续升学，未能走出农村变成非农身份，未能找到挣工资的工作，学生和家长往往会产生强烈的挫败感。"[1] 因为这些学生是以当地良好生活状态为赌注去换取最终也没能够如愿实现的城市生活，最终只能是"鱼"与"熊掌"皆失。正因如此，乡村中小学需要转变教育观念，走出功利性的升学取向，代之以实实在在的生活取向，以"破墙行动"

---

[1]　翁乃群：《村落视野下的农村教育——以西南四村为例》，社会科学文献出版社2009年版，"前言"第5页。

引领乡村学生的学习回归日常生活与乡村社会的文化生态，让"家庭—学校—社区"形成教育合力，共同作用于他们的发展。

家庭、学校、社区三个方面的教育力量在乡村学生的发展中是不可分割的，就好比拉一驾马车的三匹马，如果拉的方向不一致或者拉的节奏不协调，都会造成力量的损耗或相互抵消。所以，从学生更好地发展的角度来看，如何在乡村社会文化生态的背景上，通过一些具体、可行的策略使三方形成教育合力，是当下极为紧迫的问题。

当然，三者相结合存在一个谁主导的问题，从家庭教育水平参差不齐、社区教育鱼龙混杂的现状来看，学校作为专门的教育机构，应该在探索乡村学生发展规律的基础上统合家庭教育与社区教育，发挥家庭教育与社区教育对学生发展的教育力。

首先，学校要正视自己在乡村学生成长中的地位，即自身不是引导其发展的唯一力量，仅靠自己是不能够独立完成学生发展的目标的。其次，建立学校和家庭之间沟通的渠道。比如说，可以采用家访、家长会、家长学校等方式在家长心中确立起家庭教育的重要地位，传播家庭教育的方法。学校还可以定期组织家庭教育经验交流会，家长之间相互取长补短。通过这些活动，让家长树立正确的人才观，认识到品德对其发展的重要作用，"从小就要求和引导孩子懂得礼貌待人、和气处世、勤劳俭朴、尊师敬长等社会公德，培养孩子热爱学习、勇于进取、尊重科学、保护环境等优良品质"；"能够用心教育孩子，投入足够的人力、财力、物力，不管家庭经济条件多么困难，自己工作多么繁忙，或是家里发生了多么不幸的事，都要始终如一地培养孩子"；能够严格要求自己，以自己的一言一行、一举一动影响孩子的发展；能够为孩子的发展创造和谐的家庭氛围，"使孩子和家长处于十分愉悦的状态，激活自己的身体和精神，主动地交流思想、学习知识、参加劳动、欣赏艺术，在轻松自在的家庭生活中锻炼体能、发展潜能、造就个性"[1]。这是通过学校去影响家庭教育作用的发挥。另外，学校还可以选举出家长代表，成立家长委员会，参与到学校的日常管理中，行使监督职责，发挥学校教育在乡村中

---

[1] 骆风：《造就卓越人才——北京大学博士生家庭教育探析》，商务印书馆2003年版，第437—441页。

小学生发展中的作用。最后,学校要建立与社区的沟通平台,创造学校与社区相互交流的机会。比如说,可以聘请当地的传统文化传承人到学校兼职授课、聘请派出所的民警作为学校分管安全的副校长;对于一些专门知识、生活技能的教学,如经济素质教育等可以邀请银行的专业人员到校与学生分享等。同时,学校应该合理安排、组织学生参与社区的文娱活动。

笔者在 G 县的考察中发现,许多中小学扎实地推进着家校合作,形成了定期家访、召开家长会的制度。在 B 小学,笔者发现了一份 2013 年的"家访及联合宣传活动的实施方案"。

B 小学关于开展家访以及联合宣传活动实施方案

教育是一个系统工程,需要学校、学生家庭、社会的共同参与,家访和家长会则是这一系统工程中的重要环节,是做好教育教学和班级管理工作的重要环节。

通过集中家访,让学生感受到老师的关注和重视,这对学生是一种激励,对家长是一种触动;切实加强学校和家庭、教师和家长的联系,了解学生成长环境、思想动态及校内外表现。及时通报学生在校表现情况,宣传正确的家庭教育思想,引导家长树立正确的人生观、质量观,掌握教育子女的科学方法;征求学生及家长对教师和学校工作的意见和建议,营造关爱学生、教育学生的德育氛围,进一步推进师德师风建设,提高社会与家长、学生对学校教育的满意程度。

经学校研究决定由镇政府牵头,学校校领导带队,学校全体教师参与进行走村入户及联合宣传活动。具体实施方案如下:

一、活动时间:2013 年 10 月 27—28 日。

二、活动内容:在村委会召开家长会;到学生家进行家访。

通过家访活动,密切了家校关系,家长获得了家庭教育方面的知识,学校也听取了来自家长方面对学校教育工作的意见和建议,双方在沟通和协作中共同助力乡村学生的发展。此外,G 县 B 小学在 2016 年 10 月

28日还举办了"感恩、合作、协作"的主题家校活动。① 家校活动分为四个部分：第一，黑板报——学文明、知礼仪；第二，书香韵——书法作品展；第三，"山里娃中国梦之家乡进步、我成长"诗歌朗诵比赛；第四，亲子游戏。

通过"学文明、知礼仪"，在少先队员们心中播下道德的种子，争做一个讲道德、守纪律的好少年；通过"书法作品展"展示一、二年级小朋友以学写中国字开启的斑斓人生，三、四年级学生用钢笔字写下的梦想，五、六年级学生用毛笔完成的对自己的挑战；通过"诗歌朗诵比赛"展示怀揣梦想的乡村少年，用自己所学习的文化知识，以及实际行动，表达自己那一个个闪烁的梦；通过"爸爸你在哪儿？""灌篮高手""足智多谋""牙牙学语"四个亲子活动，把为生活忙碌奔波的家长集中起来和孩子创造一个合作学习的机会，感恩父母的教养，体验合作的乐趣，感受成功协作的喜悦。

G县B小学在拉近"家校关系"的同时，还积极拓展学校与社区的联系。

G县××中学××班级社区服务实践活动计划书

活动目的：第一，引导学生走向社会、了解社会、融入社会；第二，通过社区生活的体验，在学生心中建立起扶弱济困的同情心，及关心他人、理解他人的同理心；第三，让学生通过参与社会实践活动，增强社会责任感，培养社会责任能力，提高社会交往能力及分析问题、解决问题的能力。

活动时间：周末（或者节假日）。

活动地点：学校附近的社区。

活动人员及分工：班主任、科任老师代表及自愿参与社会实践活动的学生。班主任职责：统筹安排社区服务活动的诸项事宜；科任老师职责：根据细化活动内容的分组，负责本组学生的活动；学生：积极、热情、主动地投入社区实践活动。

---

① G县B小学微信公众号于2016年11月1日发布的信息。

活动内容：第一，了解社区管理的相关规定，协助社区出墙报进行普法及政策宣传，清洁楼道、拾捡生活区、绿化带内随意丢弃的垃圾，护理社区环境；第二，清理社区内墙面上随意张贴的小广告；第三，为社区居民分发宣传党和国家乡村政策的宣传册及报纸；第四，服务孤寡老人，为他们做些力所能及的家务事，送去晚生后辈的关怀；第五，陪伴留守儿童，给他们讲故事，陪他们做游戏，共同度过一个快乐的周末；第六，整理、收集社区废品，将其卖至废品回收站，并将所挣的钱用于社区公共建设，如为社区买几盆花等；第七，开展绿色环保活动，在社区开展节约用水、保护水资源的宣传活动，对本地区水环境污染进行调查、分析并提出建议等；第八，开展读书学习互助活动，帮助和指导社区内的小学生开展读书学习活动。

通过社区服务活动的参与，乡村学生可以看到当地社会的真实情况，思考其中的问题，激发出自己刻苦向学的动力，争做一个对家乡发展有用的人；通过一些具体事务的参与，学会与他人交往，提高生活能力；通过对用水、用电状况的了解、垃圾的处理，在学生心中树立绿色、环保的理念；通过对社区内孤寡老人与留守儿童的关怀，使他们在心中建立起"扶弱救困"的正义感。

当然，社会教育力的功能发挥还可以采用"请进来"的方式，G县B中学就做了很好的示范。2016年9月8日下午，经学校Y校长的邀请，镇派出所所长L同志、边防派出所民警W同志、镇交警中队民警L同志到学校为全校师生举行了一场法制教育与交通安全知识讲座。民警L同志和W同志，根据当下的社会实际和校园周边的安全形势，结合该镇的实际情况，以案释法、以法论事，对学生进行了应有的法制知识，及如何提高自身的法律意识、安全素质等问题的讲解，告诫学生需引以为戒，增强法制观念，提高法律意识。交警中队L同志讲述了发生在学校周边的交通事故，告诫学生不乘坐无牌无证非正规营运车辆，不在路上追逐嬉戏，从小养成自觉遵守交通规则的好习惯，增强自我保护意识。通过这样的活动，让乡村中小学生的法制观念与意识得到了提高，为做一个知法、懂法、守法的公民播下了一颗种子。

三 通过"结对子"实现优势成长资源的引入

为保证中小学生了解社会及更好地融入社会,乡村中小学在办学思路上需要打破校园孤岛格局,建立与外面世界联通的"高速公路",引导学生走出书本、走出班级、走出校园,走进社区、走进生活、走进文化生态,积累生活的经验,收获生活的智慧与意义。这便是陶行知先生所言的"生活教育",引导学生走进的"是健康的生活,就是健康的教育;是劳动的生活,就是劳动的教育;是科学的生活,就是科学的教育;是艺术的生活,就是艺术的教育;是改造社会的生活,就是改造社会的教育"。这样的教育是实在的,而不是弄虚作假的:"人生需要什么,我们就教育什么。"引导乡村中小学生走向生活,就像是"把笼中的小鸟放到天空中,使它能任意翱翔,是要把学校的一切伸张到大自然中去"[1]。那么,"破墙行动"还需引导乡村学生向"外面的世界"敞开,打开更为广阔的天空,收获对国家主流社会经济生活、社会生活及精神生活三方面内容的知识,为其未来的可能生活——向主流社会的融入奠定基础。

乡村教育的发展一直都受到外面世界的广泛关注,各界的爱心人士也积极地在物质方面给予一定的帮扶,帮助其解决学生生活(提供牛奶、水果等物资;提供衣物等)、学生学习(送文具、书包等)及学校的硬件设备(办公设备、电脑等)等方面的问题。不可否认,这些捐助活动对学校办学条件、学生学习与生活条件的改善可以起到一定的作用,也能让乡村中小学生在这种善意中生成回报他人、回报社会的愿望。但是,这样的捐赠与帮扶解决不了根本问题,更不可能对乡村教育与乡村学生的高质量发展发挥出实质性、根本性的推动作用。

笔者认为,理想的方式之一是鼓励、促成乡村中小学和掌握大量教育资源的城市学校结为相互支持的"对子",通过相互参观、交流、合作,互派交换生等方式促进乡村学生的发展。当然,"结对子"的双方首先需要对自己在相互关系中的定位有个理性的认识:共赢是合作的目的,合作中双方分享话语权;双方都能够准确了解自己的优势资源与劣势资源,知道可以从对方获得什么样的助力以有利于学生的发展。类似的合

---

[1] 陶行知:《中国教育的觉醒》,群言出版社2013年版,第218—219页。

作行为已有先例，例如山东与新疆26所学校的合作项目。

山东省与新疆喀什26所中小学校于2014年5月25日在喀什签署结对协议。两地学校将加强交流合作，实现优势互补，共同提高学校管理水平和教育质量。

这26所中小学校分别来自山东济宁、泰安、东营、日照4市以及喀什英吉沙、岳普湖、疏勒和麦盖提4县。喀什4县每个县一所小学、一所中学、一所中职学校对应山东4市每市的一所小学、一所中学、一所中职学校。另外，济宁育才中学对接喀什地区第二中学。从今年秋季开学起，双方学校每学期将互派管理人员或教师到对方学校挂职。双方学校每年还将至少组织一次短期互访。在互访中，将举行专题讲座、示范课、公开课、听课评课、集体教研等，共同提高教育教学水平。双方学校的学生也将通过书信、网络等方式开展学习和生活交流，乃至组织假期互访，增进了解与沟通。[1]

乡村学校与城市学校之间在"结对子"的基础上，通过扎实地组织一系列活动，定会为双方学生发展带来极大的益处。第一，定期组织学生代表参观访问。当农村学生进入城市校园，在克服最初的不适与羞涩之后，看到的是完全不一样的、被高楼大厦包裹着的、现代气息浓郁的校园，一定会有不小的触动。当然，这样的参观也不局限于校园，还可以组织他们参观博物馆、科技馆、少年宫，参观当地标志性的人文景观、建筑等，深刻感受国家经济、社会的发展，开阔视野、打开心胸，体会作为社会主义国家一分子的存在感与自豪感。第二，在这样的参观活动中，被参观学校也可以组织学生给来访的乡村学生进行"一对一"地导游，在讲解、交流的过程中促其结下深厚的友谊。在结束访问时，他们之间的交往可以借助手机、电脑继续保持，分享彼此的经历与生活经验，收获更多的成长体验。第三，为了乡村学生更好地感受现代文明的成果与主流文化的熏染，还可以借鉴"变形记"的形式，实施中短期"交换

---

[1] 《山东与新疆喀什26所中小学校签署结对合作协议》，http://www.jyb.cn/basc/xw/201405/t20140525_582983.html。

生"项目（乡村学生交换到城市学校，城市学生也交换到边远乡村学校）。当这些学生以一个新的角色走入城市学校，在对自身地方传统文化合理性自信的基础上体会现代文明与文化的熏染，其间难免有碰撞，但更会引发思考——一种合理性对另一种合理性的思考，这会让他们确立起对乡土文化及其所包含的生活智慧秉持更为自信的态度，也会让他们成为国家主流文化更积极、更审慎的传播者，将现代文明的有益因子以更合理的方式带回乡村社会，融入乡村生活与文化生态。第四，从资源的角度来看，不可否认，城市学校拥有更多的、被界定为优质的资源，不论是硬件还是软件方面均是如此。所以在两个学校的合作中，教育资源从城市学校向乡村学校流动成为必然。但乡村学校要避免缺乏审慎态度的无条件接受，综合两方面的教师科研力量就"现代教育资源乡村适应性改造"问题开展合作研究，促进现代教育资源本土化才是正途。

综上所述，从乡村社会的文化生态——国家主流文化、地方传统文化、自然生态三者和谐共生的角度出发，乡村学生的发展必然是"合文化生态"的发展，也必须走向国家公民与乡村社会成员两种角色的担当，形成地方传统社会与国家主流社会双重的融入能力。当然，所有的这一切都是出于中小学生未来良好生活状态的考量。基于此，必须引导他们走出学校，走向丰富性且极具教育意义的生活，在生活中学习如何生活，在生活中学习满足个体物质、社会融入、精神等多方面需求的能力。上文所述的不论是"社会问题为中心的研究性学习""家庭—学校—社区"教育力的整合，还是"结对子行动"都是对这一目标的回应。通过破墙策略，在乡村学生心中播下一颗种子：这颗种子是生活，指向乡村学生未来生活的双重适应性与发展的无限可能性；这颗种子是开放，指向乡村学生以审慎的态度包容外来事物，积极融入主流社会，努力改善生活状态；这颗种子是责任，唤起乡村学生对于自身未来生活状态的负责任的态度，唤起他们对于乡村社会良好发展状态的担当意识。

第三节　实践性教学策略

实践是知识获取的路径，知识也终究需归于实践。知识的实践指向性，使获取知识的学习行为无法摆脱实践性，那么在教学中使用实践性策略也就成为必然。实践性教学包括两个方面的特征：其一，学科知识的生活化、情境化；其二，实践性知识成为教学内容的重要组成部分。从实践性教学的目标上说，也包括两个方面：其一，在生活适应性方面，强调实践、关注运用、学以致用，为生活能力的提升做准备；其二，在生活创造性方面，从实践能力出发，创造性地组织生活中可以依赖的资源，在学用结合中整合、体系化已有的知识，发展解决实际问题的能力。

从乡村学生发展的实际情况来看，国家主流社会与地方传统社会适应能力不足是显在的，创造性地解决个体发展中所面临的问题的能力是欠缺的，因此，乡村中小学在日常的教育教学中，采取实践性教学策略极为必要。

一 提升学科教学中书本知识"实践转化"的比率

包括乡村学校在内，学科教学一般采用讲授法——老师讲、学生听，老师主导课堂教学，行使传道、授业、解惑的责任，这样的教学方式虽不免有"灌输"的嫌疑，但在知识的传播与普及、人口素质的快速提高方面，确实起到了不可忽视的作用。但在张扬个性的当下，也是由于其"填鸭"之实，往往为人们所诟病，说其扼杀学生的天性与创造性。正因如此，可以在乡村中小学的学科教学中增加一种实践性，即以学生在学习过程中的亲历、参与而获取知识，在老师的引导下实现经验的理论升华，从而真正改变传统教学中学生依靠被动地识记去积累知识的学习方式；真正地尊重学生、理解学生、信任学生，充分地调动学生的学习积极性，提高其学习参与度，从而变革以教师宣讲为主、忠实教材取向的传统课堂教学模式；以教学过程中学生多感官参与提高课堂教学的效果，代替传统课堂教学过多地依赖听觉系统的习惯。为达到这样的目的，科任老师在教学过程中应注意以下几点：第一，教师与学生双方都处于"激起"的状态，学生发挥学习的积极主动性，老师也要将自己调整到适度亢奋的状态，以随时应对学生在学习中的问题；第二，以知识获取、能力提高为起点，将其升华到情感、态度与价值观念层次；第三，要将书本知识与实践环节紧密结合起来，增加二者之间相互转换的可能性，使"学"得以"致用"；第四，教师得具备整合运用多种教学方法的能力，相互之间取长补短，以取得优良的教学效果。下文以八年级历史下册第十一课《民族团结》为例表现实践性教学及其特征。

从导入上说,教师应该充分调动起学生的学习兴趣。在这一部分,如果按照传统的导入法——回顾上文知识,向学生提出两个问题:还记得中国改革开放的总设计师是谁吗?谁能站起来说一下中国社会主义初级阶段的基本路线?学生也一定会回答,而且看似运用了提问法,但是学生却一定处于很平静的状态。若是教师能够以自拍或者借用以"民族团结"为主题的微电影作为开始,继而以《五十六个民族五十六枝花》为背景音乐,结合发生在身边关于民族团结的事例展开讨论,一定会取得更好的效果。

在教学过程中,教师要合理利用多种教学方法,提高学生的参与度,并引导他们积极参与校内外的生活实践。只是教师必须做好充分的准备工作,在讨论的过程中,适时地引导学生将知识性的内容升华到民族团结传统的挖掘与民族团结精神的形成上。从古代的"和亲"到近代为抵抗列强的入侵各民族同胞共同抗击外辱事实的阐述等;从社会主义多民族国家的形成到国家民族政策的制定和实施等,共同引导学生去认识、去思考,民族团结不是一句空洞的口号,而是有着深厚历史渊源与现实必然性的。这样的导入,调动了学生视觉、听觉等多种感官,又启发了学生在历史常识回忆、民族团结传统挖掘及情感等多层次的思考,同时,还将历史事件与现实事件结合起来,让学生感知到民族团结不是书本上的口号,而是日常生活。这是历史教学中实践性的体现。所以,这里既有传统的讲授法,也有讨论法,学生直接参与到课堂的教学活动中,让教师的"教"与学生主动的"学"紧密结合起来。同时,民族中学作为一个多民族学生共同学习、生活的场域,也有充分落实民族团结的实践平台,这是从书本与课堂向生活技能回归的过程。比如,可以在校园里开展"大手拉小手"的活动。以 G 县 D 学校为例。这是一所九年一贯制学校,低年级的学生十分缺乏生活自理能力,这时,可以鼓励高年级的哥哥姐姐主动地承担一部分照顾低年级学生的责任。又如,可以定期出板报,宣传党和国家的民族政策,宣传民族团结中的重要历史人物(对于独龙江乡来说,如夏瑚:光绪三十三年,夏瑚奉命巡视独龙江，他是第一个以政府官员的身份巡视这一带的人，也是第一个把内地文化带到独龙江的人；如孔志清：作为旧乡长的孔志清，是将独龙族带入社会主义大家庭的重要人物），宣传社会生活中民族团结的重要事迹，等等。当然，实践平台不只停留在学校里，回归日常生活，以对"民族团结，各民族共同发展"的关注，积极参与民族团结的盛会，反思民族社会发展中存在的问题。

通过这样的历史课教学，学生收获的不仅是口号式的内容：民族团结与各民族共同发展，而是从知识、能力、情感、价值观念等上全方位地接受民族团结思想。当然，在学科教学中增加实践性的内容，不应仅仅局限在历史科目上，其他学科的教学也是一样的，只是需要科任老师多做教学准备工作，方可取得预想中的效果。

二 增加实践性知识在课堂教学中的比重

文化生态视角下乡村学生发展的三个方面——经济生活能力、社会生活能力、精神生活能力均具有明显的实践倾向性，因此，乡村中小学在教学活动中，以"融入"或"加入"的方式加大实践性知识的比重极为必要。

先说"融入"，顾名思义，把实践性与生活性知识融入传统课堂教学活动中，将融入乡村社会与主流社会两个方面所需的实践性知识教给乡村学生。在地方传统文化要素上，个体通过掌握语言、音乐、舞蹈、作品、服装、厨艺等能促进自我意识发展、习得地方传统文化和在生活中已经定型的群体共同行为。[①] 比如说语言教学，从初衷上说，一是让乡村学生在教学语言上从地方语言到国家通用语言有一个平稳的过渡；二是让乡村学生可以同时掌握两种语言及其所蕴含的智慧。从教学形式上，不应该简单地开设地方语言课，因为这明显降低了地方语的生命力，而是要在专门课程之外，将国家通用语言、地方语言教育融入学科教育中，使二者真正融为一体。

---

① ［俄］O. B. 古卡连科：《多元文化教育的理论与实践》，褚惠芳等译，人民教育出版社 2012 年版，第 225 页。

关于地方传统音乐与舞蹈，一方面，虽说可以乡土文化校本课程的形式，让学生去了解、接受，但是，若将它们融入音乐课中，在学习基础乐理知识、演唱技巧的同时，引入地方传统调式、乐曲、乐器及舞蹈的学习，通过比较去学习两种可能不同的艺术形式，思考二者之中可以通约的部分，对于乡村学生音乐素养的提高与美感教育一定会起到更为重要的作用。同时，这也给乡村学生一个直观的感受，即自己本地区的艺术与任何一种艺术形式一样，都具有不可替代的价值，这会极大地增强他们的乡土自信。另一方面，两种艺术形式的并立，提供了一种对话与交流的视野，这也会让乡村学生在珍视"自己的"之外，还能看到并尊重"他人的"，这样一种开放与包容的心态，是现代社会生活不可或缺的一种素养。

另外，在语文课中，可以融入乡土文学作品，如诗歌、传说、寓言等内容；在数学课中可以加入建筑、工具制作等方面的内容；在体育课上可以融入民间体育项目；在地理课上，可以引导学生认知自己家乡的风貌；在生物课上，可以带领学生认识家乡动植物的多样性与丰富性，等等。总之，只要合理组织，在各个学科的教学中都可以融入乡村社会生活中的要素，而这些要素的学习会让乡村中小学生更好地认识家乡、认识自己的乡土文化，提高对乡村的亲和度。

再说"加入"，顾名思义，在常规的学科内容教学之外，加入某些现代社会生活所必需的素养或技能的教学。首先，借助语文课、校园文化布置或者定期专题讲座，加入中华民族传统文化的教育。中华民族传统文化作为一种统合的存在，是经历数千年文化对话、交流而形成的稳定系统，在当代社会具有极大的价值。第一，它是聚合的，以和谐为追求目标而将人与人、人与社会、人与自然有机地整合起来，变成一个系统；第二，它是包容的，这从其形成过程就可以体现出来；第三，它是入世的，讲求经世致用。这样，在乡村中小学开展中华民族传统文化教育，对于中国不同地域的人们形成国家向心力就会发挥出极大的价值。其次，借助政治课开展经济素质、法制基础及政治素养教育。中国极速推进的经济一体化进程以不可阻挡之势席卷了乡村社会，而这也是乡村社会改变或"边"或"穷"等刻板印象的大好时机。但乡村社会发展最理想的方式是借助外部资源由乡村社会成员自己推动发展，而乡村人想要融入这种经济生活就必须掌握"游戏规则"。因此，对乡村学生开展经济素质与法制基础教育就显得极为必要。当然，对于那些未来将要在主流社会里谋生活的乡村社会成员来说，具备良好的经济素质及知法、懂法、守法的生活习惯，也是其呈现良好生活状态的保证。同时，乡村学生还需要具备良好的政治素养，知晓自己作为国家公民所必须承担的义务与享受的权利，能够通过合理、合法的方式去维护自身的权益，积极参与政治生活。当然，政治素养中还有一方面的内容——坚定的政治立场，即支持党的领导，积极维护国家的统一与领土完整。

对于乡村学生来说，上述内容具有极强的实践指向性，是其未来在乡村社会或者国家主流社会保持良好生活状态的必要条件。

三 提高乡村学生实践性知识的使用效率

实践性教学有着明确的目的性与方向性，即回归生活，不论是在学科教学中融入实践性内容，还是专门进行的实践性知识教学，都是为了这个目的。但是，实践性教学活动还得帮助学生创造学用结合的机会，让所学习、所掌握的知识可以用之于实践，在实践中加以总结、反思，"使富于情感、善于思索、积极主动的儿童，成长得更有力量，更有能力，以及对自己同自然界和社会的关系更具同情的了解"。另外，走向实践"能促使儿童的身体活动，而且促进了儿童手和眼的协调"，而"手和眼的训练也直接和间接的是注意力、建造的和再生的想象力和判断力的训练"[1]，还可以增强他们的自制力和自信心。

基于此，乡村中小学在开展实践性知识教学的同时，还得创造让学生使用这些知识的机会。比如，可以由老师和学生家长共同策划，在学生中开展"今日我当家"活动。通过这样的活动积累家务劳动的经验；学习日常生活的小智慧；练就与他人打交道的本领；掌握操持家庭开支的能力。在这样的活动中，学生可以将课堂与书本上学到的知识运用到生活实践中，将知识转变成生活能力，并在实践中通过反思获得认识上的升华；可以体会生活的不易、父母的不易，唤醒他们对于家庭责任的

---

[1] 参见单中惠《现代教育的探索——杜威与实用主义教育思想》，人民教育出版社2001年版，第337页。

担当意识；认识到自己的学习生活背后其实有着父母默默地付出与支撑，唤起他们一心向学的勇气及学成以后回报父母的决心。笔者在 G 县 B 中学考察时，访谈过两位在家经常做家务的学生。他们分享了自己的感悟：

H 同学（七年级，男）：每次放假回家，除了做作业以外，都会帮家里做一些事情，比如说挖菜、洗菜、做饭、涮碗等，还会打扫卫生。因为父母每天除了要到地里干活之外，还要给我们兄妹三人做饭，太辛苦了！他们从来都没有周末！所以，我想我得好好读书，然后出去找一个可以挣大钱的工作，带着父母去城里过好日子！

Z 同学（九年级，女）：在做家务时，是可以积累很多生活小窍门的，这些在以后自己独立生活时都能够用上。打扫屋子与院子是很累人的体力活，买菜、做饭也是很琐碎的，但是，看到被自己收拾得干干净净的家，看到父母下班后吃着我亲手做的饭菜时高兴的样子，所有的疲倦都一扫而空了。而且，通过做家务，让我有了更好的生活自理能力，如果我以后到外面读书，父母也是很放心的。①

通过与那些经常做家务学生的访谈可以发现，他们通过自己的实践，可以将知识扎扎实实地转化为能力。当然，这种知行结合的机会不仅是"当家"这么一种，比如说"行动起来，调查并保护家乡生态的多样性""家乡的人文、自然资源的开发与保护情况""小小志愿者行动——走进敬老院"等形式都可以尝试。这些实践性活动的开展，对乡村学生生活能力的提升、社会责任意识的形成将起到巨大的作用。

第四节　教育激励策略

K 同学（四年级，男），个性比较怯懦、胆小，在班里从来都是很少说话，也不太合群（看到其他同学课间在一起玩耍的时候，他也很想参与，但基本不敢主动加进去）。老师布置的作业也经常不能按时完成，对待老师的批评或者其他同学的意见，常表现出一种很

---

① 2015 年 2 月 G 县考察日志。

敏感的状态。在班里，总是给人一种唯唯诺诺的感觉。这一切都被他的语文老师看在眼里，老师想了一些办法：从来不对他进行严厉的批评，即使是在其犯错误的时候，也是以温和的态度与他讲道理；经常让他帮忙去做一些事情，比如说去办公室拿个粉笔、取作业本等，并就这些事情当着大家的面给他一些鼓励；经常给他单独讲解作业中的错误；给他准备一些简单的问题，让他在课堂上回答；关心他在学校的生活等。经过一个学期的努力，K同学的状态有了很大的改观：愿意和同学一起学习、一起玩耍了；性格也显得开朗多了；学习的状态也有很大的改变，对于自己不明白的问题，也敢于向老师请教了；成绩有了明显的提升，等等。①

从学生的变化中可以发现语文老师的良苦用心，采用一系列手段改变了他的心态和对学习的态度：通过一些难度较小的问题，让他获得成功的体验，以树立学习的自信心；通过让他做一些力所能及的事情，把其身上的优点（做事认真、可靠）发挥出来，使其能够全面地认识自己，等等。这些手段及其所表现出来的效果，即所谓的"教育激励"策略，就"是指为满足教育活动中人各自的需要，而创设各种激发他们动机的条件，调动他们的积极性，以实现既定教育目标的过程"②。对于许多乡村学生而言，国家主流文化主导的课程体系及实践逻辑，与他们一般意义上场依存性认知特点的不和谐，导致其学习难度的增加，这需要科任教师（授课者）及班主任（班级管理者）更好地使用教育激励策略。

一 通过"光点扩张"帮助乡村学生建立学习自信

每个人生来都不是一无是处的，自然也不希望别人把自己认为是一无是处的；每个人都会拥有获取成功的潜质，只是在一些特定的阶段需要他人给予恰当的引导。作为教育者，不是以"绿领巾"宣判学生在暂时落后时的死刑，而应当以"小红旗"标定他们可以攻占的高地，并对此满怀期待。这正如美国著名心理学家罗森塔尔的一次实验所显示的：

---

① 2015年2月G县考察日志。
② 李祖超：《教育激励刍议》，《中国教育学刊》2003年第5期。

"他和助手来到一所小学,声称要进行一个未来发展趋势测验,并煞有介事地以赞赏的口吻,将一份最有发展前途者的名单交给了校长和相关教师,叮嘱他们务必要保密,以免影响实验的正确性。其实,他撒了一个权威性的谎言,因为名单上的学生根本就是随机挑选出来的。8个月后,奇迹出现了,凡是上了名单的学生,个个成绩都有了较大的进步,且各方面都很优秀。"①

显然,罗森塔尔的"谎言"给予教师正向的暗示,而教师又在自己的教学活动中将这个暗示以行为表现、语言等方式传递给学生。这样,学生便感受到强烈的被期望感,学习的自信心与努力程度倍增,取得较大的进步实属必然。由此出发,"我们就要在教育实践中善于发现每一个学生的长处,给他们应有的鼓励,发扬他们的长处,引导他们不断发展自己,勇于实践,去创造,去感受成功的喜悦。换句话说,就是让每一位学生都有成功的机会,都有成功的体验"②。在这一方面,还有一个经典的案例:

> 苏霍姆林斯基所在的帕夫雷什中学有一个叫巴甫利克的学生,在学习上被称作一个思维迟钝的孩子,同班学生已经能够把字母拼成音节并大声朗诵出来了,他却连把一个字母与另一个字母区别开来还要花费很大的气力。他刚升入五年级时,班主任甚至把这个孩子常犯的语法错误的一览表和一张需要经常复习的算术规则的清单,交给同年级的老师。但不久情况却发生了变化,由于增加了一些要动手的课,给他带来了乐趣,其中的植物课他最感兴趣。老师发现,"他的智慧就在手指尖上"。他不但能够巧妙地给果木嫁接,还提出不通过嫁接就直接培育树苗的想法,并自己建造了一个温室,培育出树苗,总结出从树的哪一部分取下的枝条能活、哪部分取下的枝条不能活的经验。这次实验后,成功的体验使他对学习的恐惧消失了,他回答问题不用回忆书本上哪个地方怎样写的,而是一边回答一边思考,从他的见闻和体会观察中总结自己的结论。几年之后,

---

① 《皮格马利翁效应》,http://baike.so.com/doc/5391458-5628188.html。
② 沙洪泽:《教育——为了人的幸福》,教育科学出版社2005年版,第115页。

他居然培育出了一些抗寒的果木品种，后来考上了一所农学院。①

综上所述可以发现，以"帮助学生获得成功体验"的教育激励策略可以在逐个递进的三个方面改善学生的学习状况：第一，学习的自信心；第二，在某学科里的小成功逐渐转向较大的成功；第三，由某一方面的成功而建立起对学习的兴趣，从而获得个体全面、和谐的发展。对于乡村学生来说，需要给他们创造更多的体验成功喜悦的机会。因为许多学生在面对国家主流文化主导、城市取向的课程体系与教学实践时，相较于主流社会与城市学生，处于绝对的弱势地位，而由这种地位所导致的学习困难是他们厌学、学习效果差的重要原因。面对这样的情况，帮助乡村学生树立学习的自信心就变得极为重要。具体而言，可以采用如下方式：第一，引导学生进行准确的自我诊断，并在此基础上为学生设立明确、可行的短期目标，以"积跬步，致千里"的思路，一步一个脚印地向前行。比如说，某学生的英语基础很差，平时测验只能考二三十分，老师若给其设定目标，要求在期末考试中突破100分，是他无论如何也不能实现的。若此时，给他设定：每天记5个单词、读1小时课文；每周做一套测试题；每次月考比前次增加10分等。像这样既具有一定的挑战性，又能够达成目标会给其英语学习带来极大的鼓励。第二，教师应在学习策略上给予学生适当的指导，包括如何预习、如何听讲、如何解决问题、如何复习、如何考试等所有的环节，这些学习策略从一般意义上讲是通用的，适用于所有学科，对增加学生的自我效能感会起到很好的作用。第三，合理搭配，形成实力均衡的学习小组。学习小组内部的成员可能都有自己的优势，在相互学习、合力共进的过程中所感受到的学习乐趣，同时，在他人身上替代性地感受到的成功的喜悦，也可以影响其自身学习的积极程度。第四，以积极评价为主，对学生所取得的一丝一毫进步，都及时给予肯定的反馈。比如说，某学生的作文一直写得十分不尽如人意，如果其在某篇作文中写出了一个好句，教师也应给予一个较高的分数，并当众提出表扬。

通过这些策略的使用，让每一位学生在学习过程中都可以享受到成

---

① 沙洪泽：《教育——为了人的幸福》，教育科学出版社2005年版，第115页。

功所带来的喜悦，建立学习的自信心，并迁移到其他学科的学习及个人整体的发展中去。

二 利用"蝴蝶效应"促成乡村中小学生的全面发展

笔者曾经是一名中学数学老师且兼任了六年的班主任工作，在班级管理上有这么一个案例，值得深思、挖掘与推广。

> W同学，男，在班里是身材较高大的一个。他的家境比较贫苦，母亲亡故，父亲疾病缠身，他在很小的时候就要帮助父亲在地里劳作、处理家务。也正是这样的生活经历，使他有了一个好身体，也有了能吃苦耐劳、坚毅勇敢、正直善良的品质。在成绩方面，按照其他老师的说法，属于"不开窍"的类型，是没有一门学科可以考及格的。但是，班里的劳动任务（打扫卫生、校园里班级任务区除草）总是最卖力、最积极的一个；很有正义感，对那些受到别人欺负的同学，他总会第一时间站出来打抱不平；乐于助人，在农忙季节时，他做完了自家田里的活，还经常给邻居家帮忙。所以，他在班里的人缘非常好，能和大家打成一片，这与他在课堂上的表现形成了很大的反差。作为班主任的我，对他的学习也失去了信心，但他在其他方面的素质还是让人十分满意的，而且热心于班级事务，所以，便安排他在初一年级第二学期的时候担任班长。一两个月过后，突然发现他愿意花更多的时间在学习上了，有问题也能和同学讨论了，且成绩有明显的提升。对此，我曾好奇地与他谈过一次话。他说："作为班长，应该带头好好学习，成为班里其他同学的榜样，而不是起个坏作用，我自己成绩那么差，还怎样要求其他同学认真学习？在上学期的期末联考中，就是因为我，拉低了我们班成绩的排名，现在我是班长了，如果这学期还是这样，自己都觉得不好意思了。"

回想起这个案例，想到选他当班长的初衷，就是因为其具有责任心与班集体荣誉感方面的良好表现。当他成为班长以后，更是放大了他在责任心与集体荣誉感方面的优点。当他意识到自己在学习方面拖了班集体的后腿，这是他无论如何都不能接受的。所以激发出了他的学习积极性，促成其学习行为的改善，带来的效果自然是明显的。这则案例表明，原本"无心"的行为，却"插柳成荫"。当然，其中有一点是需要着重强调的，笔者对W同学的任命是直接的，没有任何人参与这个决定。但现在的班级追求民主化管理，班集体成员都要参与班委会成员的选定，而非班主任的任命。面对这样的情况，笔者认为，班主任老师可以从以下几个方面去处理。

首先，班主任需要向参与投票的学生解释设立班干部的目的。班干部不是简单的权力组织（当然也行使特定的权力），不是班主任老师以"层级"管理班级的方式，而是一个服务团队，既服务于班级学生的发展，也要促成团队成员自身的发展。所以，班干部团队的建设需最先考虑发展的问题，若能以此种方式发挥班里一些成绩不太好，但是很有能力的学生的优势，促其改变学习态度，实现全面发展，就属于发挥了班干部角色的最大价值。

其次，班主任在选举班干部之前，要做好目标人选鼓励工作。这些在班里因为暂时的成绩不好而被定义为"差生"的学生，通常会以调皮捣蛋的面貌出现，班主任应给其创造机会、鼓励其主动改变形象，以获取同学们的支持。

再次，对于这些被提名，且最后被通过的学生，班主任老师要给予他们一些关于班干部职责及日常行为准则的培训，让他们知道该做什么、怎么做。

最后，由班委会组织班级全体成员参加隆重的"上任"仪式，让他们宣誓上岗，接受老师和同学的监督和评价。

当然，班干部团队没有必要受严格的"名额"限制，团队中岗位的设置更是需要灵活机动，根据班集体成员的长处或特征，对口设置一些岗位，既有利于班集体的建设，也能让那些"暂时落后"的学生能够正视自己，发现自己身上的优点，通过担任班干部的形式放大优点之后，获得其他同学的尊重，建立起学习自信心。这样的举措在乡村中小学亦可以实施。

班主任要善于发现学生身上的"闪光点"，给其创造机会以放大闪光点也是班主任的重要职责，这就要求班主任老师具有多元的人才观。因为学生身上的闪光点可能是在某一科的学习上，可能是在性格、品性上，也可能是其他方面的长处，这个闪光点的放大，也不能仅仅局限在书本知识的学习方面。如以下案例：

>小栾是我校几年前的一个毕业生，他从小在体校学习游泳，因为长期参加训练占用了大量的学习时间，所以高中后成绩一直不突出，然而，他的运动成绩却十分突出，毕业前已经达到国家一级运动员的水平。学校里只要有体育比赛，就能看到他的身影，因此他在全校师生的眼中俨然成为明星，学生会推选他负责学生会体育部的工作。在工作中他锻炼了组织、协调能力，学会了如何待人接物、与人相处，工作开展得很不错。后来，他被保送到上海一所著名的大学，不久担任了学生会干部，再后来又成为校学生会主席和全国学联副主席。[①]

对于西南地区有着少数民族身份的许多乡村学生来说，他们在乡村社会文化生态的熏染下接受了超出一般人的艺术锻炼，给人的第一印象便是能歌善舞或擅长某种乐器的演奏。因此，对于这些地方的乡村教育而言，若能以慧眼识英才，发现学生身上的潜质，并给予定向的培养，使其可以拥有一个发展特长的良好条件与施展才华的广阔空间，通过他们个体的努力和教师（专业人士）的积极引导，在追求与提高中收获成功的喜悦，也不失为一种良好的教育。也许在这些人中会出现下一个（或多个）"宋祖英"，作为优秀的文化大使，将中华民族文化推向国家、国际大舞台。而这对于他们个人来说，何尝不是一种成功、一种幸福。

三 树立典型以发挥榜样的示范力量

乡村学校从文化生态视角出发，提出要发展学生三方面能力，并将建构"多重文化主体"作为自己的培养目标，体现的是一种负责任的立场。有了这样明确的培养目标，乡村教育实践便标定了指引前行方向的

[①] 参见沙洪泽《教育——为了人的幸福》，教育科学出版社2005年版，第119页。

灯塔。但对于学生来说，这样的目标过于书面化，若仅在观念层面存在，他们很难在头脑中建立起目标实现之后的生活景象，所以激不起他们前行的动力便是自然的事情。为改变这一状况，将观念层面的内容具体化为生活中的实在便是必须采用的策略，这也是为什么要给他们的发展树立榜样的原因。

当然，给乡村学生树立什么样的榜样是需要深思熟虑的，具体而言，可以分为三个群体：第一，朋辈群体中的优异者（或者某一方面的优异者）；第二，来自同一块土地的学业有成者；第三，依托地方文化与自然资源而事业有成者。这三个群体均出自于乡村学生的生活场域，心理上有着天然的亲切感，他们的优点或者成功会对学生产生更大的触动或激励。

先说第一个群体，即在班级或者年级里的朋辈群体中选择整体优异、或者某些方面优异，又或者不甘心处于落后位置的积极进取者作为全班学生学习的榜样。这一群体来自于学生的身边，他们与其他学生之间的交往具有明显的直接性、便捷性。比如说，有些学生演唱水平很高，经常参加学校及当地政府举办的节庆活动，可以把他们树立为文艺标兵；有些人体育成绩非常好，则可以把他们树为体育标兵；有些学生心地善良，经常帮助孤寡老人做一些力所能及的事情，在班里也经常为其他同学提供帮助，可以把他们聘为社会活动志愿者；有些学生关心时事，乐于了解国家大政方针，在与同学分享这些信息的时候，还有自己意见的表达，可以把他们聘为班级的时事评论员；有些学生虽然在学习成绩上暂时处于落后的位置，但没有放弃努力，企望通过辛勤的付出追赶先进，可以把他们树为不甘落后之星；有些学生在班级里一直表现得很优秀，并且很乐意帮助暂时的后进同学，与他们分享学习经验、给他们讲解学习中的难题，可以将他们树为乐学助人的标兵，等等。通过在班级中树立这些榜样，让这些学生感受到自己在班级中的被承认、被尊重，且教师以给其他学生树榜样的方式让这部分学生在心里建立起对自己的巨大自信，这种自信自然也会迁移到其弱项上，促成其全面发展。当然，这个榜样更是为了全班学生而立，通过体验他人的荣誉而生成自己向标杆看齐的意愿、向标杆努力的勇气。因此，在班级里树立榜样，其意义是双重的：对于被立为榜样的人来说，是促成其弥补自己的"弱项"、不断追求完美境界的努力;对于未被立为榜样的人来说,是以身边人的"过人之处"及其所获取的"殊荣"来促成他们改变自己现状的积极意愿与行动。

再说第二个群体,即从这些乡村学生所生活的土地上成长起来的、通过自己的积极努力的学业有成者。这些人是从乡村社会走出去、经历主流社会大环境熏染,并茁壮成长的代表,他们的个人经历是许多乡村学生所渴望的人生。乡村中小学若能定期邀请那些在外地读本科、硕士、博士的本地人来学校,分享他们的学习心得与成长经历,定能给中小学生带来不小的触动,让他们所朝思暮想的人生通过别人的经历照进自己的现实。这个时候的梦想,便不仅仅是梦想,而是可以触摸的真实。这对于正处在人生发展关键时期的乡村学生来说,一定会起到极大的激励作用。

最后说第三个群体,即那些通过自身的努力及国家政策的扶持,合理利用当地的自然及人文资源而事业有所成就者。如果说,走出大山,走进大城市是许多民族学生的梦想,那些在学有所成之后,毅然决然地回归家乡,利用自己的知识、眼界、智慧的头脑及国家政策带领自己的家乡父老共同走向幸福生活的人才是乡村社会真正的希望与脊梁。乡村小学若能邀请这些成功人士与学生一起分享他们的人生与创业故事,体会他们对乡村社会发展的担当与责任意识,对中小学生未来的人生规划注定会发挥潜移默化的影响。

综上所述,站在乡村社会文化生态的立场上深思中小学生的发展,是出于对其未来良好生活状态的考量。因为文化生态——国家主流文化、地方传统文化与自然生态三者的和谐状态标定了乡村人当下及未来生活的基本形态,规定了乡村人理想生活状态获取所必须具备的基本素养。这些从文化生态出发而生成的对乡村人发展的潜在规定性,必然对"以服务人的发展"为根本宗旨的乡村教育提出了前提性的要求,包括理念的转变、教育元素的增加、实践方式的变革等诸多方面。为了这些要求及终极目标的实现,乡村教育必须在教育策略上下足功夫:从公共教育空间的打造到破墙行动的开启,为学生的发展打造兼顾地方传统文化与自然生态及国家主流文化、综合学校与家庭及社区教育力的教育形态;从实践性教学策略到教育激励策略的运用,为乡村学生建立知识学习与能力养成及价值观念培养相统一、学习信心提升与成长目标树立及发展可能性确认相结合的教育范式。正是在这些策略的共同作用下,乡村学生的发展才会从可能性走向现实性。

第 七 章

结　　语

弗洛伊德曾言："人们向生活要求什么？希望从中得到什么？答案无可置疑，就是追求幸福。人们想变得快乐并保持快乐。"[①] 人"如果不要幸福，就是不要生活，就是反对生活"[②]。对于幸福是什么的问题，人们有不同甚至完全相悖的理解，但认知幸福到获取、品味幸福，是一种能力，这种能力的获得需要先天的遗传素质，更需后天的习得。

第一节　乡村学生发展需要文化生态 视角的观照

以促成未成年人发展为第一要义的教育，必须服务于人未来良好的生活状态，引导人向着幸福出发。为达成这一目的，教育必须"目中有人"，引导人去"成为人"，使人"文质彬彬"以为"君子"。"质"乃是指称人身上的动物性，"文"则是指人的另一维度——文化性（社会性）。人作为群体性存在的现实，标明了社会性是人的第一属性。具体到个人社会性所具有的特征，取决于其生存条件与生存环境，也就是他所无法逃隐的文化生态系统，"人之为人的根本就在于把人类文化中的美好记忆活化在个体身上，由此而让个体活在人类之中，上升到人类精神的高度"[③]。乡村中小学

[①] 转引自［美］尼古拉斯·怀特《幸福简史》，杨百朋等译，中央编译出版社2011年版，第4页。
[②] 赵汀阳：《论可能的生活》，中国人民大学出版社2010年版，第20页。
[③] 刘铁芳：《什么是好的教育——学校教育的哲学阐释》，高等教育出版社2014年版，第25页。

生的"成人"——社会性的养成,自然不能摆脱乡村社会文化生态的影响。

乡村社会的文化生态是国家主流文化、地方传统文化与自然生态三者的和谐共生,也是文化之"生"的状态,国家主流文化与地方传统文化皆是如此,二者相互交融、相互影响、多线演进。这首先表达了乡村学生发展中的文化层次性与生态性。

> 文化譬如一大流,个人人生则只是如此大流中的一滴水。大流可以决定此水滴之方位与路向。此水滴无法决定此一大流之方位与路向。诚然,无个人亦将无集体,但此刻的人生则已经走进了文化领域。这是人类有史以来已然的事实。文化尽管必须在每一个个人人生上表现出来,但个人人生究竟无法超脱其当时的集体文化而存在。文化规范着个人人生,指导着个人人生,是超越于每一个个人人生之外之上的客观存在。[①]

"文化化"实为人之为人的必需,更是人生活的必需。对乡村学生而言,当下生活的实际促使其必须实现双重"文化化"——"国家主流文化化"与"地方传统文化化",即走向"多重文化主体建构"才足以应对乡村社会生活或文化生态的变迁。其次,乡村社会国家主流文化与地方传统文化之"生生与共"状态阐释了避免"文化兼并"的合理性。每一种文化的"发生"都有偶然(重要、伟大人物的出现),更有必然,这种必然便是生养它的土壤的独特性。换言之,天地系统的独特性规定了文化的独特性;文化的独特性则表达了生活方式的独特性。那么,在独特的天地系统中生存与发展的人必须内化这种独特性,才足以应对生活的方方面面的挑战。乡村学生生活在"两个系统"中,这必然需要通过多重文化主体建构,将他们培养成具有自我意识的"国家公民"及"乡村社会成员"才足以应对。由此可知,乡村中小学生的发展需要在学理上坚持文化生态立场。

当然,从文化生态视角探讨乡村学生的发展,也具有极强的现实针对性。通过对 G 县等地中小学的考察发现,许多接受了中小学教育后走

---

① 钱穆:《文化学大义》,九州出版社 2012 年版,第 5 页。

向社会的年轻人不论是在乡村社会还是在主流社会谋生活,"问题"颇多:社会融合度与亲和度不够;"失范"行为频发。为何? 在转型期,乡村社会中充斥着的流行观念以狂潮之势占领了思想更为活跃的中小学生的头脑,遮蔽了他们对国家主流文化与地方传统文化精神的接受机会。当他们进入乡土社会,自然会以占有"更先进的文化与思想"而沾沾自喜,以略带鄙夷的目光嘲讽乡土社会与文化的"落后";当他们走入主流社会,也会发现自己所接受的主流文化与主流文化精神所存在的巨大差异,巨大的茫然使浓烈的"异乡感"油然而生——不是家乡是异乡,在他乡更是在异乡。

疏离文化生态的教育带给乡村社会的负面影响也不可小觑:一些完成了义务教育而未能升学的乡村青少年,会作出有悖于乡土社会传统组织规则的行为,打破了一直以来的平和与宁静。潘光旦先生在《说乡土教育》一文中说,那些有机会升入更高学府的学生,"在他的童年与青年时代,我们没有把家乡情形,包括广狭义的史地在内,充分地介绍给他,让他观察,鉴赏,让他留下一个深刻的印象,觉得前途值得继续观察研究的是些什么,及其为就学就业而暂时寄寓他方,他对于家乡的问题事物,也就不会再有心存目想的机缘,家乡对他也再无吸引的能力,而同时异地的风光情调却又不断地予以刺激诱惑,终于教他对于乡土的关系,由淡漠而忘怀,由忘怀而愸置。约言之,就地方福利而论,是断送了人才,驱逐了人才,决不是造就了人才,保养了人才。此种忘本而不健全的教育愈发达,则驱逐出境的人才越多,而地方的秩序与福利愈不堪问"[①]。所以,从乡村社会文化生态的立场来探讨中小学生的发展便具有无可争辩的现实意义。

第二节 乡村学生"合文化生态"的发展具有可实现性

国家、地方与校本三级课程体制的逐渐完善,为乡村学校实施标准

[①] 潘光旦:《寻求中国人的位育之道·潘光旦文集》,国际文化出版公司 1997 年版,第 629 页。

化、规范化教育的同时,也为探索符合地方实际与特点的、符合乡村社会中小学生生活与发展需求的教育形态提供了可能性。对地方传统文化及其在人的发展中价值的肯定,让地方传统文化被认识、被尊重,并将其指导下的生活方式视为"社会所支持的生活形态之种类"①。这是对"以文化生态指导乡村学生发展"的价值肯定。但若要将这种价值转化为乡村中小学生"合目的性"的发展,仍需要对文化生态视角下乡村学生发展的内涵、教育机理、具体策略进行详细的阐述。

文化生态视角下乡村学生发展的内涵包括三个方面：基本的经济生活能力；初步的社会生活能力；良好的精神生活能力。这指出了生活多方面的必需品,如果某种必需品没有得到满足,便意味着生活的匮乏。但是,若要将这种可能性变成可实现性,就必然需要对教育机理进行梳理。首先,乡村教育必须树立"以文化人"的教育理想。当下的乡村社会并非单一文化在发挥作用,国家主流文化的进入与社会交往的增加,使得乡村社会的文化生态呈现出"热闹的"共生景象,加之乡村地区主流社会融入及乡村人国家整体生活参与度的不断提高,乡村中小学"以文化人"的教育理想势必在宽容的文化个体②和多重文化主体(具有独立意识的自我、乡村社会成员、国家公民)两个层面抓紧用力。当然,将乡村中小学生培养为"多重文化主体"也是出于其良好生活状态的考量：学生所获得提升的经济能力、人际生活能力、创造能力,使其可以无滞地在多种环境(乡村社会、主流社会)中生活,具有良好的转换与适应能力。

在"以文化人"教育理想之下,以培养"具有中华文化认同与地方乡土文化认同"的"文化主体"作为核心目标,必然向乡村教育实践提出诸多诉求。首先,文化生态内隐着诸要素的教育实施。一是开展早期

---

① [美]克利福德·格尔茨：《地方知识——阐释人类学论文集》,杨德睿译,商务印书馆2014年版,第109页。

② 那些仅仅从自身独特的文化和种族视角了解、参与并看待这个世界的个体,就会被人类经验的重要组成部分拒之门外,并在文化和种族上封闭起来。而且,文化上的封闭与盲目性更会让其不能全面地看待和了解他们自身的文化,恰如"鱼不知水"一样(参见[美]James A. Banks《文化多样性与教育：基本原理、课程与教学》,荀渊等译,华东师范大学出版社2010年版,第50—51页)。

国家通用语言与地方语言教育。地方语言是乡土文化的重要组成部分，是维系乡村中小学生乡村社会生活、地方认同的重要因素。通过地方语言的学习而建构起来的对周遭世界的理解，更为乡村中小学生提供了一种具有地方特征的思维方式，一把开启人类认知世界宝库的钥匙。国家通用语言的学习也是如此，不仅仅是简单的交流工具，而且通过国家通用语言的学习，建立起一种共享于中华民族的文化心理场，维系他们对于国家的亲和与认同。二是实施国家主流文化与地方传统文化教育。它告诉乡村学生"世界上除自己之外还有他者"，也通过一种教育环境的布置、一种文化理念的灌注，在他们心中牢牢建立起一种意象：每一种"不同"的存在都是合理的，都是值得尊重的；"不同"之间的交往是必要的，而且是可能的；不同文化背景的人之间也处于相互需要、相互支撑的关系中。三是扎实开展国家公民教育。按照 Neil MacCormick 的观点，"公民机制能产生共同的文化，并成为其核心；反过来，文化的认同又能产生对共同的公民机制的需要""应该用占主导地位的公民民族主义来捍卫国家的公民机制以及相关的文化价值和实践"①。乡村学校开展公民教育的必要性表现在以下方面：以中华民族共同的文化、共同的语言、共同的历史建立起一种各地中国人之间命运攸关的中华民族共同体；通过公民教育提高乡村中小学生的公民素养，提升公共社会生活的参与度与参与能力，并在行使公民权利、承担公民义务中建立起牢固的"主人翁"意识。四是深化经济素质教育。在当下，哪怕是最偏远的乡村社会，每天都进行着大量的经济活动，个人在这样的经济活动中分饰着生产者、消费者、投资者等不同的角色，缺乏必要的经济素质是难以应付这种经济生活的。在实践方式上，文化生态视角下的乡村中小学生发展需要扎实推进校本化教学改革，因地制宜地开展"位育"。教育内容以科任老师为核心开展地方化改造以适应当地的文化生态；教学设计也应充分考虑乡村中小学生"场依存"的认知特点；发挥校外教育力的育人功能，等等。

---

① [英] Neil MacCormick：《民族需要国家吗？对自由民族主义的反思》，载[英]爱德华·莫迪默主编《人民·民族·国家》，刘泓等译，中央民族大学出版社 2009 年版，第 150—151 页。

在具体的推进策略上，本书从课堂教学之外（学校公共空间建构策略、破墙策略）、课堂教学之内（实践性教学策略、教育激励策略）两个方面建构了具有针对性的策略体系，兹可为乡村中小学的教育、教学实践提供有益借鉴。

综上所述，从 G 县等地中小学教育发展的文化生态背景出发，基于学生发展与文化生态违和对其生活所造成的负面影响的反思，指出乡村社会的文化生态对于学生发展的规定性，继而从"教育—文化生态—人的发展"三者关系出发，建构起从理念到实践操作全环节的乡村中小学生发展论。

本书建立在反思前人研究的基础上——他们大多站在"精英主义"城市立场上评判乡村教育之优劣，指出制度上的弱势是乡村教育发展现状的"刽子手"。基于这一预判，公共教育资源向乡村教育倾斜，中央和地方政府进一步加大对乡村教育的支持力度，成为其研究结论中关于改进乡村教育的不二选择。对精英主义城市立场的反思，乡村教育发展缺乏的是"底层"视角的关注，即对"什么是乡村社会好的教育"的预判缺少对"谁的教育、谁的学校、谁的生活"等一些列问题的审慎思考。所以，乡村教育发展不应沿着"看似公平"且饱含"人性关怀"的路向出发，而应从乡村社会内部出发，从生活实际状况出发，从文化生态现状出发，思考乡村社会需要什么样的发展，乡村青少年需要什么样的教育，然后提出乡村教育的发展思路，才更有针对性，也更具价值。

本书的主要精力集中在理论思考上，虽关注实践并建立了乡村中小学生"合文化生态发展"的教育机理与推进策略，但终归缺少了教育实践环节的验证，这是本书的不足之处。当然，文化生态视角下乡村中小学生发展的实践向度研究已被笔者确定为接下来的努力方向。

参考文献

中文著作

宝玉柱：《民族教育研究》，中央民族大学出版社2009年版。

陈桂生：《人的全面发展理论与现时代》，华东师范大学出版社2012年版。

陈望衡：《环境美学》，武汉大学出版社2007年版。

陈玉琨等主编：《90年代美国的基础教育》，广西师范大学出版社1998年版。

费孝通：《江村经济》，上海人民出版社2012年版。

费孝通：《人的研究在中国》，天津人民出版社1993年版。

费孝通：《文化与文化自觉》，群言出版社2012年版。

费孝通：《乡土中国》，北京大学出版社2012年版。

风笑天：《社会调查中的问卷设计》，天津人民出版社2002年版。

冯建军：《教育的人学视野》，安徽教育出版社2008年版。

冯契主编：《哲学大辞典》，上海辞书出版社2001年版。

葛兆光：《古代文化讲义》，复旦大学出版社2007年版。

顾明远主编：《民族文化传统与教育现代化》，北京师范大学出版社2001年版。

郭福昌主编：《中国少数民族教育重大理论问题研究》，云南人民出版社1997年版。

胡鞍钢：《地区与发展：西部开发新战略》，中国计划出版社2001年版。

胡德海：《教育学原理》，甘肃教育出版社1998年版。

黄正泉：《文化生态学》，中国社会科学出版社2015年版。

季羡林：《东学西渐》，河北人民出版社1999年版。

贾馥茗、杨深坑：《教育学方法论》，凤凰出版集团 2008 年版。

蒋承勇：《西方文学"人"的母题研究》，人民教育出版社 1984 年版。

蒋立松主编：《文化人类学概论》，西南师大出版社 2008 年版。

金生鈜：《规训与教化》，教育科学出版社 2004 年版。

经合组织教育研究与创新中心编：《论教育的社会效益》，窦现金译，高等教育出版社 2009 年版。

康健：《是家乡，不是异乡——个人存在的真实性及其限度》，中央编译出版社 2000 年版。

李崇建、甘耀明：《没有围墙的学校——体制外的学习天空》，首都师范大学出版社 2010 年版。

李德顺：《价值论》，中国人民大学出版社 1987 年版。

李书磊：《村落中的国家——文化变迁中的乡村学校》，浙江人民出版社 1999 年版。

李亦园：《人类的视野》，上海文艺出版社 1996 年版。

联合国教科文组织国际教育发展委员会：《学会生存——教育世界的今天和明天》，教育科学出版社 1996 年版。

联合国教科文组织世界文化与发展委员会编：《文化多样性与人类全面发展：世界文化与发展委员会报告》，张玉国译，广东人民出版社 2006 年版。

梁漱溟：《东西文化及其哲学》，商务印书馆 2012 年版。

梁漱溟：《人生的三路向》，当代中国出版社 2010 年版。

梁漱溟：《人心与人生》，上海人民出版社 2011 年版。

刘绍华：《我的凉山兄弟——毒品、艾滋与流动青年》，中央编译出版社 2016 年版。

刘社建：《中国教育消费经济研究》，河南人民出版社 2003 年版。

刘铁芳：《什么是好的教育——学校教育的哲学阐释》，高等教育出版社 2014 年版。

刘铁芳：《乡土的逃离与回归：乡村教育的人文重建》，福建教育出版社 2008 年版。

刘铁芳：《走向生活的教育哲学》，湖南师范大学出版社 2005 年版。

马化腾等：《互联网＋：国家战略行动路线图》，中信出版社 2015 年版。

马戎编著：《民族社会学——社会学的族群关系研究》，北京大学出版社 2004 年版。

茂汶羌族自治县地方志编纂委员会：《茂汶羌族自治县志》，四川辞书出版社 1997 年版。

南师大教育系编：《教育学》，人民教育出版社 1984 年版。

倪胜利：《生态・文化・人的发展》，西南师范大学出版社 2013 年版。

潘光旦：《寻求中国人位育之道》，国际文化出版公司 1997 年版。

彭聃龄主编：《普通心理学》（修订版），北京师范大学出版社 2004 年版。

钱理群、刘铁芳主编：《乡土中国与乡村教育》，福建教育出版社 2008 年版。

钱穆：《民族与文化》，九州出版社 2012 年版。

钱穆：《文化学大义》，九州出版社 2012 年版。

钱穆：《文化与教育》，生活・读书・新知三联书店 2010 年版。

钱穆：《中国文化精神》，九州出版社 2012 年版。

秦晓利：《生态心理学》，上海教育出版社 2006 年版。

全国十二所重点师范大学联合编写：《教育学基础》，教育科学出版社 2002 年版。

沙洪泽：《教育——为了人的幸福》，教育科学出版社 2005 年版。

施良方主编：《中学教育学》，福建教育出版社 1998 年版。

石中英：《知识转型与教育改革》，教育科学出版社 2007 年版。

司洪昌：《嵌入村庄的学校：仁村教育的历史人类学探究》，教育科学出版社 2009 年版。

司马云杰：《文化主体论》，山东人民出版社 1991 年版。

宋元林等：《网络文化与人的发展》，人民出版社 2009 年版。

孙振东：《教育研究方法论探索》，重庆大学出版社 2008 年版。

陶行知：《中国教育的觉醒》，群言出版社 2013 年版。

童星主编：《现代社会学理论新编》，南京大学出版社 2003 年版。

王嘉毅、吕国光主编：《西北少数民族基础教育发展现状与对策研究》，民族出版社 2006 年版。

王鉴、万明钢：《多元文化教育比较研究》，民族出版社 2006 年版。

王铭铭：《人类学是什么》，北京大学出版社 2002 年版。

王诺：《欧美生态文学》，北京大学出版社 2011 年版。

翁乃群主编：《村落视野下的农村教育：以西南四村为例》，社会科学出版社 2009 年版。

吴鼎福、诸文蔚：《教育生态学》，江苏教育出版社 1990 年版。

吴式颖主编：《外国教育史教程》，人民教育出版社 1999 年版。

夏建中：《文化人类学的理论学派——文化研究的历史》，中国人民大学出版社 1997 年版。

徐柏才：《少数民族大学生的民族认同研究》，人民出版社 2012 年版。

杨东平主编：《中国教育发展报告（2013）》，社会科学文献出版社 2013 年版。

杨国仁等：《侗族祖先哪里来》，贵州人民出版社 1981 年版。

杨小微、刘良华：《学校转型性变革的方法论》，教育科学出版社 2011 年版。

杨自伍编译：《教育：让人成为人》，北京大学出版社 2010 年版。

叶澜：《教育研究方法论初探》，上海教育出版社 1999 年版。

叶澜等：《"新基础教育"成型性研究报告集》，广西师范大学出版社 2009 年版。

叶文、蒙睿：《生态旅游本土化》，中国环境出版社 2006 年版。

衣俊卿：《文化哲学十五讲》，北京大学出版社 2004 年版。

云南省民族事务委员会编：《独龙族文化大观》，云南民族出版社 1999 年版。

云南省民族事务委员会编：《怒族文化大观》，云南民族出版社 1999 年版。

张宝成：《民族认同与国家认同》，人民出版社 2012 年版。

张桥贵：《独龙族文化史》，云南民族出版社 2000 年版。

张诗亚：《化若集》，南京师范大学出版社 2010 年版。

张诗亚：《回归位育——教育行思录》，西南师范大学出版社 2009 年版。

张诗亚：《祭坛与讲坛——西南民族宗教教育比较研究》，云南教育出版社 1992 年版。

张诗亚等：《民族地区教育优先发展研究》，经济科学出版社 2014 年版。

张世英：《天人之际：中西哲学的困惑与选择》，人民出版社 2007 年版。

赵健：《学习共同体——关于学习的社会文化分析》，华东师范大学出版社 2006 年版。

赵素文、黄家骅主编：《基础教育发展研究》，厦门大学出版社 2011 年版。

朱红文：《人文社会科学导论》，教育科学出版社 2011 年版。

朱晓宏：《公民教育》，教育科学出版社 2003 年版。

筑波大学教育学研究会编：《现代教育学基础》，钟启全译，上海教育出版社 1986 年版。

庄孔韶主编：《人类学概论》，中国人民大学出版社 2006 年版。

中文期刊

柴毅龙：《生态文化与文化生态》，《昆明师范高等专科学校学报》2003 年第 2 期。

陈绪新：《文化生态以一种对话的视野回救现代性》，《科学技术与辩证法》2005 年第 2 期。

陈佑清：《对知识学习与学生发展关系的重新审视》，《湖北大学学报》（哲学社会科学版）2011 年第 5 期。

崔明昆：《文化生态学的理论方法与研究》，《云南师范大学学报》（哲学社会科学版）2012 年第 5 期。

代春燕：《20 世纪 80 年代以来云南少数民族教育优惠政策简述》，《学术探索》2013 年第 9 期。

邓辉：《卡尔·苏尔的文化生态学理论与实践》，《地理研究》2003 年第 5 期。

邓先瑞：《试论文化生态及其研究意义》，《华中师范大学学报》（人文社会科学版）2003 年第 1 期。

邓志伟：《全球化时代跨文化教育的任务与目标》，《比较教育研究》2013 年第 9 期。

方李莉：《文化生态失衡问题的提出》，《北京大学学报》（哲学社会科学版）2001 年第 3 期。

甘启颖：《边疆民族地区农村寄宿制小学生孤独感特点与教育建议》，《湖南广播电视大学学报》2014 年第 11 期。

高丙中：《关于文化生态失衡与文化生态建设的思考》，《云南师范大学学报》（哲学社会科学版）2012年第1期。

龚学增：《当代中国少数民族宗教问题研究》，《中国民族报》2010年6月8日。

管宁：《文化生态与现代文化理念之培育》，《教育评论》2003年第3期。

韩琼慧：《论资源诅咒与凉山彝族自治州经济增长》，《企业经济》2011年第10期。

侯勇等：《论精神生活的现代性遭遇与超越之路》，《南京师大学报》（社会科学版）2010年第4期。

黄育馥：《20世纪兴起的跨学科研究领域——文化生态学》，《国外社会科学》1999年第6期。

戢斗勇：《文化生态学论纲》，《佛山科学技术学院学报》（社会科学版）2004年第5期。

江金波：《论文化生态学的理论发展与新构架》，《人文地理》2005年第4期。

金东贤、邢淑芬、俞国良：《教师心理健康对学生发展的影响》，《教育研究》2008年第1期。

劳凯声：《社会转型与教育的重新定位》，《教育研究》2002年第2期。

李敏：《当前学校教育中个体社会化的异化现象探析》，《江西教育科研》2003年第6期。

李曦辉：《民族教育的多元文化特征与少数民族学生就业》，《民族教育研究》2014年第2期。

李晓文：《建构学校文化生态——基于"新基础教育"学生发展工作改革实践的思考》，《基础教育》2010年第5期。

李祖超：《教育激励刍议》，《中国教育学刊》2003年第5期。

廖国强、关磊：《文化·生态文化·民族生态文化》，《云南民族大学学报》（哲社版）2011年第4期。

刘静艳、韦玉春、黄丽英：《生态旅游社区参与模式的典型案例分析》，《旅游科学》2008年第8期。

刘婷：《浅论少数民族地区的传统文化和自然生态的保护及可持续发展》，《楚雄师范学院学报》2002年第5期。

龙茂兴、王华:《民族地区文化生态旅游探究——以湘西土家族苗族自治州为例》,《生态经济》2013年第7期。

陆根书、杨兆芳:《学习环境与学生发展研究述评》,《比较教育研究》2008年第7期。

陆有铨:《素质教育值得注意的几个问题》,《北京大学教育评论》2003第3期。

罗曼、马李辉:《西部大开发加强民族文化生态保护的几点建议》,《中共伊犁州委党校学报》2006年第1期。

马健生:《学校改革的机制与模式:组织行为学的观点》,《比较教育研究》2003年第3期。

马茜、肖亮中:《文化中断与少数民族教育》,《陕西师范大学学报》(哲学社会科学版)2002年第1期。

马世雯:《主流与差异:同一民族文化的共性与个性》,《云南民族大学学报》(哲学社会科学版)2004年第5期。

么加利、郝少平:《西南少数民族地区基础教育问题分析》,《当代教育与文化》2009年第7期。

么加利:《缄默知识视域下少数民族文化的教育传承研究》,《内蒙古社会科学》(汉文版)2016年第4期。

么加利:《西南民族地区校内外教育系统功能研究》,《西南大学学报》(社会科学版)2007年第3期。

孟凡丽:《论少数民族地区跨文化教师的培养》,《教师教育研究》2007年第3期。

梦旭、杜志萍:《美国的生计教育运动》,《中国职业技术教育》2003年第4期。

明庆华:《教师公正与学生发展的现实思考》,《教育发展研究》2008年增刊第2期。

娜木罕:《民族学校对学生认知特点及本土知识的应然选择》,《中央民族大学学报》(哲学社会科学版)2010年第2期。

钱民辉、沈洪成:《从意识形态观重新审视现代性与民族教育之关系》,《广西民族大学学报》(哲学社会科学版)2012年第4期。

沈爱民:《闲暇的本质与人的全面发展》,《自然辩证法研究》2004年第

6期。

施霞:《四川民族地区文化资源产业转化现状与问题调查》,《中华文化论坛》2009年第3期。

宋兵波:《"文化人"人性假设与教育》,《天津市教科院学报》2006年第4期。

孙绵涛:《教育机制理论的新诠释》,《教育研究》2006年第12期。

孙振东:《从实求知:民族教育田野研究的方法论原则》,《西南大学学报》(人文社会科学版)2006年第6期。

唐善茂:《创新人才培养应注重个性化发展与多样化教育》,《中央社会主义学院学报》2006年第6期。

王春、颜素珍:《关于开展大学生经济素质教育的几点思考》,《扬州大学学报》(高教研究版)2009年第1期。

王晖:《文化生态问题中的文化主体保护》,《求索》2009年第2期。

王鉴:《"教育与生活"问题之问对》,《当代教育与文化》2012年第1期。

王鉴:《跨越民族文化的教育使者——民族地区双文化教师口述研究》,《中央民族大学学报》(哲学社会科学版)2002年第1期。

王沛、胡发稳、李丽菊:《学校教育中少数民族青少年民族文化认知的现状与成因》,《西南民族大学学报》(人文社会科学版)2012年第9期。

王玉德:《生态文化与文化生态辨析》,《生态文化》2003年第1期。

王玉崑:《结合经济常识教学开展研究性学习》,《教育科学研究》2002年第10期。

吴日岗、覃翠柏:《全球化背景下的大学生文化判断力教育》,《淮北煤炭师范学院学报》(哲学社会科学版)2006年第5期。

吴晓蓉:《共生理论观照下的教育范式》,《教育研究》2011年第1期。

夏心军:《综合课程与综合实践活动课程比较分析》,《上海教育科研》2004年第3期。

肖丹、陈时见:《促进学生发展为导向的教师专业发展》,《教师教育研究》2012年第6期。

谢丽·奥特纳:《20世纪下半叶的欧美人类学理论》,何国强译,《青海民族研究》2010年第2期。

徐冬青：《谁之质量？何种质量？——关于提高义务教育质量的思考》，《基础教育》2010年第2期。

徐书业、朱家安：《学校文化生态属性辨证》，《学术论坛》2005年第5期。

绪可望、徐文秀：《再论语言、认知和现实世界》，《外语学刊》2013年第3期。

杨曾辉、李银艳：《论文化生态与自然生态的区别与联系》，《云南师范大学学报》（哲学社会科学版）2013年第2期。

杨珂、李玟慧：《西部民族地区文化生态旅游发展研究——以红河哈尼族彝族自治州为例》，《生态经济》2014年第5期。

杨小微：《当代学校变革中运行机制的探索》，《教育研究与实验》2008年第2期。

杨玉东、陆璟：《PISA 2012测试新领域"财经素养"的动向和启示》，《上海教育科研》2012年第10期。

叶澜：《重建课堂教育价值观》，《教育研究》2002年第5期。

余清臣：《绿色教育在中国：思想与行动》，《教育学报》2011年第6期。

袁钫芳：《将社会性发展作为学生发展的目标之一》，《上海教育》2013年第11期。

张华志：《时空转换——少数民族务工人员文化适应性调查》，《中国民族报》2015年6月6日。

张静：《少数民族农民工市民化中文化适应问题研究》，《理论探讨》2014年第6期。

张民选：《建立学生学业质量绿色评价系统》，《中国教育学刊》2002年第2期。

张诗亚：《共生教育论：西部农村贫困地区教育发展的新思路》，《当代教育与文化》2009年第1期。

张学敏、郝凤亮：《教育放弃：部分农村家庭无奈的抉择》，《高等教育研究》2009年第9期。

张雅丽：《汉语教学与少数民族学生的个性化发展》，《新疆教育学院学报》2002年第4期。

赵明仁、王嘉毅：《促进学生发展的课堂教学评价》，《教育理论与实践》

2001 年第 10 期。

征春秀、张雪银：《生涯发展理论下高校少数民族学生培养与管理探析》，《管理学刊》2010 年第 2 期。

郑新蓉：《语言、文化与认知：少数民族学生教育质量若干思考》，《广西民族大学学报》（哲学社会科学版）2013 年第 4 期。

周作宇：《论教育质量观》，《教育科学研究》2010 年第 12 期。

中译著作

［英］Anna Craft：《创造力和教育的未来》，张恒升译，华东师范大学出版社 2013 年版。

［美］James A. Banks：《文化多样性与教育：基本原理、课程与教学》，荀渊译，华东师范大学出版社 2010 年版。

［俄］О. В. 古卡连科：《多元文化教育的理论与实践》，诸惠芳等译，人民教育出版社 2012 年版。

［美］Thomas R. Flynn：《存在主义简论》，莫伟民译，外语教学与研究出版社 2008 年版。

［奥］阿尔弗雷德·阿德勒：《儿童的人格教育》，彭正梅等译，上海人民出版社 2011 年版。

［英］埃里克·霍布斯鲍姆：《民族与民族主义》，李金梅译，上海人民出版社 2010 年版。

［美］艾尔·巴比：《社会研究方法》，邱泽奇译，华夏出版社 2011 年版。

［英］爱德华·莫迪默主编：《人民·民族·国家》，刘泓等译，中央民族大学出版社 2009 年版。

［英］安东尼·吉登斯：《现代性的后果》，田禾译，译林出版社 2012 年版。

［巴］保罗·弗莱雷：《被压迫者的教育学》，顾建新等译，华东师范大学出版社 2007 年版。

［美］伯纳德·巴伯：《科学与社会秩序》，顾昕译，生活·读书·新知三联书店 1991 年版。

［美］弗朗兹·博厄斯：《原始艺术》，金辉译，上海文艺出版社 1989 年版。

[德] 恩斯特·卡西尔:《人论》,甘阳译,上海译文出版社 2013 年版。

[美] 菲利普·W. 杰克森:《什么是教育》,吴春雷等译,安徽人民出版社 2012 年版。

[西] 费尔南多·萨瓦特尔:《教育的价值》,李丽等译,北京大学出版社 2012 年版。

[美] 马文·哈里斯:《文化唯物主义》,张海洋等译,华夏出版社 1989 年版。

[英] 怀特海:《教育的目的》,徐汝舟译,生活·读书·新知三联书店 2014 年版。

[美] 克利福德·格尔茨:《地方知识——阐释人类学论文集》,杨德睿译,商务印书馆 2014 年版。

[美] 劳伦斯·阿瑟·克雷明:《学校的变革》,单忠惠等译,山东教育出版社 2009 年版。

[肯尼亚] 理查德·利基:《人类的起源》,吴汝康等译,上海科技出版社 1995 年版。

[美] 理查德·洛夫:《林间最后的小孩:拯救自然缺失症儿童》,王西敏等译,中国发展出版社 2014 年版。

[法] 让—雅克·卢梭:《爱弥儿》,彭正梅译,上海人民出版社 2011 年版。

[美] 赫伯特·马尔库塞:《单向度的人》,刘继译,上海译文出版社 2008 年版。

[德] 马克斯·韦伯:《新教伦理与资本主义精神》,康乐等译,广西师范大学出版社 2012 年版。

[美] 迈克尔·阿普尔:《文化政治与教育》,阎光才等译,教育科学出版社 2005 年版。

[德] 米夏埃尔·兰德曼:《哲学人类学》,彭富春译,工人出版社 1988 年版。

[法] 米歇尔·福柯:《知识考古学》,谢强等译,生活·读书·新知三联书店 2012 年版。

[美] 罗伯特·K. 默顿:《社会研究与社会政策》,林聚任等译,生活·读书·新知三联书店 2001 年版。

［美］罗伯特·F. 墨菲：《文化与社会人类学引论》，王卓君等译，商务印书馆1994年版。

［美］尼古拉斯·怀特：《幸福简史》，杨百朋等译，中央编译出版社2011年版。

［美］塞缪尔·亨廷顿、劳伦斯·哈里森编：《文化的重要作用》，程克雄译，新华出版社2002年版。

［英］斯蒂夫·芬顿：《族性》，劳焕强等译，中央民族大学出版社2009年版。

［美］托马斯·哈定等：《文化与进化》，韩建军等译，浙江人民出版社1987年版。

［加拿大］威尔·金利卡：《多元文化的公民身份：一种自由主义的少数民族群体权利理论》，马莉、张昌耀译，中央民族大学出版社2010年版。

［美］威廉·亚当斯：《人类学的哲学之根》，黄剑波译，广西师范大学出版社2006年版。

［美］威廉·维尔斯曼：《教育研究方法导论》，袁振国译，教育科学出版社2003年版。

［德］卡尔·雅斯贝尔斯：《什么是教育》，邹进译，生活·读书·新知三联书店1991年版。

［英］约翰·怀特：《再论教育目的》，李永宏等译，教育科学出版社2001年版。

［美］约翰·罗尔斯：《正义论》，何怀宏等译，中国社会科学出版社2012年版。

［美］约翰·杜威：《民主主义与教育》，王承绪译，人民教育出版社2001年版。

［俄］赞可夫编：《教学与发展》，杜殿坤等译，人民教育出版社1985年版。

［美］张鹂：《城里的陌生人——中国流动人口的空间、权利与社会网络的重构》，袁长庚译，江苏人民出版社2014年版。

［美］朱利安·史徒华：《文化变迁的理论——多线进化的方法论》，张恭启译，台湾远流出版事业有限责任公司1989年版。

学位论文

高佳:《美国中小学经济素养教育研究》,硕士学位论文,华东师范大学,2007年。

郭青青:《美国中小学经济教育研究》,硕士学位论文,华东师范大学,2011年。

和曦:《民族文化生态与民族文化创意产业的调适》,硕士学位论文,云南大学,2012年。

胡红梅:《理解教育视野下"弱势学生"发展论》,博士学位论文,华东师范大学,2008年。

黄菁:《养成与反哺——从丙中洛民族文化生境看德育的多途径实现》,博士学位论文,西南大学,2008年。

罗毅:《西南民族地区初中阶段民族学生素质问题研究——以云南省瑞丽市为例》,硕士学位论文,中央民族大学,2011年。

乔馨:《教育人类学视野下的岩洞嘎老文化传承研究》,博士学位论文,中央民族大学,2010年。

师远志:《民族地区绿色消费研究》,硕士学位论文,中南民族大学,2009年。

滕玉英:《促进学生发展的课堂学习评价》,硕士学位论文,南京师范大学,2004年。

徐书业:《变革的趋向——转型期的学校文化生态研究》,博士学位论文,西南师范大学,2003年。

徐建:《当代中国文化生态研究》,博士学位论文,华东师范大学,2008年。

阎亚军:《知识教学与学生发展》,博士学位论文,华东师范大学,2006年。

杨玉:《云南少数民族大学生民族认同与语言态度研究》,博士学位论文,上海外国语大学,2013年。

英文文献

Andrea S. Wiley, "A Role for Biology in the Cultural Ecology of Ladakh,"

Human Ecology, Vol. 25, No. 2, 1997.

C. E. Merriam, *The Making of Citizens*, Chicago: University of Chicago Press, 1931.

Coates T. J. and Thoresen C. E., "Teacher Anxiety: A Review with Recommendations," *Review of Educational Research*, Vol. 46, No. 2, 1976.

Cochran-Smith M., "The Multiple Meanings of Multicultural Teacher Education: A Conceptual Framework," *Teacher Education Quarterly*, Vol. 30, No. 2, 2003.

Cornell S. and Hartmann D., *Ethnicity and Race: Making Identities in a Changing World*, Thousand Oaks: Ine Forge Press, 1998.

E. Merriam, *The Making of Citizen*, Chicago: Chicago University of Chicago Press, 1931.

Glazer N. and Moynihan D. P., *Beyond the Melting Pot: The Negros, Puerto Ricans, Jews, Italians, and Irish of New York City*, Cambridge: MIT Press, 1970.

Goodwin A. L., "Globalization and the Preparation of Quality Teachers: Rethinking Knowledge Domains for Teaching," *Teaching Education*, Vol. 21, No. 1, 2010.

Griffin P. and Mcgaw B., *The Changing Role of Education and Schools—Assessment and Teaching of 21st Century Skills*, Berlin: Springer Netherlands, 2012.

Issacs H. R., *Idols of the Tribe: Group Identity and Political Change*, New York: Harp & Row, 1975.

Jared Diamond, *Guns, Germs and Steel*, New York: Norton, 1997.

Jonathan Dovey, Simon Moreton, Sarah Sparke and Bill Sharpe, "The Practice of Cultural Ecology: Network Connectivity in the Creative Economy," *Cultural Trends*, Vol. 30, No. 2, 2016.

Ladson-Billings and Gloria, "Toward a Theory of Culturally Relevant Pedagogy," *American Educational Research Journal*, Vol. 32, No. 3, 1995.

Lundgren and Ulf P., "The School Class as a Social System," *Acta Sociologica*, Vol. 25, No. 2, 1982.

Lyne Holl, Burgoine Kathy, Ogara Collin, Ditai James and Gladstone Melissa, "They Said, Let's Teach You how You Are Going to Care for the Child at Home", *BMC Health Services Research*, Vol. 22, No. 1, 2022.

Marianna Papadopoulou, "The Ecology of Role Play: Intentionality and Cultural Evolution," *British Educational Research Journal*, Vol. 38, No. 4, 2012.

Nagda and Biren A., "Breaking Barriers, Crossing Borders, Building Bridges: Communication Processes in Intergroup Dialogues," *Journal of Social Issues*, Vol. 62, No. 3, 2006.

Postilion and Oerard A., *China's National Minority Education, Culture, Schooling, and Development*, New York and London: Flamer Press, 1999.

R. D. Hessand J. V. Tourney, *The Development of Political Attitudes in Children*, Chicago: Aldine Publishing Company, 1967.

R. Dawson and K. Prewitt, *Political Socialization*, Boston: Little, Brown and Company, 1969.

Shin-Yi Hsu, "The Culture Ecology of the Locust Cult in Traditional China," *Annals of the Association of American Geographers*, Vol. 62, No. 3, 1969.

Taras and Maddalena, "Assessment—Summative and Formative—Some Theoretical Reflections," *British Journal of Educational Studies*, Vol. 53, No. 4, 2005.

Voogt J. and Roblin N. P., "A Comparative Analysis of International Frameworks for 21st Century Competences: Implications for National Curriculum Policies," *Journal of Curriculum Studies*, Vol. 44, No. 3, 2012.

附　　录

附录一　学生访谈提纲

1. 你有没有地方传统服装？平时穿吗？如果平时不穿，那在什么时候穿呢？
2. 你们这里有哪些有特点的传统食物？你觉得好吃吗？长时间不吃会想吃吗？和你们学校食堂的食物比起来，你更喜欢哪个？
3. 你知道当地的标志性建筑吗？可以简要地给我介绍介绍它的特点吗？
4. 你们当地有哪些风俗习惯？对于这些习俗，你都会主动坚持吗？会做习俗不允许的事情吗？了解婚丧习俗吗？了解接待习俗吗？可以给我介绍一下婚丧或接待习俗具体的内容吗？
5. 你身边有举家搬离你们村寨的吗？你怎么看待他们搬走这件事儿？
6. 如果将来有机会出去工作，你会选择留下来生活吗？
7. 这里经常有外来人吗？这些人的到来对你有什么影响？
8. 你们当地有山歌吗？您父母会唱吗？您自己会不会唱几首？
9. 地方语言会说吗？平时的交流以地方语言还是普通话为主？
10. 你会参加宗教与祭祀活动吗？在活动中，你有什么样的感受？
11. 可以简单地说说你的家族史吗？
12. 可以简单地和我说说你们当地历史中英雄人物的事迹吗？
13. 你希望将来做什么工作？
14. 老师讲的内容能听懂吗？
15. 你在学习上遇到的最大问题是什么？

16. 你想到城里生活吗？
17. 你认为怎样才能过上有钱人的生活？
18. 你课余时间有什么娱乐活动吗？

附录二　家长及村民访谈提纲

1. 您觉得送孩子去读书有用吗？
2. 您感觉读书会加重经济负担吗？
3. 您的家庭收入能负担起孩子读书的费用吗？
4. 您认为读书有什么好处？
5. 您希望孩子将来能读大学吗？
6. 您希望孩子将来留在当地还是去城市生活？
7. 您认为孩子去城市生活需要学会哪些本领？
8. 您身边有在城市定居的年轻人吗？
9. 您认为地方传统文化重不重要？重要的话，怎么保护？
10. 您认为小孩子需不需要接受地方传统文化？为什么？
11. 您认为学校教育有什么问题？
12. 您希望孩子在学校里学习什么知识？
13. 看到别人的孩子考取大学，您会羡慕吗？
14. 您经常关心孩子的学习情况吗？
15. 您希望自己的孩子去县里或者州里更好的学校读书吗？
16. 您支持孩子请假去参加地方节庆活动吗？
17. 您认为自己掌握的知识能应付现在的生活吗？
18. 您认为现在的生活与你小时候相比有变化吗？

附录三　教师访谈提纲

1. 您是当地人吗？
2. 您怎么看待那些支教老师？还有那些来了又走的老师？
3. 您对现在的生活满意吗？
4. 您想过要换一个更好的工作环境吗？

5. 您认为学生学的这些知识能够应付将来的生活吗?
6. 您是如何看待校本课程的?
7. 您讲课的时候会结合当地的案例吗?
8. 您认为学校需要传承地方传统文化吗? 您有什么建议?
9. 您认为现在的学校教育有什么不足之处?
10. 您是如何看待应试教育的?
11. 您会参加教学研讨活动吗?
12. 您认为学生学业水平低是由什么原因造成的?
13. 您认为怎样才能提高学生的学习积极性?
14. 您认为学生学习地方语言重要吗? 为什么?
15. 您是如何看待教育与社会发展的关系的?
16. 对于社会上的"混混",您认为是什么原因造成的?
17. 您认为从学校里面毕业的学生能够应付现在的生活吗?
18. 您认为学生需要在学校里学习哪些知识?
19. 您支持学校里开设一些对将来工作有帮助的课程吗?

(说明:在调研过程中,主要采用的是开放式访谈,加上沟通障碍的存在,上面的访谈提纲仅是提供了一个基本的问题框架,一些问题在使用中会进行必要的转换。)

后　　记

本书是由我的博士学位论文修改而成的。

走在人群中的我，并不是出众的那一个。从小学到初中、中师、专科、本科，再到读硕攻博，我就像一个不懂得跳级的"超级玛丽"。虽显艰难，却还算顺利。之所以能够如此，是因为得益于一路上相助的人们，有了他们的支持与鼓励，才让我可以遇见今天的自己。

感谢我的导师张诗亚先生！他是一位让人感觉既"远"且"近"的老师。远，是因为老师融通中外古今的学问，虽一心向之，也只能一心向之；远，是因为老师清奇高雅的品格，虽一心向之，终难脱世俗；远，是因为老师诗词歌赋琴棋书画的修为，虽一心向之，可望尘却难及。正是因为远，才得以仰止高山，在渊博学识的震撼中永怀敬畏；也是因为远，更不惧跬步微流，在辛勤耙梳中企望一丝精进。而近，则是生活中嬉笑怒骂之后的开怀；是草街及春的爽朗豁达；是"两个铃铛""龅牙巴""撵老虎"的经典故事；还是可以每日聆听的教诲。

感谢西南大学西南民族教育与心理研究中心及在开题、答辩中给予我指导的老师们！他们是：么加利老师、孙振东老师、张学敏老师、廖伯琴老师、吴晓蓉老师、杨如安老师、王鉴老师、刘兵老师、陈荟老师、王晓燕老师。正是你们的教诲，让我可以看见自己的成长！感谢G县的李校长、熊校长、胡校长，还有叫不上名字的老师与村民，是你们的支持让研究得以实施下去！

感谢长江师范学院教师教育学院冉隆锋院长为我坚定乡村教育研究方向提供的指引！感谢长江师范学院教育学十四五重点学科的经费支持！感谢中国社会科学出版社赵丽老师在文本修改过程中给予的宝贵建议！

衷心感谢我的家人！感谢父母！小时候，我应该是个极不乖的孩子：

晚上，只有枕着妈妈的臂弯才能安静地睡觉；白天，只有抱在怀里不停地"颠着"才能停止哭闹。到了上学的年龄，学校却成了我最讨厌的地方，你们以"扫地出门"的方式，让我在绝望、无奈中接受这个"命运的安排"。感谢我的妻子——杨翔茹女士！我在西大的四年就是你在绵阳的四年，一年只有十次相聚，每次不过两三天，心中满是歉意：一个人在异乡工作、生活，没有陪伴、没有关照，日子过成了简单的两点一线，但却尽你所能地给我宽慰，特别是在我"最困难"的时候。感谢我的艾宝！你的到来给我们这个家庭带来了新的气象！我知道这个过程是多么的不容易！

最后，由于本人的学识有限，书中定会有不少错漏之处，恳请诸位老师不吝赐教！

周大众

2023年4月6日